셜록의 **기억력**을 **훔쳐라**

이 도서의 국립중앙도서관 출판예정도서목록(CIP)은
서지정보유통지원시스템 홈페이지(http://seoji.nl.go.kr)와 국가자료공동목록시스템(http://www.nl.go.kr/kolisnet)에서
이용하실 수 있습니다. (CIP제어번호 : CIP2016017424)

셜록의 기억력을 훔쳐라

초판 1쇄 발행 2016년 7월 29일
초판 4쇄 발행 2018년 11월 23일

지은이 정계원

책임편집 주열매
마케팅 신용천 · 송문주
디자인 싱아 · 정혜욱

펴낸이 추미경
펴낸곳 베프북스
주소 경기도 고양시 덕양구 화중로 130번길 48, 6층 603-2호
전화 031-968-9556
팩스 031-968-9557
전자우편 befbooks75@naver.com
출판등록 제2014-000296호
ISBN 979-11-86834-25-1 13320

• 이 책은 저작권법에 의하여 보호를 받는 저작물이므로 무단 전재와 복제를 금합니다.
• 잘못된 책은 구입하신 서점이나 본사로 연락하시면 바꿔 드립니다.
• 책값은 뒤표지에 있습니다.

한국 최초 국제
기억력 마스터가 전수하는

**'기억력'과
'두뇌 개발'의
모든 것!**

정계원 지음

셜록의 기억력을 훔쳐라

베프북스
Best Friend Books

| 들어가며 |

'평범한 대학생,
한국인 최초로 국제 기억력 마스터가 되다.'

간단한 기억력 테스트를 해보겠다. 한국 사람이라면 누구나 1초 만에 순서대로 기억할 수 있는 일곱 개의 단어 나열이 있다.

1.원숭이 2.엉덩이 3.사과 4.바나나 5.기차 6.비행기 7.백두산

혹시나 '이걸 어떻게 기억하지?' 하고 생각할 수 있는 사람들을 위해 노래 한 소절을 읊어본다.

"원숭이 엉덩이는 빨개~"

위와 같이 시작하는 이 동요는 아마 한국에서 가장 많은 사람이 기억하는 노래일 것이다. 심지어 가사까지 막힘없이 기억할 수 있지 않은가. 이런 노래는 생각해보면 정말 흔치 않다. 전 국민이 죽을 때까지 기억하

는 노래를 만들다니, 누군지 모르겠으나 정말 천재적이며 존경해야 할 분이다.

이 노래의 힘은 이미지에서 나온다. 각 단어 배열이 선명한 이미지로 연결되면서 아주 쉽고 자연스럽게 생각을 풀어갈 수 있다. 순식간에 기차를 타고 하늘로 날아갔다가 다시 산으로 내려오고 아주 난리 법석이다. 더불어 선명한 색감까지. 우리의 뇌에 가장 친숙한 '이미지'와 '연결'이라는 두 가지 요소를 활용하였으니 기억이 안 나려야 안 날 수가 없다. 정말 세기의 노랫말이다.

초등학교 때 외웠던 교가는 도저히 생각이 안 나는데 그 전에 배웠던 이 노래는 지금도 외울 수 있다니 참으로 신기하다. (교가가 정말 재미없었다는 것쯤은 기억이 난다.) 게다가 더 많은 시간과 노력을 투자한 것도 아니다. 하지만 생각해보면 우리가 살면서 '기억'과 '노력'이 비례했던 경우는 거의 없었다. 아, 얼마나 억울했던 적이 많았는지! 그렇게 노력하여 달달 외운 것들이 어떻게 조금 방심한 사이 다 날아가냔 말이다.

나는 내 생애 첫 세계 기억력 대회 출전에 한국인 최초로 **국제 기억력 마스터**(IMM, International Master of Memory)라는 자격을 얻었다. 그전까지 일본에는 한 명 뿐이었던 타이틀이었던 만큼 쉽지 않은 도전이었다. 참 멋들어진 문장이다. 누가 보면 마치 대한민국의 위상을 드높이기 위해 대단한 사명감을 갖고 출전하여 엄청난 일을 해낸 것 같지만 사실 전혀 그렇지 않다. '기억력'이란 분야에 관심을 갖게 된 계기는 사실 '귀찮음'이 컸다. 솔직히 말해서 나는 생각보다 정말 게으르다. 좋은 말로 하면 비효율을 정말 싫어하는 성격이다. 시험공부 할 때도 덜 고생하기 위해 가장 먼저 잘하는 친구들의 공부 방법을 알아내려고 뻔뻔하게 접근한다. 비효율을 개선할 수 있다면 물어보는 것쯤이야 전혀 개의치 않는다. 적은 시간 투자하고 큰 효과를 누릴 수 있다는 것은 얼마나 아름다운 일인가. 남는 시간에 마음껏 놀 수만 있다면 그보다 더한 행복은 없다.

어려서부터 무언가를 외우는 것처럼 비효율적인 행위가 없다고 생각했다. 어차피 외워도 날아가 버릴 내용을 왜 외워야 하는지, 컴퓨터처럼 파일을 저장하고 다시 불러올 수 있는 능력을 갖게 된다면 정말 좋겠다는 생각을 자주 했다. 배웠던 내용이 생전 처음 보는 것 같을 때, 중요한 숫자, 사람 이름 등이 떠오르지 않을 때 이런 생각은 더 간절해졌다. 아무리 그 순간 어떤 내용을 완벽히 이해하여 입력했다고 한들 필요할 때 기억나지 않으면 무슨 소용이 있을까? **기억하지 못하는 지식은 더 이상 지식이 아니다.**

융합의 시대, 창조의 시대라고들 한다. 지식과 지식은 서로 대화할 수 있다. 이 대화 속에서 우리는 새롭고 창의적인 지식의 탄생 가능성을 발견할 수 있다. 하늘 아래 홀로 온전히 만들어진 새로운 지식은 없다. 모든 창의적 결과는 존재하던 것들의 연결에서 탄생한다. 이 연결은 기존의 것들에 대한 '관찰'에서부터 시작된다. 관찰하여 얻어진 특징들 사이에서 서로 연결할 구석을 조금이라도 찾을 수 있다면, 전혀 관계없다고 생각되던 것들도 어느덧 하나 이상의 끈으로 연결된다. 이렇게 새로운 지식, 발명, 비즈니스 모델이 탄생한다. 혁신적인 제품, 비즈니스들도 자세히 들여다보면 기존에 있던 것들을 아주 잘 결합하여 새로운 기회를 만들었다. 이처럼 창의적 사고가 **지식-관찰-결합의 순환** 과정이라면, 지식이 많을수록, 즉 관찰하고 결합할 재료가 많을수록 우리는 더욱 창의적인 사고를 할 확률을 높일 수 있을 것이다. 그렇다면 많은 지식을 저장하고 꺼낼 수 있는 '기억 능력'을 기르는 것이야말로 창의적인 사람이 되는 출발점 아닐까?

기억 능력이 좋은 사람도 무척이나 멋있어 보일 수 있다는 사실을 영국 드라마 〈셜록Sherlock〉을 보고 처음 알았다. '기억의 궁전Mind Palace'이라는, 이름만 들어도 신비로운 느낌의 방법을 활용하여 과거에 기억해둔 정보를 인출해내는 그의 모습은 정말 내 가슴에 큰불을 지폈다. 셜록처럼 되고 싶다는 말도 안 되는 상상도 했다. 사실 이 '기억의 궁전'이라는 '장소기억법method of loci'은 과거 2500년 전 고대 그리스에서부터 쓰이던 기억 방식이었다. 나는 궁금해졌다. 그렇다면 실제 셜록처럼 기억을 가지고 놀 수 있는 사람들이 지금 시대에도 존재하지 않을까? 있다면 그 비법을 샅샅이 뒤져보겠다는 생각이 나를 기억력 대회 참가에 이르게 했다.

한 시간 동안 1000자리 이상의 무작위 숫자 배열을 외우고, 10덱(520장) 이상의 트럼프 카드를 순서대로 외우며, 트럼프 카드 1덱(52장)을 단 2분 안에 보고 가볍게 기억할 수 있는 사람들이 있다. 그들은 기억력 마스터Master of Memory라고 불린다. 처음 기억력 대회에 출전했을 때, 나는 선수라기보다 경기를 관전하는 사람에 가까웠다. 기네스북에서나 볼 수 있었던 기록들이 눈 앞에 펼쳐지면서 그들은 나와 태생이 다른 사람들이구나 싶었다. 심지어 인도네시아에서 온 초등학생 여자아이가 나의 몇 배 이상의 능력을 뽐내는 것을 보고, 어릴 적 영단어 외우느라 고생했던 내 자신이 한심하게 느껴졌다. 시무룩해 있는 내게 대회의 주최자 타케루Aoki Takeru가 위로를 건넸다.

"첫 대회치곤 나쁘지 않은 성적이에요."

그는 기억력이 좋아서 그런지 한국말을 무척 잘했다.

'지력'이라는 것은 과연 측정 가능한 것일까? 지적 능력의 차이는 무엇으로 측정될 수 있을까? 나는 머리가 좋은 사람이라고 할 수 있을까 아니면 그 반대일까? 대부분의 사람들은 이 판단의 기준으로 표준화된 점수를 말한다. 모든 사람에게 같은 시간과 같은 과제를 주고 같은 채점 기준을 적용하는 방식 말이다. 이러한 방식의 대표적인 것이 수능, IQ 테스트 등이다. 하지만 표준화 시험에는 태생적인 한계가 있다. 수험자가 점수를 극대화할 수 있는 전략과 기술을 고안하여 시험에 적용하는 것을 전부 막을 수 없다는 것이다. 많은 시험에 학원이 존재하는 이유가 바로 이 때문이다. 사실 스포츠도 마찬가지다. 최적의 전략과 채점 기준 그리고 연습 방식을 준비하여 가장 훌륭하게 실행한 사람이 메달을 차지한다. 평가라는 것이 무의미하다는 이야기를 하려는 것이 아니다. 지속적인 훈련과 과학적인 전략을 통해 우리는 인간의 한계를 계속해서 넘어설 수 있다는 것이다. 그와 동시에 우리는 이를 통해 우리 자신에 대해 더 많은 것을 알게 된다. 그게 바로 스포츠의 진정한 가치가 아닐까.

국가대표 선수로서 대회에 참가했다고 하기에는 민망한 구석이 많다. 한국에 그만큼 기억력 대회에 관심이 있는 사람이 없고 실제 참가해본 사람은 정말 손에 꼽기 때문이다. 해외에 나갈 때마다 다른 나라의 어린이, 청소년, 노인 플레이어들을 보면 그들이 참 많이 부러웠다. '기억력 스포츠'의 기반이 탄탄하다는 것도 있었지만 무엇보다 기억력 자체를 생활 스포츠 또는 취미로 즐길 수 있는 사회 환경을 갖추고 있다는 것이 정말 부러웠다. 한국의 청소년들은 입시 공부에, 대학생들은 취업 준비에, 직장인은 일에, 중년과 노년은 삶의 무게에 제대로 된 취미 하나 가질 수 없는 한국 사회 현실과 비교되어 너무나도 안타까웠다. 나 또한 대학생으로서 아무도 알아주지 않는 대회준비와 활동을 혼자서 한다는 것은 참 쉽지 않은 일이었다.

첫 대회로부터 1년 7개월의 시간이 흐른 뒤 우여곡절 끝에 나는 그들과 같은 기억력 마스터 자격을 얻었다. 준비하는 과정은 생각보다 순탄치 않았다. '기억력 훈련'에 돌입한 나는 학교 중앙도서관에서 고시생들 사이에 앉아 트럼프 카드를 넘기거나, 출퇴근길 지하철 안에서 눈을 감고 머릿속 장소들을 다시 체크하곤 했다. 기억의 궁전을 늘리려 일부러 평소에 가지 않았던 곳으로 다니기도 했다. 지나가는 자동차 번호판을 전부 그림으로 바꿔보는가 하면 새로 만나는 사람들의 이름은 어떻게든 기억하려 노력했다. 점차 이미지로 사고하고 비유적으로 생각하는 방식에 익숙해지면서, 이야기를 만들어 내는 능력 또한 계발되는 것을 느꼈다. 어릴 때 이후로 묶여버렸던 상상력이 날개를 활짝 펴고 다시 날기 시작했다. 가끔은 재미난 상상에 혼자 피식 웃은 일도 많았다. 몰입되어 있는 순간만큼은 나는 진정 자유인이었다.

기억의 대원칙은 '의미부여'다. 아무 의미 없어 보이는 것도 그만의 의미를 갖게 되면 비로소 기억될 수 있다. 나는 누군가가 보기에는 참 무의미한 경험을 했다고도 할 수 있을 것이다. 기억력 조금 높여보겠다고 외국 친구들을 만나러 다녔고, 훈련을 위해 기억력에 좋지 않다는 좋아하는 술도 잠시 끊었다. 국제 기억력 마스터가 되기까지 훈련하는 동안 수많은 이야기를 머릿속에 입력하고 지우길 반복했다. 그리고 뒤돌아보니 이제는 그 경험들이 내 삶에 의미 있는 이야기가 되어 나의 인생을 더욱 기억할만한 인생으로 만들있다.

이 책이 독자들에게 조금이나마 어떠한 의미가 되어 오래도록 기억에 남는 책이 되길 바란다.

| 추천사 |

'그래도 기억은 필요하다.'
잘 기억하는 것, 많이 기억하는 것이 인공지능의 시대에서 여전히 유효할 것인가? 우리는 수많은 시험 앞에서 그리고 치매에 대한 염려로 좋은 기억력을 가지는 것을 바라지만 기억이라는 것은 사실에 대한 기록의 의미 이상이라고 하겠다. 이런 면에서 본 책은 저자가 소개하는 단순히 기억력을 증진시킬 수 있는 방안 뿐 아니라 그 이상의 의미까지 기대할 수 있는 책이라 생각한다.

— 정용(카이스트 바이오 및 뇌공학과 교수)

IT기기의 발달과 함께 사람들은 스스로 뇌를 사용하지 않고 대부분의 모든 걸 디지털기기에 의존하는 현상이 나타나고 있다. 이 책은 기억하는 법을 잊고 있던, 또는 잃어버린 사람들에게 매우 현실적이며 명확하게 그에 대한 해답을 제시하고 있다. 대한민국 최초 국제 기억력 마스터가 된 그에게 이 책의 출판을 진심으로 축하하며, 보다 많은 이들이 이 책을 접할 수 있기를 기원한다.

— 홍진호(방송인, 前 프로게이머)

기억력 끝판왕 정계원 씨를 처음 만나고 그의 능력을 확인했을 때 마치 실제세계의 셜록 홈즈를 보는 것 같았다. 스마트폰 100대의 잠금해제 패턴을 한 시간 안에 모조리 외워버린 그에게 도대체 어떻게 이런 능력을 가질 수 있는 거냐고 물었을 때, 그는 '누구나 할 수 있다'고 답했다. 엄청난 암기력의 실체와 두뇌개발의 모든 노하우가 이 책 한 권에 담겨있다.

— 황성준(SBS 〈영재발굴단〉 PD)

저에게 정계원 씨는 기억력 스포츠 선수로서 만난 좋은 선수이자 저를 성장시켜주는 좋은 라이벌입니다. 한국대표선수와 일본대표선수로서 대회에서 만나 많은 승부를 했지요. 그렇게 제가 경험한 계원 씨는 천재가 아닌 노력의 사람입니다. 천재가 아니기에 평범한 사람들의 마음을 이해할 수 있고, 그렇기에 누가 읽어도 이해할 수 있게 기억력법과 기억력 스포츠에 대해 풀어냈다고 생각합니다. 이 책을 정독하는 사람이면 누구나 기억력을 높이는 방법에 대해 이해할 수 있고, 그것을 생활이나 공부, 또는 기억력 스포츠에 응용할 수 있을 거라고 확신합니다.

— 아오키 타케루(일본 기억력 스포츠 협회 대표)

저의 기억력 선수 동료 중 한 명인 계원은 한국에서 첫 번째 국제 기억력 마스터가 됨으로써 대단한 성과를 보여주었습니다. 선수로서 대회 참가뿐 아니라 기억술을 널리 알리고자 하는 그의 열정을 느끼며 대회 운영진으로 함께 일할 수 있었던 것은 제게 최고의 기쁨이었습니다. 기억술을 활용하는 것은 학생들의 성적향상에 도움을 주는 것뿐만 아니라, 학습에 대한 동기를 증대시켜준다는 점에서 매우 중요합니다. 독자들이 이 책을 통해 좋은 영감을 받고 실용적인 정보들을 얻어가길 희망합니다.

— 앤디 펑(아시아 기억력 스포츠 협회장)

CONTENTS

들어가며 | 004
추천사 | 010

01 기억에 대한 기억

나는 기억된다 고로 존재한다 | 019
최초의 기억 | 022
시간을 늘려주는 기억법 | 024
시간을 줄여주는 기억법 | 027
절대기억에 대한 욕망 | 030
기억의 절대공식, 같은 시간 공부해도 효율이 다른 이유 | 032
포토그래픽 메모리와 기억력 '사짜'들 | 037
셜록과 마인드팰리스 | 044
당신도 셜록의 기억력을 가지고 있다 | 051
기억의 궁전에 시금석을 놓다 | 054
기억법 레슨1 알고 보면 누구나 가지고 있었던 기억의 궁전 | 058
기억의 테이프를 감아보다 | 060
취미 기억인에서 프로 기억인으로 | 064
기억법 레슨2 설명할 수 있어야 기억된다 : 얼굴-이름 기억하기 | 068

02 기억의 극한을 달리는 사람들

기억력 선수가 되어본다는 것의 의미 | 075
도쿄 프렌들리 메모리 챔피언십 | 078
트럼프카드 52장을 빨리 외우는 가장 쉬운 방법 | 084
기억법 레슨3 원카드 시스템 한글 자음 모음 활용 예시 | 091
타케루와의 첫 만남 | 093
기억력 대회의 종류와 기준 | 098
도전 스피드카드 | 102
기억은 열린 문 | 112
프리라이딩과 프리메모라이징, 장기기억이라는 동아줄을 잡자 | 116
기억법 레슨4 기억력 국가대표 가능성 셀프 테스트 | 122
무에서 유를 창조하라 | 126

03 기억에 금수저는 없다

천재는 없다? | 133
높이뛰기와 벤 프리드모어 | 139
표준화 시험과 기억력 대회 | 144
기억력 대회의 시작 | 147
10가지 종목 소개 | 151
기억은 분류다 | 176
세종대왕은 최고의 기억술사 | 180
휴대폰 잠금 패턴을 기억하는 패턴 | 183
기억법 레슨5 몸이 기억해야 하는 기억술의 문법들, 변환의 기법 | 187

04 지적유희를 권하지 않는 사회

암기라는 이름의 거부감 | 193
기억력 스포츠에 회의를 느끼다 | 199
지식의 허브를 만들자 | 206
지적유희를 권하지 않는 사회 | 209
기억할만한 인생을 살자 | 212
기억법 레슨6 기억할 만한 인생이야기 쓰기 | 216
기억법 레슨7 기억력 마스터 기준 정리 | 217
기억법 레슨8 장소를 꼭 만들어두고 있어야 하나요? | 220

05 기억의 궁전 재개발 계획

발등에 불 떨어지다 | 225
기억의 궁전을 달리다 | 229
기억의 궁전에 대한 건축학 개론 | 234
기억법 레슨9 기억의 궁전을 청소하는 법 | 239
기억법 레슨10 장소를 구하는 여러 가지 방법 | 240
이야기 자판기가 되다, 파오PAO 시스템 | 242
주어/동사/목적어인가, 주어/목적어/동사인가 | 246
서번트로 살아보기 | 249
SRS를 활용하라 | 254
기억은 연애와 같다 | 259
기억법 레슨11 각국의 변환 방법 | 264
홍콩과 대만에서 치른 복귀전 | 267
기억법 레슨12 기억력 대회의 점수는 어떻게 계산하는 것일까? | 273
몸이 기억하게 하라 | 275
기억법 레슨13 결합의 기법, 몸이 기억해야 하는 기억술의 문법들 | 279

06 한국인 최초의 기억력 마스터

대륙의 땅을 밟다 | 285
1000자리 숫자 기억에 도전하다 | 290
기억의 주변부를 쑤셔라 | 297
한국인 최초의 기억력 마스터가 되다 | 301
기억력으로 돈 벌기 | 308
기억법 레슨14 기억력 스포츠를 통해 얻을 수 있는 긍정적인 효과 | 311

07 잊혀지지 않는 하나의 의미

가장 인간다운 인간이란 | 315
기억의 품격 | 319
잠들어 있는 당신의 능력을 깨워라 | 323
이야기를 가진 자는 이길 수 없다 | 327
꽃 피우다 | 330

나오며 | 333

01

기억에 대한 기억

누구나 노력을 통해, 아니 지적 유희를 통해 셜록의 기억력을 훔칠 수 있다.

내 머릿속에 잠들어있는 셜록의 뇌를 깨워보자.

나는 기억된다, 고로 존재한다

친구들과 모여 할 이야기가 다 떨어지면 지난 이야기를 한다. 예전에 우리가 재미있게 놀았던 추억들, 예전 모임 이야기로 시끌시끌하다. 그러다 한 친구가 묻는다.

"그때, 계원이도 있었나?"

아무도 모르겠단다. 내가 대답힌다.

"글쎄, 나도 기억이 잘 안 나는데, 그때 2층 맥주 집에서 모였던 날인가?"

기억이 나지 않는다. 더군다나 남자들의 모임이라 그런지 단체사진 따윈 없다. 확인할 방법은 당연히 없다. 남들이 기억 못 하는 건 그렇다 치자. 나도 내가 그 자리에 있었는지 도무지 기억이 나지 않는다. 갑자기 무서운 상상이 펼쳐진다. 사실 그 날 내가 분명 그 자리에 있었다면, 그때의 나는 대체 무엇인가? 나는 분명 물리적으로 그 장소에 있었는데, 그 사실을 기억하는 사람이 심지어 나를 포함해서 이 세상에 아무도 없다면, 과연 나는 그 자리에 존재했다고 할 수 있는 것인가? 내 시간은 어떻게 된 것일까? 어디로 간 것일까?

　나는 1991년 4월 11일에 태어났다고 한다. 하지만 사실 내가 태어난 순간에 대한 기억은 전혀 없다. 적어도 내가 아는 사람들 중에는 자신이 태어난 날의 감각을 조금이라도 기억하는 사람을 본 적이 없다. 물론 이 질문과 답이 오고 가기 위해선 상대방이 이 질문을 이해할 언어적 학습을 마친 상태에서나 가능하고, 이는 태어난 지 몇 년의 시간이 흐른 시점에나 가능한 일이기에 애초에 떠올리는 것이 불가능할 수도 있다. 그래도 생각해보면 태어난 날은 개인에게 엄청나게 큰 사건인데도 아무 기억이 없다는 것은 참 신기하다. 누군가는 이에 대해 출생은 아기에게 엄청난 스트레스와 혼란을 주는 상황이기 때문에 그런 좋지 않은 기억 따위는 무의식적으로 담아두지 않았을 것이라고 주장한다. 그것이 사실이든 아니든, 여기서도 무서운 상상을 하나 해보자. 내가 태어난 날의 기록도 남아있지 않고 태어난 날을 아는 사람이 단 한 명도 없고, 최초로 내가 발견된 날을 말해주는 사람도 없다면 도대체 나는 언제부터 세상에 존재했다고 할 수 있을까? 이 경우엔 나 자신이 최대한 기억할 수 있는 과거의 시점부터 현재까지 살았다고 말할 수밖에 없지 않을까?
　8살짜리 아이는 8년 전에 태어났다는 사실을 부모에게 들었기에 8년의 세월을 본인이 살았다고 생각하지만 정작 8년 치 기억을 갖고 있지는 않다. 다른 예로, 80세 노인이 이야기하는 과거 기억이 100세가 되었을 때도 별반 다르지 않다면, 즉 20년간 새로 추가된 기억이 없다면 어떨까. 그가 더 살아낸 20년의 시간은 보통 사람이 보낸 20년의 시간과는 실질적으로 같은 시간이라 할 수 없다. 이것은 젊고 늙음의 문제가 아니라, 그 시간을 담아둘 수 있는 기억이 있느냐 없느냐의 문제다. 이처럼 삶의 시간을 물리적인 시간의 양으로 측정하는 것은 별 의미가 없다. **기억되지 않**

는 시간의 나는 존재하지 않는 것과 같다. 사람의 나이는 기억의 양으로 측정되는 것이 더 합리적일 수도 있다.

한 해를 마무리하는 시점에 작년과 다르게 기억할만한 사건이 없었다면 앞으로 5년, 10년이 흐른 뒤 올해의 기억은 작년의 기억과 희미하게 뒤섞여 구분이 되지 않을 것이다. 따라서 신체 나이와 기억의 나이는 전혀 다르다. 이것은 그 사람의 인생이 본인의 경험과 이야기를 통해 얼마나 기억될 수 있느냐에 따라 다른 문제이다. 비유를 하자면 시간은 그 자체로는 의미 없이 시냇물처럼 계속해서 흘러가고 있는 상태다. 우리는 기억이라는 물통으로 흐르는 시간들을 여러 번, 많이 담아내야만 한다. 그 물통은 작은 사이즈의 페트병일 수도 있고 오랜 여정을 담아둘 수 있는 큰 사이즈의 약수통일 수도 있다. 어쨌든 각 물통은 그만의 의미와 이야기로 시간을 잡아둘 것이다. **이때 시간은 비로소 의미를 갖고, 내가 존재한 시간으로, 내가 살아있었던 시간으로 오래도록 저장된다**고 할 수 있다.

가끔 그런 생각을 해본다. 1년의 기준을 365일이 아니라 300일로 계산해서 살아간다면 삶을 조금은 더 길게 기억해 낼 수 있지 않을까? 과거기억을 되돌아 볼 때 사람은 시간이 흐를수록 너 큰 단위로(1년, 10년 단위로 정리하여) 기억하지 않던가. 누구에게나 1년 단위로 시간을 끊을 수 있는 물통은 기본적으로 주어지니 말이다.

지금 나는 집필 작업을 하고 있고, 오늘 이 시간은, '나의 첫 번째 책'이라는 기억의 물통에 한 부분으로 담길 것이다. 그렇게 훗날 내가 존재했다고 기억될 수 있는 하루를 살고 있다고 생각하며 골방에서 스스로를 위로하고 있다. 당신의 오늘은 어땠는가? 기억할만한 하루를 보냈는가? 이 세상에 존재했는가?

최초의 기억

당신이 가지고 있는 최초의 기억은 무엇인가. 내가 구체적으로 떠올릴 수 있는 가장 오래된 기억은 침대 밑으로 작은 장난감 자동차가 들어가 꺼내려고 기어들어가는 도중 눈앞에 펼쳐졌던 장면이다. 물론 기억이라는 것은 시간이 흐르면서 왜곡되기 마련이니 확신할 수는 없다. 그냥 그렇게 믿고 살아가는 것이다. 어쨌거나 최초의 기억이 이미지라니 선천적으로 눈이 보이지 않는 장애를 지닌 사람들의 최초의 기억은 무엇인지 개인적으로 참 궁금하다. 우리는 위의 사례를 통해 기억을 잘 다루기 위해서 가장 먼저 가져야 할 태도에 대해 생각해볼 수 있다. **기억의 '정확성'에 대한 고집보다 기억의 '가변성'을 잘 활용하는 태도가 사실 더 나은 방향일 수 있다는 것이다.**

심리학 실험에 의하면 사람은 보이는 그대로를 보지 않고, 무의식적으로 자신이 보고자 하는 것만 보게 된다. 우리는 보는 것을 믿는 것이 아니라 믿는 것을 본다. 살아온 환경, 문화, 가치관 등이 우리의 시선에 개입

하는 걸 절대 막을 수 없다. 기억술의 가장 핵심이 대상을 이미지(볼 수 있는 것)로 전환하여 기억하는 것이라면 이미 기억은 그 자체로 '정확성'을 보장하기 힘든 것 아닐까? 이미지로 전환하는 과정에 벌써 나의 주관이 들어갈 수밖에 없다. 따라서 **대상을 인지하고 바라보는 자신의 틀이 무엇인지 먼저 이해하는 것이 기억에 대해 접근하는 현명한 출발점일** 것이다. 이는 곧 여러 각도로 그 대상을 바라보는 틀을 만들어 낼 수 있는 능력이 결국 기억 능력을 기르는 데에 있어 가장 중요한 요소일 수 있다는 말과 같다. 이를테면 도수와 색이 다른 다양한 안경을 가지고 있는 것이 하나의 대상을 바라볼 때 다방면으로 보기에 유리한 것처럼 말이다.

기억력 선수권 대회에 출전하는 선수들은 그들만의 무기를 머리에 장착하고 온다. 그것은 바로 **시스템**System이라 불린다. '시스템'이란 위에서 말한 안경에 비유할 수 있다. 모두들 같은 숫자와 같은 카드를 보는 것 같지만, 실은 다들 각자의 머릿속 안경을 통해 다른 이미지로 해석하고 있다. 각 나라마다 사용하는 시스템은 다르며 같은 나라여도 개인마다 시스템에 차이가 있다. 살아온 배경과 감정, 가치관, 가지고 있는 지식의 차이 등이 이에 영향을 미친다. 이 시스템을 얼마나 전략적으로 잘 만들어오느냐, 자신이 사용하는 시스템에 얼마나 익숙하냐의 차이가 성패를 결정한다. 대회에서 외국 선수들과 이야기를 나누다 보면 대세가 되는 시스템을 사용하는 선수가 있는가 하면 개인의 개성에 따라 독특한 방식을 사용하는 선수도 있다. 하지만 대부분 자신의 언어 혹은 문화권에 영향을 많이 받는 것을 보면 참 재미있다. 기억할 대상을 자신이 원하는 대로 변형하고 가공할 수 있는 능력. 이 능력을 가진 자들을 우리는 기억술사mnemonist라고 부른다. 대상을 바라보는 안경을 바꿔 쓰면서 자유롭게 해석하며 기억을 만들어낸다. 말했듯이 기억은 자고로 말랑말랑한 것이니까.

시간을 늘려주는 기억법

 어린 시절엔 하루가 참 길었다. 일년이 참 길었다. 어느덧 그 긴 시간들이 쌓여 어른이 되었다. 이젠 새해가 와도 별 감흥이 없다. 그제와 어제가 구분이 잘 가지 않는다. 심지어 올해가 몇 년도인지도 헷갈린다. 갈수록 큰일이다. 늙어간다는 것이 이런 걸까.

 유명한 실험이 있다. 심리학자 피터 멩건Peter A. Mangan은 20대 나이와 60대 나이의 사람들을 대상으로 실험을 진행했다. 두 집단에게 3분의 시간을 마음속으로 세고 3분이 되었다고 생각했을 때 알려주도록 하였다. 실험 결과, 20대 집단은 오차범위 3초 내외로 3분이라고 말했고, 60대 집단은 3분 40초 정도가 되어서야 3분이라고 이야기했다. 60대 나이의 사람들이 3분 40초를 3분으로 느꼈다는 것은 그들이 시간을 실제보다 빠르게 느낀다는 것이다. 멩건 박사는 나이에 비례하여 이 현상이 더욱 심해진다는 사실까지 밝혀냈다. 아이고, 나이 드는 것도 서러운데 가속까지 붙는다니. 신이시여!

뇌 과학자들은 선조체striatum의 돌기신경세포spiny neuron로 이루어진 신경회로의 진동 속도에 따라 사람이 느끼는 시간이 다르다는 것을 밝혀냈다. 이 회로의 규칙적인 진동이 시간에 대한 감각의 기준으로 작동하는데, 젊을수록 빠르게 진동하고 늙을수록 느리게 진동한다고 한다. 이 회로의 활성 정도는 신경전달물질 중 하나인 도파민dopamine이 결정하는데, 결국 도파민이 자주 분비되면 빠르게 진동하고 반대의 경우엔 천천히 진동하게 되는 것이다.

도파민은 새로운 것을 배우거나 보상을 통해 기분이 좋아질 때 주로 분비된다. 나이가 들수록 점점 새로운 것이 없어지고 같은 방식의 보상엔 별다른 느낌이 없으니 이 같은 연구 결과를 어느 정도 납득할만하다. 하지만 도파민만이 시간의 속도를 결정하는 요소의 전부라고 말할 수는 없다. 시간의 속도를 결정하는 또 다른 중요 요소로 '기억'을 들 수 있다. '기억의 양'에 따라 우리는 같은 시간이라도 다르게 느끼곤 한다. 어린 아이에게는 한 해를 마무리할 때 새롭게 보고 들은 기억들이 산더미 같이 많은데, 노인에게는 한 해를 정리하며 새롭게 했던 일을 떠올리기가 쉽지 않을 것이다. 같은 1년이라도 얼마나 '기억할만한' 일들이 많았느냐에 따라 그 시간은 긴 시간이 되기도 하고 짧은 시간이 되기도 한다. 내가 경험적으로 느낀 기억의 특수한 성질 중 하나는 너무나 당연하면 생각이 안 난다는 것이다. 나이가 들수록 우리는 당연하지 않은 것보다 당연한 것이 많이 진다. **따라서 기억에 남으려면 조금이라도 다르고 특별한 의미를 가져야 한다.**

시간을 늘리고 싶은가? 꽉 찬 인생을 살고 싶은가? 그렇다면 작년에 기억할만한 일들이 몇 개가 있었는지 한번 생각해보자. 당연히 없을 테니 올해만은 하나라도 기억할만한 사고를 쳐보자고 마음을 먹어보자. 내 기

억의 대원칙 중 하나는 '설명할 수 있는가'이다. 설명할 수 없는, 아무 이유 없는 기억들은 흔적을 남기지 않는다. 물론 그 자체로 정말 놀랍고 특별한 경우는 제외하고 말이다. 별다른 이유가 없는 대상은 나만의 의미를 넣어서라도 의미 있는 기억으로 만들어야 한다. 기억될 일을 하고 있어야 살아가고 있는 거다! TV 앞에 붙어서 남의 인생을 기억해주려 노력하지 말고 작은 취미라도 시작해보자. 분명 이 작은 행동이 다음 행동을 불러일으킬 것이다. 그리고 그 두 사건은 서로에게 영향을 주고받은 스토리로 연결되어 의미 있는 기억으로 남는다.

이 사실을 깨닫고부터 나는 각본을 쓰듯 삶을 살아가려 노력하고 있다. 과거의 경험이나 사건들 사이에 무의미한 스토리는 없다. 학교 가고 학원 가고, 출근하고 퇴근하고, 반복되는 지루한 일상에서 벗어나 내 삶의 이야기에 복선이 되는 스토리를 찾아내고 살려나간다면 거꾸로 당신의 시간은 점점 불어날 것이다.

당신의 삶은 몇 시간 동안 기억할만한 삶인가?

시간을
줄여주는
기억법

기억력이 좋다는 것은 우리에게 어떤 도움을 줄까? 인간은 역사적으로 수많은 외부 저장매체들을 만들어냈다. 인쇄술의 발명 이후 퍼스널 컴퓨터, 그리고 스마트폰에 이르기까지 우리 주변엔 무언가를 다양한 형태(글, 그림, 소리 등)로 대신 기억해줄 많은 도구들로 가득하다. 미래학자이자 발명가인 레이 커즈와일Ray Kurzweil은 2030년내에는 인간의 뇌가 클라우드에 연결되어 뇌로 이메일과 사진을 보내거나 심지어 생각과 기억을 백업할 수 있을 것이라고 예측했다. 그의 예측처럼 미래에 인간이 기억을 완전히 업로드할 수 있는 세상이 온다면 인간에게 기억력이 좋다는 것은 과연 어떤 의미가 있을까? 인류가 최초로 기억의 문제에서 완전히 해방되는 시점이 온다면 인간은 지금까지 생각지도 못한 삶의 속도를 경험하게 되지 않을까? 여태 기억은 시간을 절약할 수 있도록 도와주지 않았던가.

우리는 어렸을 때 많은 도구적 지식들을 배운다. 알파벳 철자, 자음과 모음, 사칙연산 등이 바로 그것이다. 수많은 반복을 통해 우리는 이 체계에 정말 익숙해진다. 머리에서 자동적으로 튀어나올 경지에 이를 때까지 부모님과 선생님은 우리를 훈련시킨다. 이를테면 달달 외울 때까지. 사실 배우는 입장에서는 너무 지루하고 힘든 싸움이다. 하지만 이 지식들을 그때 외우지 않았다면 지금과 같은 속도로 정보를 처리하는 것이 가능했을까?

구구단을 예로 들어보자. 다들 알다시피 4 곱하기 7이라는 것은 4를 7번 더하는 과정이다. 구구단을 외우고 있지 않았다면 일곱 번을 더하기 위해 얼마나 많은 시간을 낭비하겠는가. 구구단을 외우지 않고 수학 공부를 한다는 것은 정말 끔찍한 일이다. 81개 쌍의 구구단을 외우고 있다는 것이 그동안 우리 시간을 얼마나 많이 아껴줬나 생각해보면, 새삼스럽게 구구단을 가르쳐 준 어머니에게 감사한 마음이 든다. 주머니에서 스마트폰을 꺼내 계산기 앱을 켜고 4 곱하기 7을 하는 시간에, 주머니에 손을 넣은 채로 "28!"이라고 반사적으로 입에서 튀어나오니 말이다. 내가 만약 구구단을 몰라 일일이 더하고 있는 사람을 본다고 생각하면 답답하고 속이 터져 뒷목 잡고 쓰러질 것이다. 구구단을 외우는 것이 어린아이들에게는 나름대로 하나의 도전이고 시간도 많이 필요하다. 하지만 그 시간이 결과적으로 우리 인생에 상당한 편의를 가져다주었다.

또 다른 예를 들어보자. 컴퓨터 작업 효율을 높이고 싶다면 가장 먼저 무슨 생각을 해야 할까? 바로 '손이 마우스에 얼마나 머물러 있는가'이다. 나 같은 경우는 웬만해선 마우스에 손을 대지 않으려고 노력한다. 상당히 귀찮음이 많은 사람이기에 한두 번만 반복되는 작업이 나오면 웬만하면 단축키를 기억해두려 노력한다. 이런 습관 덕에 작업이 처음과 비교하면 급속도로 빨라진다. 물론 처음 단축키에 익숙해지는 시간은 필요하지만 말이다.

반복되는 행동을 감수하는 것만큼이나 미련한 행동은 없다. 더 나은 방식, 더 현명한 돌파구를 마련해야 한다. 아무리 게으른 사람이라도 게으름을 개선하는 것에는 게으르면 안 된다. 우리는 무언가를 기억하는 데 있어 반복적으로 고통받아왔다. 학창시절 매 시험마다 그러했고, 새로운 업무 환경과 지식을 만날 때마다 그러했다. 게다가 더 끔찍한 것은 앞으로도 그럴 것이라는 사실이다. 만약 기억법mnemonics이라는 것이 우리의 기억에 단축키short-cut 같은 역할을 해줄 수 있다면 어떨까? 여태 우리는 구구단을 모르고 수학 문제를 풀어온 사람처럼 미련했던 것은 아닐까?

구구단과 단축키의 사례에서 보았듯이 기억은 우리의 시간을 아껴준다. 다만 이 기억들이 자리 잡게 하는 데에는 시간과 노력이 많이 드는 것이 문제라고 할 수 있다. 또 외운 것들이 쉽게 날아가 버리기도 한다. 이를 해결할 수 있는 방법이 기억법이라면 다른 지식에 우선해서 먼저 가르치고 배워야 하는 것 아닐까? 배우고 익히는 데 몇 년이 걸린다고 해도 그렇게 해서 기억술사가 될 수만 있다면 충분히 가치 있는 일이다. 단축키를 알고도 마우스를 집는 사람은 이 세상에 없기 때문이다.

절대기억에
대한
욕망

보통 사람들은 무엇이든 순식간에 이루어지길 바란다. 인간이라면 매우 자연스러운 욕망이다. 현실성 없는 확률의 복권을 계속해서 구매하거나 도박장에 기웃거리는 사람들이 사라지지 않는 이유다. 시장에서는 이런 심리를 자극하는 마케팅을 준비하기도 한다. 내가 기억력에 관심을 갖게 된 계기도 사실 이런 심리와 무관하지 않았다. 기억의 비법을 알아낼 수만 있다면, 10개 국어 정도는 쉽게 할 수 있을 것만 같은 상상 말이다. 이런 짜릿한 상상에 한 번 제대로 빠져들면 잠시 동안 헤어 나올 수가 없다. 그간 내가 멍청하게 살아왔구나 싶고 다른 사람들이 모두 어리석은 대중으로 보이기도 한다. 무엇인가 흥분되는 감정과 함께 세상의 진리를 깨닫게 된 것 같다. 이 절대 비법만 알 수 있다면 내 인생에 엄청난 변화가 오리라! 외람된 말이지만 이래서 그렇게들 주식을 시작하나 보다.

내가 만난 기억력 챔피언들은 한 명도 빠짐없이 누구보다 많은 고민과 함께 철저한 준비와 훈련의 과정을 거친 사람들이었다. 그들은 새로이 접하는 모든 정보를 저장할 수 있는 천부적인 능력을 가진 사람들이 아니었다. 이야기를 나누었던 당일 내 이름을 곧바로 까먹었으리라 확신한다. 그들은 나에게 별 관심이 없었다. 사람은 눈빛만 봐도 느껴지는 것이 있다. 반면 나는 요즘 주변의 기대 덕분에(?) 처음 보는 사람의 이름을 웬만하면 모두 기억하려 노력하고 있다. 마음이 천사 같아야 기억력도 좋아진다.

내가 생각하는 훌륭한 기억술사란 목적에 맞게 가장 효율적인 기억 시스템을 만들어낼 수 있는 사람이다. 효율적인 기억 시스템이란 구조가 너무 단순하지도 복잡하지도 않고, 익히는 데 시간이 너무 많이 들어서도 안 된다. 마치 뛰어난 수학자나 프로그래머가 간결하고도 실용적인 함수식을 만들 수 있는 능력을 지닌 것과 같다. 이 말은 곧 **'문제 해결 능력'이 인간이 가진 기억력을 극대화할 수 있는 중요한 요소**라는 뜻이다.

모 공중파 TV 프로그램에 나가 휴대폰 무작위 잠금 패턴 100개를 푸는 미션을 수행한 적이 있다. 처음 프로그램의 작가님에게 제안을 받았을 때 해낼 수 있는 방법이 없다고 생각했다. 큰일이었다. 진지하게 나를 천재라고 생각한 것일까. 심지어 휴대폰 잠금 패턴 기억하여 풀기는 기억력 스포츠 종목에도 없어 평생 해본 적이 없었다. 그러나 쉽게 기억할 수 있는 해결책이 곧바로 떠올랐고 그 방법을 현장에서 그대로 시행하여 성공했다. (구체적인 방법은 3장에서 자세히 다루기로 하겠다.)

시쳇말로 '기억력 덕후'가 되어 관련 책, 강의, 다큐 등을 섭렵하고 대회까지 참가했다. 외국 선수들이 숨겨놓은 기억법은 없는지 슬며시 물어보기도 했다. 실제로 그들이 사용하는 참신한 방법을 알아내기도 했다. 그렇지만 안타깝게도 스치는 모든 것을 마법처럼 머릿속에 넣고 꺼낼 수 있는 '절대 기억법'은 어디에도 없었다. 다만 효율적인 기억 전략들이 있었고, 이 전략들에는 공통적인 원리가 있었다.

기억의 절대공식,
같은 시간 공부해도 효율이 다른 이유

'기억은 새로운 지식이 탄생하는 원리와 같다.'

저 멀리 우주에 있는 별들에 생명체가 있다면 그들의 모습은 어떨까? 상상해본 적 있는가? 영화를 통해 외계 생물체에 대해 사람들이 그려왔던 모습들을 살펴보자. 많은 부분이 인간의 특성을 반영하여 표현된 결과라는 걸 알 수 있다. 두 팔과 다리가 있거나 눈, 코, 입을 갖고 있거나 말을 하거나 걸어 다닌다. 혹은 지구의 다른 동식물의 많은 부분을 조합한 형상을 하고 있다. 이는 인간 두뇌의 한계를 여실히 보여주는 모습이다. 뇌과학적으로 인간은 생전 듣지도 보지도 못한 범위 밖으로는 상상도 할 수 없다. 예를 들어, 인터넷이 없는 세상에 살았던 조선 시대 사람이 지금의 인터넷 강의 문화를 상상이나 할 수 있을까? 아무리 다빈치 같은 천재라 하더라도 상상조차 해본 적 없을 것이다. 아니 애초에 할 수 없다.

세기의 이론 혹은 발명도 사실 기존 지식의 단계적 학습 없이 이루어질 수는 없었다. 제아무리 아인슈타인 같은 세기의 천재라도 이전의 위대한 학자들이 만들어놓은 것을 배우지 않고 새로운 이론을 정립할 수 있었을까? 창의적인 사고방식이란 세상에 없던 것을 마치 신처럼 창조하는 것이 아니다. 미리 쌓여있는 지식과 데이터를 재구성하고 결합하여 새로운 의미를 만들어내는 접근이다. 내가 정말 존경하는 분이자 롤 모델인 문화심리학자 김정운 교수님은 이를 두고 '창조는 곧 편집'이라는 내용의 편집학^{editology}을 만드셨다. 정말 기막힌 이름이다. 이런 관점에서 보면 기억력 마스터들은 사실 편집의 마스터라고 불려도 될 것 같다. 그들은 몇 만 가지 조합의 새로운 이미지를 즉석에서 머릿속으로 자르고 붙여 만들어내는 능력을 갖고 있기 때문이다.

아주 쉽게 생각해보자. 예를 들어, 내 이름인 '정계원'이라는 이름에서 '계'의 발음을 통해 '개^{Dog}'를 떠올렸다고 하자. 그리고 나의 얼굴과 개의 특징을 연결시킨다. 개처럼 생겼다고 생각할 수도 있고 개와 함께 노는 모습을 상상할 수도 있다. 우리는 두 가지 재료를 합쳐 새로운 이미지를 만들었다. 하나는 정계원이고 다른 하나는 개라고 할 수 있다. 둘을 결합하여 개와 노는 모습, 개처럼 생긴 얼굴이라는 새로운 이미지를 만들어냈다. 하지만 만약 '정계원'이라는 이름에서 '개^{Dog}'를 생각하지 못했다면 이 같은 새로운 이미지도 만들 수 없었을 것이다.

도쿄 여행을 갔을 때 일이다. 나의 기억력 스포츠 절친이자 전 일본 기억력 챔피언인 아오키 타케루와 함께 그의 친구들을 만났다. 타케루는 그들에게 나의 이름을 기억시켜주기 위해 역시나 발음으로 변환하여 결합하는 방법을 사용했다. 그런데 생각해보면 일본인의 입장에서는 '정계원'에서 멍멍 짖는 '개^{Dog}'라는 의미가 나올 수 없다. 일본에서 발음 상 개는 이누$^{犬, いぬ}$이기 때문이다. 타케루는 '정케완'이라고 발음하는 일본 친구들에게 예전 유행하던 격투기 대회 '케이원$^{K-1}$'이라는 발음과 비슷하다며 소개를 했다. 친구들은 다들 그제서야 내 이름을 기억할 수 있겠다는 듯 격투기 펀치 흉내를 내며 좋아했다.

여기서 우리가 중요하게 짚고 가야 할 부분은 아무 의미 없는 것을 의미 있는 것으로 바꿨던 변환 과정이다. 어떤 사람에게 내 이름은 개를 떠올리게 했고, 또 어떤 사람에겐 격투기 선수를 떠올리게 했다. **같은 대상이라도 그것을 바라보는 시스템이 다르기 때문에 관찰되는 특징도 달랐던 것이다.** 하지만 그 이후의 과정은 공통적이다. 이렇게 변환된 재료들을 활용해 새로운 이미지를 만드는 작업이다. 마치 재료 손질을 마친 요리를 버무리는 과정이랄까?

기억에 절대 공식이 있다면 **기억은 '지식-관찰-결합'의 순환 과정**이라는 것이 나의 결론이다. '지식-관찰-결합' 세 가지가 모두 중요하다. 첫째, 기본적으로 (1)**지식**이 많으면 많을수록 좋다. 요리를 할 때 가지고 있는 재료가 많으면 많을수록 좋은 것과 같다. 두 번째, (2)**기억**해야 할 대상을 **관찰**하여 특징을 빠르고 다양하게 뽑아낼 수 있어야 한다. 그것을 도와주는 것이 바로 나만의 안경, 시스템이다. 시스템이 강력할수록 변환의 과정이 쉬워진다. 대상을 관찰할 때 보는 기준이 생기기 때문이다. 세 번째로 (1)지식과 (2)변환된 대상을 (3)결합시키는 과정이 필요하다. 결합을 통해 새로운 이야기로 자리 잡은 기억은 이미 머릿속에 담겨있던 (1)지식과 연결되어 쉽게 떠오를 수 있다. 이렇게 강하게 기억된 새로운 대상은 반복을 통해 점차 (1)지식의 형태로 머릿속에 남아 비로소 완벽히 기억된다.

이 순환 과정을 통해 우리는 기억의 자산(지식)을 증식시켜나갈 수 있다. 이는 새로운 기억을 위한 마중물로 활용될 것이다. 결과적으로 기억에도 부익부 빈익빈 현상이 있다고 말할 수 있다. 그러나 다행히도 기억에 '금수저'는 없다. 태어났을 때부터 지식이 많이 있는 사람은 없기 때문이다. 새로운 기억이 다음 기억의 출발 역할을 할 수 있기에 차근차근 쌓아가는 것이 중요하다. 기억은 지식-관찰-결합의 '순환 과정'이라고 표현한 까닭이다. 물론 아무리 알고 있는 것이 많아도 기존 기억을 전혀 활용하려 하지 않는다면 아무 소용없다. 새로운 것을 접할 때마다 '내가 알고 있는 ~과 비슷하다'라는 식의 접근만 해도 훨씬 오래 기억된다. 기억이 새로운 기억을 만든다.

한 다큐에서 흥미로운 실험을 보여준 적이 있다. 학생들에게 아무런 힌트도 주지 않고 토끼, 가위, 호랑이, 영국 등과 같은 단어들을 무작위로 외우게 하였다. 비슷한 테스트를 다시 시행했는데 이번에는 외워야 할 단어들의 분류(동물, 문구, 지역, 신체 등)를 미리 알려준 뒤 단어들을 기억하게 하였다. 놀랍게도 약 2배 정도 점수가 향상되는 결과가 나왔다. 그런데 분류를 미리 알려주지 않아도 매번 평균 이상의 점수를 기록한 학생들이 있었다. 그들은 서울대, 스탠퍼드 등 국내외 명문대에 합격한 새내기 대학생들이었는데, 분류를 미리 알려주지 않아도 관련 단어를 묶어서 기억하는 방법을 썼다. 공부 잘하는 학생은 같은 것을 보아도 다른 것을 본다는 뜻이다. 이들은 습관적으로 비슷한 것들을 연결시키는 방식으로 주어진 대상을 재구성했다. 기억력 스포츠의 선수들이 실제 공부에서 어떤 성과를 냈는지는 통계가 없어 정확히는 알 수 없지만, 위의 사례를 통해 생각해봤을 때 상위 랭커들 중 의사, 변호사, 회계사, 프로그래머 등 전문직 종사자가 왜 많은지 어느 정도 이해가 간다.

기억은 새로운 지식이 탄생하는 원리와 같기 때문이다.

창의적 트라이앵글로 기억을 묶어라!

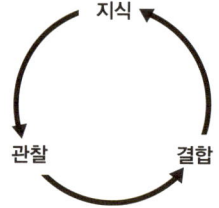

포토그래픽 메모리와 기억력 '사짜'들

포토그래픽 메모리photographic memory라는 말을 들어본 적이 있는가? 사진 기억력, 완전기억력, 슈퍼메모리 등 온갖 멋있는 말로 비슷하게 표현되는데 무엇이든 보는 그대로 사진 찍듯이 기억한다는 놀라운 능력이다. 누구든 한번쯤 꿈꿔봤을 법한 초능력으로 영화나 만화 등의 소재로 간간이 등장한다. 이 능력이 있다면 시험 보기 전 책을 한 번만 쓱 훑어보면 기억 속에서 책을 전부 살펴볼 수 있을 것이다. 또한 여자 친구가 지난번 만남과 자신의 스타일이 어떻게 바뀌었냐고 물어도 전혀 당황할 일이 없을 것이다. 영상을 돌려보듯 다시 기억할 수 있으니까 말이다. 생각해보니 좀 무섭기도 하다. 그런데 이 무서운 포토그래픽 메모리를 실제 갖고 있는 것처럼 보이는 사람들이 존재한다.

스티븐 월트셔Stephen Wiltshire라는 사람은 20분 동안 헬리콥터를 타고 뉴욕 하늘을 돌아다닌 후 자신이 보았던 뉴욕시의 풍경을 360도 파노라마 도화지에 정확히 그려냈다. 빌딩의 창문 개수까지 전부 기억난다고 할 정도로 엄청난 시각 기억력을 보여주었으며 심지어 원근법까지 정확히 표현하였다. 한동안 그가 뉴욕 시를 도화지에 그리는 사진이 인터넷 커뮤니티에서 큰 화제가 된 적이 있다. 실제 보면서 그려도 쉽지 않은 일을 그는 단지 20분 동안 보았던 것만으로 어떻게 생생히 기억하여 그릴 수 있었을까?

너무나 많은 걸 기억할 수 있었던 사람 리스트에 단골로 등장하는 또 한 사람으로 킴 픽Kim Peek이 있다. 더스틴 호프먼이 연기했던 영화 〈레인맨〉의 실제 모델로도 유명했던 인물로 2009년 숨을 거두었다. 그는 생전 1만 권이 넘는 책 내용을 거의 다 암기할 수 있었고 우편번호부도 통째로 외울 정도로 기억력이 좋았다. 일반인 몇백 명이 나눠서 도전해도 우편번호부 한 권을 외우기는 쉬운 일이 아닐 것이다. 게다가 특정 과거 날짜의 요일을 바로바로 맞출 수 있었고 오늘이 그날로부터 며칠 지났는지도 순식간에 맞출 수 있을 정도로 집중도도 좋았다. 아인슈타인보다 높은 지식지수 184라는 점수를 받았다는 사실이 그의 초인적인 기억능력을 증명해준다.

킴 픽의 경우보다 좀 더 생산적인 기억력 천재가 있다. 1주일밖에 안 배운 외국어로 생방송에서 회화를 할 수 있을 정도의 언어 습득 능력을 보여준 영국의 대니얼 태멋Daniel Tammet이 바로 그 사람이다. 그는 영어, 독일어, 리투아니아어, 루마니아어, 스페인어, 에스토니아어, 아일랜드어, 웨일스어, 에스페란토, 프랑스어, 핀란드어에 능통하다고 한다. 게다가 5시간에 걸쳐 원주율 22,514자리를 암송하여 유럽 최고 기록을 세우며 세간의 관심을 모았다. 몇십 년간 영어학원에 기웃거리면서도 외국인과 말 한마디 제대로 못 하는 우리들을 생각해보면 참 허무해지는 일이 아닐 수 없다.

이 밖에도 몇 년 전에 한 번 봤던 시를 술술 읊는 엘리자베스Elizabeth라는 여성도 있다. 심지어 그 시는 자신이 이해할 수 없는 외국어로 쓰인 시였다. 사실 이들이 가지고 있는 능력 사이에는 '극도로 구체적으로 생각하기' 혹은 '여러 감각으로 생각하기'라는 공통점이 있다. 예를 들어 우리는 많은 고양이들을 대체로 비슷한 고양이로 받아들인다. 하지만 위의 사례에서 소개된 극단의 기억력을 가진 사람들의 시선으로 보았을 때, 각각의 고양이는 분명 다른 구체적인 특징으로 분류된다. 따라서 같은 종의 동물로 생각하기보다 다른 동물처럼 구분되어 머릿속에 입력된다. 이 때문에 디테일에는 너무나 강하지만 그 디테일이 조금 바뀌었을 때는 전혀 다른 것으로 인식하는 경향이 있다. 어떤 사람의 얼굴 특징들을 정확히 기억하였으나 모자를 쓰거나 액세서리를 조금만 바꿔도 같은 사람이라는 것을 알아차리지 못한다는 뜻이다.

이들은 어떤 단어, 숫자, 대상을 보았을 때 일반인들처럼 단순히 있는 그대로 받아들이는 것이 아니라, 색감, 냄새, 이미지 등이 함께 떠오르는 경험을 한다고 알려져 있다. 예시에 나온 사람들 정도의 능력은 아니지만 가끔 아이들 중 소수는 이런 능력을 가지고 있다고 한다. 특별히 기억법을 배우거나 전략적으로 기억 기술을 구사하지 않고도 짧은 시간 보여주거나 들려준 것들을 오랜 시간이 지난 후에도 꽤나 정확히 기억해낸다. 영재 관련 TV 프로그램에 나오는 아이들이 이런 특징을 잘 보여준다. 6세 이하의 어린이 중 2~10% 정도의 이런 특징이 나타난다고 알려져 있지만 어른으로까지 보통 이어지는 경우는 거의 없다. 언어적으로 사고하는 법이 점차 자리 잡으며 생기는 자연스러운 현상이 아닌가 하는 생각도 든다.

사실 앞서 들었던 슈퍼 기억력 사례의 주인공들은 사회적인 능력이나 종합적인 사고력이 현저히 떨어졌다. 킴 픽과 같은 경우 FG증후군이라는 희귀한 유전 질환을 가지고 있었다. 혼자 옷을 입지 못하고 물건 구분도 잘 못하였으며 계단도 16살이 돼서야 혼자 이용할 수 있었다. 게다가 지식지수가 184가 나온 것과는 대조적으로 지능지수^{IQ}는 지적장애 수준을 웃돌았다. 즉 일상생활을 제대로 할 수 없는 안타까운 장애를 가진 사람이었다. 이같이 자폐증, 지적장애 등의 증상을 갖고 있는 사람 중 극히 일부에게서 특정 부분에 한해 경이로울 정도의 천재성을 보이는 사람들을 지칭해 **서번트 증후군**Savant Syndrome을 가졌다고 표현한다. 뉴욕 시를 사진 찍듯이 기억하여 그림으로 그렸던 스티븐 윌셔도 여러 가지 언어를 순식간에 마스터한 대니얼 태멋도 자폐증을 가지고 있다. 아직까지 왜 서번트 증후군이 나타나는지는 정확히 밝혀진 바는 없다. 다만 그들의 삶이 일반인의 관점에서 전혀 부러워할 삶이 아니었다는 사실만은 명확하다. 처음 봤던 외국어 시를 줄줄 읊었던 엘리자베스는 어땠을까? 그녀는 외국어 시를 기억했던 것뿐만 아니라 무작위로 점을 찍은 그림을 정확히 기억할 수 있었다고 한다. 게다가 이런 그림들 두 개를 겹쳤을 때의 모습도 머릿속에서 떠올릴 수 있었다. 일명 '매직아이'처럼 말이다. 이 실험을 통과한 사람은 그녀밖에 없었고, 이를 통해 실험으로 입증된 유일한 완전 기억능력자가 되었다. 하지만 사실 실험을 진행했던 사람과 그녀가 결혼을 했다는 점, 이후 그녀가 추가적인 기억 능력 테스트를 거부했다는 점에서 조작되었다는 의심을 강하게 받고 있다.

학자들은 연구를 통해 **비정상적으로 훌륭한 그들의 기억 능력이 '지적 수준'과 아무 연관성이 없음**을 밝혀왔다. 사실 우리가 갖고 싶은 능력이 정확히는 일상생활과 업무성과 및 공부에 도움이 되는 '사진 기억력'이라고 한다면 그런 능력을 갖고 있는 사람은 세상에 없다고 할 수 있다. 비슷한 듯 다른 과잉기억증후군^{Hyperthymesia}이라는 증상도 있는데 이 역시 일상에 도움이 되는 기억력과는 거리가 멀다. 트라우마처럼 잊어야 할 기억이 계속 떠오른다거나 특정 요일의 점심 메뉴를 잊지 않는 등 본인의 개인적인 기억에만 한정되어 있다.

이처럼 있는 그대로 눈에 맺힌 장면을 기억하여 이해하고 응용까지 할 수 있는 능력을 가진 사람은 현재까지 알려진 바가 없다. 사실 그런 초 천재가 있다면 우리가 모르고 있을 리가 없지 않은가. 다만 보는 글이나 숫자 등을 형상으로 변환하여 받아들이는 능력이 탁월한 사람들은 있다. 이런 형상화 능력은 포토그래픽 메모리와는 전혀 다른 성질의 것이라고 할 수 있다. 보이는 그대로를 녹화하듯 기억하는 것은 아니기 때문이다. 세기의 천재로 불린 존 폰 노이만이나 아인슈타인, 가우스 등이 이런 능력을 가졌다고 알려져 있다. 이들은 머릿속에서 정보를 조작하여 시각화하거나 형상화하는 능력에 뛰어났다. 결국 엄격한 의미의 '포토그래픽 메모리'를 가진 사람은 아무도 없었다.

체스마스터나 프로 바둑기사도 게임을 복기할 때 엄청난 기억력을 보여주는 것처럼 보이지만 사실 그들의 기억력도 일반 사람들과 다르지 않은 경우가 많다. 사실 그들은 우리가 볼 수 없는 패턴을 볼 수 있다. 어느 분야의 전문가에게 "어떻게 그걸 다 외우셨어요?"라고 물어보면 "하다보면 대충 비슷한 순서가 있어"라고 늘은 석이 한 번쯤은 있을 것이다. 바둑 기사도 단순히 모든 바둑돌을 순서대로 외우는 것이 아니라 판의 흐름을 크게 나눠서 그 패턴을 기억한다고 볼 수 있다. 그다음 세부적으로 복기할 수 있는 점이 있기 때문에 일반인과는 다른 조건에서 기억한 것이라 할 수 있다. 체스마스터 또한 마찬가지다. 우리는 하나, 하나 순서대로 100가지의 경우의 수를 다 외워야 한다면 그들은 그것을 10가지의 패턴으로 분류할 수 있으며 따라서 기본적으로 외워야 할 양이 확 줄어들어 체계적인 기억이 가능해진다. 여기서 재밌는 사실을 하나 알고 가자. 바둑에서 일반적인 플레이와 상관없이 아무 의미 없는 순서대로 바둑돌을 놓고 이를 기억하라고 했을 때도 일반인보다 바둑기사가 더 많이 기억할 수 있을까? 정답은 일반인과 아무런 차이를 보이지 못한다는 것이다.

 알파고가 이세돌 9단을 이길 수 있었던 이유도 여기에 있다. 컴퓨터가 학습을 통해 패턴을 파악할 수 있는 수준의 알고리즘을 구현하면서 전혀 쓸데없는 수는 고려하지 않을 수 있었다. 이를 통해 경우의 수를 줄여나갈 수 있었기에 인간을 이길 수 있었다. 제아무리 컴퓨터라도 우주의 원자 수보다 많은 경우의 수를 다루기엔 시간이 부족하다. 따라서 패턴으로 접근하는 방식을 적용한 것이다. 인간에게 주어진 한계는 '시간과 지력'이다. 지력도 체력처럼 휴식이 없으면 충전되지 않으며 불필요한 곳에 지력을 쓰게 되면 그만큼 다른 곳에 지력을 못 쓰게 된다. **중요한 결정에 많은 지력을 쓰기 위해서는 반복되는 행동을 시스템화 시켜야 한다.** 그렇게 습관의 수준으로 넘어가면 지력을 쓰지 않고도 처리가 가능해진다. 기억력도 마찬가지다. 기억은 지식을 통해 관찰하고 변환하여 결합하는 과정이다. 그런데 관찰과 변환 과정에 너무 많은 지력을 쓰게 되면 결합 과정에 할애할 수 있는 에너지가 부족해진다. 더군다나 결합은 창의적인 사고가 필요하기에 가장 많은 지력이 필요한 부분이다. 따라서 기억에서도 나만의 시스템과 패턴을 만드는 것은 최대한 지력을 아끼려는 행동이라고 할 수 있다.

 그런데 이런 기억의 원리를 전혀 전달해주지 않고 마치 기억법이 한번만 보고 들으면 잊을 수 없는 기술인 것 마냥 장사를 하고 다니는 사람들이 있다. 그들이 한국 기억술의 물을 흐려놓았다고 해도 과언이 아니다. 한탕주의로 사람들에게 잘못된 접근방식을 취했고 그 결과로 기억법에 안 좋은 인식을 많이 심어주었다. 나 또한 인지과학이나 기억력 분야를 깊게 공부한 사람은 아니기에 항상 조심스럽다. 그런 점에서 과장 없이 나의 경험 위주로 설명하고 전달하려 노력한다. 오히려 "어마어마하게 대단한 것은 아니었네요?"라는 말을 듣길 원한다. 과장을 통해 사람들을 혹하게 하는 소위 '사짜'들을 조심하기 바라며 기억에는 절대 공짜가 없다는 사실을 독자들이 명심하길 바란다. 아무 노력 없이 모든 정보를 얻을 수 있는 능력을 어떻게 가질 수 있겠는가. 다시 말하지만 포토그래픽 메모리는 없다. 따라서 누군가 기억력 강의를 한다면 그 사람이 기술적인 부분과 보여주기 식에만 몰두하는 사람인지, 원리를 가르치는 사람인지 잘 판단해야 한다.

셜록과
마인드팰리스

인간은 텍스트보다 이미지에 훨씬 친숙하다. 대다수의 사람들이 책보다 드라마나 영화를 더 쉽게 받아들이는 것만 봐도 알 수 있다. 컴퓨터가 키보드로 명령을 입력하는 CLI command-line interface 에서 아이콘과 같은 시각적인 요소를 통해 기계에 명령을 내릴 수 있도록 하는 GUI graphical user interface 방식으로 전환되어 온 것도 같은 맥락이다. 우리가 공부를 할 때도 그렇다. 추상적인 단어는 도대체 잘 이해가 가지 않는다. 법률 용어, 금융 관련 용어 등 이해가 가지 않는 것들은 머릿속에 그려지지 않는다는 공통점이 있다. 구체적인 사례를 들어주면 그제야 조금 이해가 되는 것 같다. 자고로 좋은 강사는 시각화를 통해 정보를 눈에 볼 수 있게 해주는 사람이다. 다른 예를 들어보자. 기업은 로고를 갖고 있다. 사실 어떤 '단체'라는 것은 추상적인 단어다. 볼 수도 만질 수도 없다. 그러나 회사, 상품의 로고를 만들어 이미지화하여 표현하면 우리는 그 단체를 시각적으로 볼 수 있게 된다. 기억에 남는 기업이 되려면 무엇보다 소비자도 따라 그릴 수 있는 좋은 로고가 있어야 한다.

여행을 가서 숙소에서 하룻밤을 자고 나왔다. 우리는 그 숙소를 하루밖에 쓰지 않았지만 내부의 장소를 떠올릴 수 있다. 침대, TV, 화장실 등 구체적인 사물들의 위치를 금방 떠올릴 수 있다. 심지어 몇 년이 지나도 그때 그 장소에 눈을 감고 상상하며 돌아다닐 수 있을 정도다. 물론 그 숙소의 전화번호, 숙소의 이름 등은 전혀 기억할 수 없다. 기억이 나는 것은 죄다 시각적인 것들이다. 말 그대로 정말 남는 것은 사진뿐이다. 모든 시야는 공간 안에서 허락된다. 따라서 가장 친숙한 이미지는 자신이 오래 머무는 장소일 수밖에 없다. 지금 살고 있는 집 안을 눈을 감고 떠올려보자. 떠오르지 않는다면 병원에 가보는 것이 좋을 것 같다. 인간이라면 누구나 자신이 살고 있는 곳 정도는 눈 감고도 기억해낼 수 있다. 〈기억의 절대공식〉에서 가볍게 정리한 기억의 생성 과정을 다시 떠올려보면, 새로운 기억은 우선 지식(강한 기억)이 있어야 만들기 쉽다고 했다. 장기기억이라고 부를 수 있는 이 기억에 외워야 할 대상을 붙여놓기만 하면 된다. 붙이기 쉽도록 외워야 할 대상에 조작을 가해야 하는데 나는 그 과정을 관찰을 통한 변환과정이라 하였다. 이렇게 붙이고 나면 다시 기억을 인출해야 하는 시점에는 이미 머릿속에 깅하게 자리 잡고 있는 지식을 떠올리기만 하면 된다. 머릿속에 강하게 자리 잡고 있는 지식을 떠올리는 것은 너무나 쉬운 일이고, 그곳에 붙여놓은 단서를 통해 우리는 변환과정을 역으로 시행하여 기억을 가볍게 풀어낼 수 있을 것이다.

고대 그리스 사람들은 이같은 기억의 원리를 아주 잘 이해하고 있었다. 그들은 기억술의 핵심으로 머릿속에 깊이 박혀있는 지식을 활용하였다. 누구나 언제 어디서나 쉽게 떠올릴 수 있을 정도로 머릿속 깊이 박혀있는 지식은 무엇일까. 그것은 다름 아닌 자신에게 가장 친숙한 장소다. 그들은 이를 활용한 기억법을 고안해냈고 우리는 이를 장소 기억법^{method of loci}이라고 부른다. 여정법, 로먼룸 기억법 등 여러 이름으로 불리는 장소기억법의 핵심은 장소에 기억해야 할 대상을 이미지화하여 그 장소에 내려놓는 것이다. 아주 직관적이면서도 비교적 쉽게 사용할 수 있는 방법으로 오랫동안 기억술의 핵심방법 중 하나였다. 세계 기억력 대회의 상위 랭커들은 장소만 머릿속에 몇천 개가 있으니 컴퓨터로 치면 대용량의 하드디스크가 머릿속에 있는 것과 같다고 할 수 있다. 최근 전 세계적으로 인기를 얻었던 영국 드라마 〈셜록〉에서 이 장소기억법이 아주 멋지게 표현되어 사람들의 관심을 불러일으켰다. 기억의 궁전이라 불리는 거대한 두뇌 저장소에 놓아둔 기억을 찾아 집중하는 셜록의 모습은 많은 이들의 가슴을 뛰게 만들었다. 다른 도구의 힘을 빌리지 않고 오직 두뇌 하나로 극한의 집중력을 보여주는 모습만큼 지적으로 섹시한 장면이 또 있을까.

   오늘날처럼 저장을 위한 도구가 지천에 널려있는 시대는 역사적으로 없었다. 기업뿐만 아니라 개인의 데이터도 마음껏 저장할 수 있는 클라우드 서비스를 여러 업체가 무상으로 제공하고 있다. 심지어 잊지 않도록 어플리케이션이나 메일을 통해 다시 알려주는 서비스도 많다. 이제 개인이 기록하고 싶은 것을 저장하는 데 사실상 한계가 없다. 그러나 우리에게는 글로 기록할 종이조차 쉽게 구할 수 없었으며 책 한 권도 구하기 힘든 시절이 있었다. 지금 우리는 상상도 할 수 없지만 인류 전체 역사로 보면 인간은 대다수의 시간을 그렇게 저장매체 없이 지내왔다. 1250년경 잉글랜드에서 책을 3권을 가진 집안은 부유한 집안에서도 일반적이지 않은 경우였다고 한다. 사실 지금의 우리가 과거 이름만 대면 알만한 유명한 철학자, 위인들보다 많은 책을 읽었을 확률이 매우 높다. 14세기 구텐베르크의 금속활자 발명과 함께 인쇄술의 혁명이 일어나기 전까지 사람들은 정보를 대체 어떻게 저장하였을까. 오늘날 알고 있는 고전은 실제로 입에서 입으로 전해진 경우가 많다. 과거에는 책 한 권 소장하기도 쉽지 않았기에 책을 빌렸을 때 그 내용을 아예 외워버리는 것이 가장 효과적인 방법이었을지도 모른다. 읽고 싶은 사람은 많은데 책은 한 권뿐이니 기약 없이 기다려야 하는 상황이 연출되었을 것이다. 따라서 과거에는 머릿속에 정보를 효율적으로 저장하고 꺼내는 방식을 익히는 것이 지금보다도 훨씬 중요했다. TV에서 사극을 보면 항상 어리고 똑똑하게 생긴 주인공이 스승 앞에서 공자, 맹자의 경구를 정확히 인용하는 장면을 볼 수 있다. 과거에는 이렇듯 무언가를 기억한다는 것이 크나큰 가치였다. 유럽에선 중세시대까지도 기억술을 기본 소양으로 가르치고 배운 경우가 많았다고 한다. 유럽의 기억술 역사를 거슬러 올라가다 보면 그리스 시대로 이르게 된다. 지금도 마찬가지지만 당시는 무엇보다 말 잘하는 사람이 최고인 사회였다. 데이터를 스크린으로 보여줄 수도, 참고 자료를 나눠줄 수도 없었다. 쉽게 말해서 토론과 웅변을 잘해야 했고 이로 인해 문장과 구술로 상대방을 설득하는 기술을 다룬 수사학과 웅변술이 발전했다. 그리고 이를 실질적으로 가능하게 만들기 위해 기억술이 중요하게 여겨졌다. 발표자가 기억하느라 시간 보내는 걸 보는 것은 청자로서 정말 속 터지는 일이다.

문헌에 나타나는 기억법과 관련된 인물은 고대 로마의 키케로가 소개하는 그리스 키오스의 '시모니데스'로, 그는 서정 시인이자 웅변가였다. 지금도 그는 기억술의 아버지로 불린다. 전해지는 이야기는 다음과 같다. 어느 날 연회에 초대되어 참석한 시모니데스는 다른 사람과 이야기하기 위해 우연히 자리를 비웠다. 그때 회장의 천장이 무너져 그 밑의 사람들은 모두 죽고 자신은 가까스로 붕괴사고를 면하게 된다. 무너진 천장에 깔려 시신이 심하게 훼손되어 형체도 알아볼 수 없는 상황에 가족들은 망연자실했고, 시신을 수습할 방법이 없었다. 그때 그는 자신이 붕괴

전에 보았던 장면을 떠올려 생전에 사람들이 앉아있었던 위치를 모두 기억해내었다. 이 사건은 당시 그리스인들 사이에 화제가 되었고 뒤이어 학문으로 연구되기 시작했다고 한다. 이런 기술은 중세에 성경과 같은 종교 서적, 기도문 등을 암송하는 데 이용되었고 로마의 정치가들이 연설문을 외우는 데 쓰였다. 그리스 아테네의 테미스토클레스라는 사람은 기억의 궁전으로 2만 명의 아테네 시민들의 이름을 다 외웠다고 하니 과거에는 일상생활에도 실질적으로 사용되었던 기술이라 할 수 있다. 몇 년 전 CNN에 23개 언어에 능숙한 것으로 소개된 팀 도너$^{Tim\ Doner}$도 자신의 언어 연습 방식의 하나로 장소기억법을 활용한다고 강연에서 밝혔다. 공원에 나무, 분수대, 근처 건물 등의 장소를 이용하여 그곳에서 일어날 수 있는 이야기들을 만들고 여러 가지 언어로 그것을 설명하는 연습을 해보는 식이다. 장소는 도구가 없어도 쉽게 떠올릴 수 있기에 그 장소를 머릿속에서 거닐면서 정보를 복습하기에 유용하다.

기억의 궁전을 만들고 장소에 기억할 무언가를 놓는다는 것은 조금 추상적인 의미로 다가올 수 있다. 따라서 누군가 자세히 예시를 들고 설명해주지 않는다면 엄청난 기술처럼 들릴 수도 있다. 사실 **장소기억법의 핵심은 '단서가 되는 무언가'를 '언제 어디서나 순서대로' 기억할 수 있다는 것에 있다.** 따라서 굳이 장소가 아니더라도 '언제 어디서나 순서대로' 기억할 수 있는 것이 있다면 그것을 곧 장소처럼 활용할 수 있다. 따라서 장소라는 표현보다는 기억의 '주소'라고 표현하는 것이 맞을 것 같다. 컴퓨터 프로그래밍에서 포인터라는 개념처럼 주소를 할당하고 한 주소 안에 하위 단계로 많은 주소를 또 만들 수도 있다. 실제로 나는 이런 방식으로 장소들을 구조화하여 대회에 출전하였다. 크게 10가지 부모 장소들이 있고 한 개의 부모 장소에 10개의 자식 장소가 있는 식으로 구성하여 체계적으로 기억을 할당할 수 있었다. 예를 들어 "26번째 내용은 무엇인가?"라는 질문에도 번지수를 찾아가듯 금방 해당 내용을 꺼낼 수 있다. 중요한 것은 '의미단위'만 있으면 그것이 무엇이든 장소가 될 수 있다는 것이고 꼭 실제 장소일 필요는 없다는 것이다. 자신이 그린 그림이어도 상관없다. 인지과학 실험에서도 이런 기억법이 게임과 같은 가상의 장소에서도 유효한지 실험한 적이 있는데 아무 차이를 보이지 않았다는 연구 결과가 나왔다. 솔직히 말하면 나는 장소를 만드는 것이 귀찮아 GTA^{Grand Theft Auto}라는 실제 세계와 정말 비슷한 게임을 활용하여 수백 개의 장소를 만들었다. 그리고 그 장소들을 활용하여 국제 기억력 마스터 자격을 획득했다.

여러 기억력 관련 책들에 나오는 특정 걸이 단어^{Peg Words}에 외워야 할 것을 걸어놓아 기억을 쉽게 하는 방법이나 기억의 궁전이나 사실 다 같은 원리다. 거창할 것 하나 없다. 한글의 'ㄱ, ㄴ, ㄷ, ㄹ … ㅎ'까지의 철자와 자신이 기억해야 할 것들을 순서대로 연결시켜 놓으면 한글이 곧 장소가 된 것이다. 예를 들어 손톱깎기, 바나나, 오징어를 사야한다고 가정했을 때 'ㄱ'이란 철자에 손톱깎기의 '깎'자에 기역 자가 많이 나오는 것을 연상의 특징으로 삼는다든지 손톱깎기를 'ㄱ'의 이미지로 바꿔서 상상하던지 그것은 정해진 바가 아니다. 당신의 상상력과 기억 시스템에 맞게 변환과 결합을 잘 시키면 된다. 결과적으로 연결만 잘 이루어지면 마트에 가서 한글의 자음만 순서대로 생각해보면 되는 것이다. 'ㄱ'을 생각하면 손톱깎기가 떠오를 것이다. 머리부터 발끝까지 신체의 특정 부위에 번호를 부여해 신체를 기억 장소로 쓸 수도 있다. 예를 들어 첫 번째는 정수리, 두 번째는 눈, 세 번째는 코 등으로 몸을 훑어 내려가며 순서대로 주소를 부여하면 쉬울 것이다. 장소기억법은 '의미 단위'를 장소로 잘 쪼개놓았을 뿐이고 그다음 어떻게 그 장소와 기억해야 할 것을 붙여놓느냐가 중요한 문제이다. 따라서 '의미 단위'들만 잘 마련되어 있는 것이 있다면 무엇이든 기억의 궁전이 될 수 있다. 물론 처음 시작하는 사람들에게는 장소를 의미 단위로 나누는 것이 쉬운 일은 아니다. 하지만 여러 번 반복하다 보면 장소를 만드는 일정 패턴이 생긴다.

    드라마에서 셜록은 런던의 지도를 다 알고 있었으니 얼마나 활용할 장소가 많았겠는가. 장소를 잘 구성하여 훈련을 오랜 기간 한다면 셜록처럼 기억하는 것도 불가능한 일은 아니다. 자, 이제 여러분도 셜록처럼 눈을 감고 손을 움직이며 기억의 궁전에 들어가 상상의 나래를 펼쳐보자. 생각보다 겉모습이 드라마처럼 멋들어지지 않으니 너무 심취하지는 않길 바란다.

당신도 셜록의 기억력을 가지고 있다

많은 이들에게 알려진 이야기지만 영국에서 택시기사가 되는 것은 한국에 비해 매우 힘들다. 런던에서 택시기사 면허증을 받으려면 약 25,000개의 도로와 주요 지형지물 1,400개의 위치를 반드시 알고 있어야 한다. 말 그대로 '눈 감고도' 런던 모든 곳을 찾아갈 수 있을 정도가 되어야 하는데 이들 모두 익히는 데 보통 3~4년이 걸린다고 하니 쉬운 일이 아니다. 시험도 여러 단계를 거치게 되는데 마지막 시험인 지식The Knowledge이라는 이름의 어려운 시험을 통과해야 최종적으로 면허를 취득할 수 있게 된다. 이 시험은 쉽게 말해서 인간이 내비게이터 기계 수준이 되었느냐를 판별하는 시험이라 할 수 있다. 시내에서 임의의 두 지점을 잇는 최단 경로를 찾고 그 구간 사이에 있는 주요 지형지물의 이름을 대야 하는 것이 시험의 내용이라 하니 엄청난 기억력이 필요하다. 보통 응시자의 30%만 면허를 취득하게 될 정도로 쉽지 않기에 영국의 택시기사들은 상당한 자부심과 프로정신을 가지고 있다.

복잡하고 어려운 장소들을 두뇌 하나만으로 모두 기억하는 이 택시기사들의 뇌는 일반인들과 어떤 차이점이 있을까? 2000년에 영국의 택시기사들을 상대로 유니버시티 칼리지 런던의 엘리너 매과이어Eleaner Maguire라는 신경과학자가 연구를 진행한 적이 있다. 이 과학자는 영국의 택시기사들이 보통 사람보다 공간 탐지를 담당하는 우측 후방 해마가 7% 가량 더 컸다는 사실을 발견했다. 이들은 확실히 공간을 떠올리거나 받아들이는 데 특화된 뇌를 가지고 태어났다고 생각할 수 있다. 그런데 놀라운 것은 일한 경력에 비례하여 우측 후방 해마가 더 컸다는 사실이다. 이는 성인의 뇌는 새로운 신경을 생산할 수 없다는 기존의 학설을 뒤집고 뇌에는 경험에 의해 변화되는 능력이 있다는 것을 뒷받침하는 근거가 되었다. 3~4년 동안 런던의 길을 모두 기억하려는 노력을 하면서 해당 부분 뇌신경에 변화가 일어났고 이후에도 계속해서 일을 하며 단련이 되었다고 할 수 있다. 새로운 언어나 운동기능의 습득이 왕성한 유년기 때, 새로운 신경경로의 활동성이 최대치를 보인다고 한다. 그러나 학자들의 연구에 의하면, 성인이 된 이후 그리고 노년기까지도 새로운 언어나 운동기술을 어느 정도 수준까지는 습득할 수 있는 뇌신경 가소성이 유지된다고 하니 희망적인 정보가 아닐 수 없다.

기억력 대회에서 나보다 20세 이상 많은 분들이 훨씬 뛰어난 기록을 가지고 있는 경우도 심심찮게 볼 수 있다. 그럴 때마다 나이는 숫자에 불과하다는 것을 새삼 느낀다. 또 한 해 전 대회에서 만났던 어린 친구가 그 다음 해 엄청난 점수의 성장을 이루어내는 것을 눈앞에서 목격하면 '저 친구도 이제 우리식으로 사고하게 되었나 보다'라는 생각을 하게 된다. 경험에 의해 실질적으로 두뇌의 물리적 구조와 기능적 구조 모두를 변화시킬 수 있다는 사실은 더 이상 나이를 핑계로 새로운 도전을 피하는 사고를 하면 안 된다는 것을 우리에게 주지시켜주고 있다. 무엇이든 꾸준히 하다 보면 익숙해지고, 익숙해지면 쉬워지며, 쉬워지면 원래 잘했던 것처럼 느껴진다.

내가 영국 드라마〈셜록〉을 보며 가장 가슴이 뛰었던 장면 중 하나는 셜록이 추격전을 벌이는 장면이었다. 머릿속으로 내비게이터 기계처럼 생각하여 미리 앞선 도로들의 경로를 생각하고 최단 거리를 계산하여 상대방을 잡는 장면을 보며, 셜록의 기억의 궁전을 드라마적 연출로만 볼 수는 없다는 생각이 들었다. 진지하게 생각해보았을 때 상당 부분 근거 있는 이야기가 될 수 있다. 런던의 도로가 전부 머릿속에 들어가 있다면 최소 1만 포인트 이상의 기억 지점을 만들 수 있다. 이 장소들에 기억할 것을 넣어둔다면 머릿속에 정말 두꺼운 노트를 몇십 권 넣어둔 것처럼 유용하게 쓸 수 있을 것이다. 영국의 택시기사들이 장소를 잘 정리하여 일정기간 연습을 하고 기억력 대회에 나온다면 유력한 우승후보가 되지 않을까 하는 생각까지 든다.

영국의 택시기사들을 상대로 연구를 진행했다는 신경과학자는 이후 기억력 스포츠 선수들을 대상으로도 비슷한 연구를 진행하였다. fMRI^{기능성자기공명영상법}으로 촬영해본 결과, 일반인과 다르게 기억력 선수들은 **새로운 정보를 학습할 때 '시각 기억'과 '공간 탐지 기능'을 담당하는 곳으로 알려진 부위가 눈에 띄게 활성화**되었다고 한다. 게다가 영국의 택시기사들이 활성화되었던 뇌의 부위도 함께 활성화되는 것이 확인되었다. 이는 정말 중요한 시사점을 던지는데, 하나는 기억력 선수들은 **지루한 암기를 하는 것이 아니라 시공간적 감각을 활용하는 사고를 한다는 것**이고, 또 하나는 이 기억력의 **핵심인 '공감각적 사고'는 후천적으로 증진시킬 수 있다는 것**이다. 누구나 노력을 통해, 아니 지적 유희를 통해 셜록의 기억력을 훔칠 수 있다. 내 머릿속에 잠들어있는 셜록의 뇌를 깨워보자.

기억의 궁전에 시금석을 놓다

기억의 궁전이라는 단어에 꽂힌 나는 관련 자료들을 찾아보며 제대 후 자유로운 시간을 보냈다. 무엇보다 직접 해보는 것이 좋겠다는 생각에 당시 살던 집을 첫 기억의 궁전으로 삼았다. 첫 출발지는 베란다로 정했으며 그다음 거실, 주방, 작은방, 화장실, 큰방을 지나 현관을 거쳐서 마무리가 되는 구성이었다. 그리고 일반적인 기억법 책에 나와 있는 연습용 예제인 형상 명사를 순서대로 기억하는 것에 적용해보았다. 바나나, 토끼, 나무 등 듣기만 해도 머릿속에 그려지는 그런 쉬운 단어들이었다. 계속 상상을 구체화시켜가며 더 자세히, 더 명확히, 다채롭게 장면을 상상하려 애썼다. 베란다에 바나나 껍질이 걸려있는 모습, 거실에서 토끼가 대변을 보는 모습을 상상했다. 주방에서는 나무가 자라나 물이 뚝뚝 떨어지고 있었다. 물론 처음에는 아주 단순하게, '바나나를 베란다에 놓다', '거실에 토끼가 있다' 이런 식의 지루하고 1차원적인 상상만 했다. 그러나 점점 반복적인 훈련을 거듭할수록 이야기에 색, 냄새, 분위기 등을 고려하게 되었고, 주변 환경의 성질과 연결되는 부분을 놓치지 않으려 애썼다.

처음에는 하나의 집에 10개의 장소 정도밖에 만들지 못했다. 금방 장소가 부족해지자 아예 집에서 특징이 될 만한 것들을 사진으로 찍어 정리해두어야겠다는 생각을 했다. 혼자 25평쯤 되는 집에서 구석구석 돌아다니며 스마트폰으로 사진을 찍었다. 평소에 절대 열어보지 않는 베란다 창고도 열어보고 배수구, 실외기 등 특징이 있는 지점을 관찰하며 사진에 담았다. 최소 50개의 장소를 만들어야겠다는 생각과 함께 집안 곳곳의 사진 촬영은 계속됐다. 나중에 학교에서 휴대폰을 들여다보던 친구가 앨범에 들어가 보더니 "아무 의미 없는 사진이 많네. 변기는 도대체 왜 찍어 놓은 거야?" 하고 묻기도 했다. 아마 그 친구는 아직도 그 변기의 의미를 모를 것 같다. 그런데 문제가 생겼다. 너무 가까이 위치한 사물들을 포인트로 정해놓으니 나중에는 가까이 있는 것들끼리 이미지에 간섭이 일어났다. 순서도 헷갈려 다시 떠올릴 때 문제가 됐다. 이전 장소 포인트와 다음 장소 포인트에 한 발자국 정도 거리가 있어야 이런 일이 없다는 것을 깨닫고 불필요한 장소들을 정리했다.

기세를 몰아 집 밖으로 나와 지하철역까지 가는 길에 장소를 더 만들었다. 자선서 보관내, 도로, 가로등, 고등어구이 가게 등 재밌는 이야기가 나올 것 같은 특징 있는 장소들이 선정되었다. 스마트폰의 사진을 슬라이드로 넘기며 장소의 흐름을 정리했다. 전부 다 몇 년째 지나다녔던 익숙한 장소들이었는데도 장소 만들기를 시작한 후 새롭게 보이기 시작했다. 학교 가는 길과 오는 길에 잠시 멈춰 서서 주변을 유심히 관찰하기도 했다. 세상엔 의미 있고 중요한 재료들이 도처에 널려있었다. 다만 아무도 관심을 가지지 않았을 뿐, 못생긴 돌멩이 하나도 이제 나에겐 기억을 저장해줄 고마운 존재로 탈바꿈하였다. 시간을 내서 한 번도 가보지 않은 장소를 가보거나 몇 년간 쳐다보지도 않았던 주변에 관심을 많이 갖게 되었다. 5년간 살았던 근처 초등학교 이름을 처음 알게 되었다. 동네 지도를 보면서 작은 여행을 했다. 소파에 앉아 눈을 감고 우리 동네를 한 바퀴 돌아다녔다. 몇 분간 한 바퀴 쭉 돌고 나면 머리가 상쾌해지는 기분이 들었다. 점점 갈수록 그 속도는 빨라졌다. 처음엔 10분이 걸려야 한번 돌 수 있었던 장소를 반복 후에는 1분 안에 가뿐히 점검할 수 있었다. 머릿속에서 날아다니며 나만의 기억의 장소 곳곳을 누볐다. 새로운 장소를 추가하는 데도 점점 요령이 생겼다. 같은 종류의 사물이어도 바라보는 각도와 주변 환경에 따라 다른 느낌이 있어 의외로 헷갈릴 일이 없었다. 내 마음에 잘 다가오지 않는 장소들은 특징을 더 추가하는 정교화 작업을 거쳐 그곳만의 이야기와 이미지의 생생함을 더했다. 집에 두 개의 침대가 있어도 작은 방의 침대와 큰 방의 침대는 전혀 다른 공간이었다. 이 과정을 통해 기억에 있어 일상의 모든 것들이 기회였음을 깨달았다.

가장 익숙하면서도 생생히 기억할 수 있는 장소가 또 하나 있었다. 그것은 바로 내가 복무했던 군부대였다. 1년 반이 넘도록 한 울타리 안에서만 있었기 때문에 그곳의 장소들을 너무나 자세히 기억할 수 있었다. 그곳에 100가지가 넘는 장소들을 만들어 엑셀에 정리해두었다. 물론 군부대는 사진을 찍을 수 없기에 각 장소를 글로써 적어놓았다. 예를 들어, 관물대, 전화기, 휴게실, 탁구장, 헬스장 등 조금 거리를 두고 있지만 특징이 있는 물건들을 장소로 선택하였다. 물론 당시 군부대는 이제 많은 부분 바뀌었겠지만 나의 머릿속에는 내가 생활했던 시절의 장소들이 그대로 남아있으니 기억의 장소로 삼기에 문제는 없었다.

장소를 만들다 보니 또 하나의 문제가 있었다. 집안 인테리어가 바뀌거나 가구의 위치가 변경되었을 때 정해놓은 장소도 바뀌야 할지 아니면 그냥 그대로 둬야 할지 고민이 됐다. 처음에는 장소도 함께 업데이트를 했지만, 머릿속에서 구성해놓은 대로 돌아다니는 것이기 때문에 전에 있던 장소로 유지해도 아무 문제가 없음을 깨달았다. 열심히 사진을 찍고 엑셀에 정리하다 보니 어느새 숫자 백 자리, 카드를 1~2팩을 외울 수 있는 기반이 마련되었다. 이제 대회에 출전할 수도 있지 않을까하는 생각이 들었다. 친구들에게 도서관에서 쉬는 시간에 카드 외우는 걸 보여주거나 가족을 앞에 앉혀놓고 마술쇼를 하듯 기억력 테스트를 진행했다.

누구에게나 특별한 인생의 장소들은 꽤 많다. 나에게 할머니 댁은 어렸을 때부터 명절마다 놀러가 사촌들과 놀았던 추억이 담긴 장소다. 그곳에서 축구도 하고 소꿉장난도 하고 불꽃놀이도 하고 재밌는 시간들을 보냈다. 사실 이 장소는 나보다 아버지에게 더 특별한 곳이다. 아버지는 그곳에서 태어나고 자라셨다. 결혼하여 가정을 꾸리기 전까지 쭉 그곳에서 성장의 시간을 보냈으니 아버지에겐 할머니 댁이 평생의 '우리 집', '우리 동네'라고 할 수 있다. 그런데 이제 그 집이 재개발로 인해 몇 년 내에 사라진다는 말을 들었다. 마을 전체가 공사로 바뀔 것이고 할머니께서는 새로 지어질 건물로 거처를 옮기셔야 할 상황이었다. 정든 장소가 사라진다는 사실에 너무 아쉬운 마음이 들었다. 아버지와 나, 그리고 가족들의 추억이 담긴 곳을 기억의 장소로 만들어 영원히 저장해두고 싶었다. 내 나이가 50이 되어도 70이 되어도 생생하게 그리며 이야기할 수 있을 그런 장소로 말이다. 지난 명절 할머니 댁을 기억의 궁전으로 바꾸는 작업을 진행했다. 그리고 그곳은 실제 중국 대회에서 많은 도움이 되었다. 무엇보다 기쁜 것은 이 장소는 언젠가 사라져도 내 마음속에서 영원히 남아 있게 되었다는 것이다. 다음 명절엔 아버지와 함께 할머니 댁이 있는 동네를 돌아다니며 동네 전체를 기억의 장소로 남기는 작업을 마무리하고 싶다.

정계원의 기억법 레슨 01
알고 보면 누구나 가지고 있었던 기억의 궁전

▪ 마인드 팰리스, 기억의 궁전, 기억의 방, 기억 기반 등으로 불리는 머릿속 기억 저장소는 사실 누구나 금방 만들 수 있다. 정상적인 신체를 갖고 태어난 사람이라면 사실 누구나 기억의 궁전을 갖고 있는 것과 마찬가지다. 예를 들어, 머리카락, 이마, 코, 입, 어깨 순으로 자신의 신체에 쭉 번호를 붙여볼 수 있다. '머리카락을 1번, 이마를 2번, 코를 3번…'으로 정하고 나면 이제 자신의 신체가 머릿속 노트 역할을 하게 될 것이다. 이곳에 해야 할 일, 장보기 리스트, 발표 내용의 순서 등 무엇이든 적어놓을 수 있다.

▪ 만약 기억해두어야 할 여러 가지 일이 있고, 첫 번째로 기억해야 할 일은 '형광펜을 사는 일'이라고 가정해보자. 눈을 감고 신체 장소의 첫 번째인 머리카락에 기억해야 할 일을 결합시켜보자. 눈을 감고 머리카락을 하나씩 골라내 정성껏 형광펜으로 칠하는 상상을 해볼 수 있다. 형광펜의 인공적인 냄새, 형광색 아래로 비치는 머리색의 미묘한 조화 등을 느껴보자. 말도 안 되는 상상을 적극적으로 계속해보라. 내 머리카락 숲 속에서 일어나는 단편 이야기를 꾸며서 써볼 수도 있다. 이렇게 입력하고 나면, 입력한 것들을 다시 떠올릴 순간이 왔을 때, 각 신체장소에 일어났던 일들을 떠올려보기만 하면 된다. 머리카락을 떠올리면 형광펜이 자연스레 떠오르게 될 것이다. 다시 기억하고 싶을 때마다 노트를 펴듯 눈을 감고 머리카락부터 훑어 내려가면 된다. 이야기를 더욱 정교하게 만들면 하나의 장소에 여러 가지 정보를 복합적으로 넣을 수도 있다.

도전 1)
신체를 이용하여 장소를 만들고, 그곳에 다음 단어들을 입력한 후 순서대로 다시 말해보자.

하마
비둘기
컴퓨터
산적
비닐

도전 2)
지금 책을 읽고 있는 주변에 다섯 가지의 특징적인 물체나 장소를 선정하고, 그곳에 다음 단어들을 입력한 후 순서대로 다시 말해보자.

미로
공책
흙
다빈치
치약

기억의 테이프를 감아보다

세상은 처음만 기억한다고 혹자는 말한다. 많은 이들이 기억하는 사람을 보면 대부분 최초라는 타이틀을 갖고 있다. 우리나라에서 그 타이틀을 꼽아 보자면 한국인 최초의 유엔 사무총장 반기문, 아시아인 최초로 유럽 챔피언스 리그 우승컵을 들어 올린 박지성, 한국인 최초로 월드시리즈 우승 반지를 받은 김병현 등이 있다. 이들처럼 좋은 일로 많은 사람의 기억 속에 오래 자리할 수 있다는 것은 정말 행복한 일이 아닐까 싶다. 기억이 곧 존재를 말해주는 것이라면, 나를 기억해주는 사람이 많을수록, 나는 그만큼 세상에 선명하게 존재하는 사람일 것이다.

혹자는 한국의 젊은이들은 대학생이 돼서야 사춘기를 경험한다고 말한다. 고교 시절 입시공부에 매몰되어 자아에 대해 생각해보는 시간이 유예된 까닭이다. 더욱이 한국 남자는 군대라는 일상의 큰 변화를 경험하게 되면서 고민이 더 많아진다. 나 역시 군 복무 중 많은 생각을 했다. 그 중 스스로에게 했던 가장 큰 질문은 '나를 무엇으로 설명할 수 있는가', '나는 어떻게 기억될 수 있는가'라는 것이었다.

한번은 휴가를 나와 짧은 머리로 학교 교정을 걸었다. 모든 군인은 눈빛부터 처량하다. 혼자 감상에 젖어 걸으며 똑같은 질문을 던졌다. '나를 무엇으로 설명할 수 있는가' 그간 나에겐 나를 설명하는 강력한 하나의 키워드가 있었다. 바로 '명문대생'. 스스로 자랑스럽게 여기는 타이틀이었고 다른 사람들도 나를 이 타이틀로 설명하곤 했다. 그리고 그들은 나란 사람을 그렇게 기억했을 것이다. 나 또한 나를 그렇게 기억해주는 것이 나쁘지 않았다. 그러나 어느 집단에 소속되어 있다는 것으로 자신을 설명하는 것은 영원하지 않다는 사실을 그땐 몰랐다. 주변 동료들은 졸업반에 접어든 나이가 되었고, 취직을 준비하는 시기에 성공적인 입시라는 업적은 점점 힘을 잃어갔다. 어느 회사에 취직하였는지, 무슨 일을 하고 있는지가 중요했다. 자신을 설명할 수 없다는 것은 누구도 기억해주지 않을 것임을 의미한다. 이에 무의식적으로 불안감이 엄습해왔다. 누구도 기억해주지 않을 수 있다는 불안, 그것은 인간에게 가장 무서운 세상의 시작이다.

그간 나는 사회의 시스템 속에서 성실히 잘 생활해온 사람이었다. 그러나 내가 동경해온 사람들은 나와 같은 지루한 이야기를 갖고 있지 않았다. 그들은 자신의 의지로 벌인 일들, 거기서 자신이 얻은 생각들을 소재로 자신의 이야기를 전달했고, 그 일과 생각으로 존재가 기억되는 사람들이었다. 대중은 그들로부터 영감을 받고 세상을 대하는 관점을 바꾸거나 자신감을 얻을 수 있었다. 문득 이런 생각이 들었.

'나는 스스로 선택하여 움직여본 경험이 얼마나 있을까'

공부를 정말 열심히 했었다. 사실 나는 어려서부터 중학교를 졸업할 때까지 원인 모를 탈모 증세를 겪었다. 학교에는 항상 모자를 쓰고 다녔다. 피해의식과 대인 기피 성향이 강해질 수밖에 없었다. 기본적으로 사람들

앞에서 위축되는 경향이 생겼다. 서로 귓속말을 하는 사람들을 보면 나에 대해 안 좋은 이야기를 하고 있을 것 같다는 생각으로 가득했다. 어린 마음에 공부라도 잘해야 누군가 나를 무시하지 않을 것이라 생각했다. 그래서 시험공부를 열심히 했고 학교에서 공부 잘하는 학생이 되었다. 그 때 그 마음가짐과 계기는 아직도 생생한 기억으로 남아있다. 내 스스로 선택하여 움직여본 경험이기 때문이다.

한때는 여느 중학생처럼 일본 애니메이션에 빠진 적이 있었다. 내가 다닌 중학교에서는 일본어를 가르쳐주지 않았지만 일본어를 배우고 싶었던 나는 서점에서 책과 테이프를 구매했다. 누가 시키지도 않았지만 일본어 능력시험을 준비했다. 대학생 형, 누나들 사이에서 시험을 치고 있는 내 자신이 자랑스럽고 뿌듯했다. 그리고 3급 시험에 합격을 했다. 사실 3급은 일본어 공부를 해본 사람들이 봤을 때 객관적으로 어려운 수준은 아니다. 하지만 그런 것이 중요한 게 아니었다. 내가 내 의지로 무언가를 선택하고 실행하여 작은 성취라도 이루어냈다는 사실이 중요했다. 그리고 다른 어려운 일을 해낸 것보다 이 경험이 훨씬 기억에 오래 남아있다.

앞서 기억으로 시간을 늘릴 수 있는 방법이 있다고 했다. 같은 시간임에도 뒤돌아봤을 때 기억나는 이야기들이 많이 있다면, 우리는 더 긴 시간을 지나왔다고 느낄 수 있다. 누구나 한번 사는 삶이지만 모두가 같은 시간을 담아가는 것은 아니다. 누군가는 자신의 이야기가 두꺼운 책이나 영화로 정리될 만큼 많은 이야기를 가진 삶을, 누군가는 10분이면 전부 이야기할 수 있는 지루한 인생을 살아낸다. 한번 사는 인생이라면 우리 모두는 기억할만한 인생을, 꽉 찬 인생을 살아내는 것을 목표로 해야 하지 않을까? 누군가는 이렇게 말할지도 모른다.

"아, 정말 '열심히' 살아야겠네요."

사실 지금 내가 말하고 있는 것은 노력, 성실함과는 또 다른 차원이다.

부지런하게 많은 일을 한다는 것이 기억에 남는 일이 될 것이라는 보장은 없다. 일주일에 100시간씩 10년을 일해도 기억날 만큼 보람된 일이 없다면, 그 10년은 우주에서 사라진 시간일 것이다. 아무도 기억하지 않는 시간에 어찌 존재했다고 말할 수 있겠는가! 중요한 것은 '나를 설명하는 이야기가 될 수 있는 삶을 지금 살고 있느냐' 하는 것이다. 지금 스스로에게 이런 질문을 던져보자.

'나는 지금 내가 훗날 기억할만한 일을 하고 있는가?'

취미 기억인에서
프로 기억인으로

깊은 고민의 결과, 마음먹은 것은 뭐라도 실행하여 조금이나마 성과를 '남기는' 경험까지는 해보는 것이 중요하다는 생각을 하게 되었다. 사실 셜록의 기억술이 내게 불러일으킨 감정은 같은 드라마를 본 사람이라면 누구나 가질 수 있는 호기심이었다.

'셜록처럼 기억할 수 있는 방법이 실제 세상에도 존재할까?'

많은 사람이 이와 같은 생각을 했겠지만, 실제 인터넷에 들어가 검색을 시작한 사람은 많지 않았을 것이다. 또 검색까지는 할 수 있었겠지만, 기억력 대회까지 관심이 이르는 사람은 그중에서도 상당히 소수일 것이다. 거기서 한발 더 나아가 실제 자기가 대회에 나갈 수 있지 않을까 라는 생각을 하는 사람은 정말 극소수일 것이다. 왜냐하면 주변에서 해봤다는 사람을 듣도 보도 못했기 때문이다. 당시 나는 한국인으로는 유일하게 세계 기억력 대회에 참가한 경험이 있는 분을 온라인을 통해 찾을 수 있었다. '오리쌤'이라는 닉네임을 가진 중년의 아저씨였는데, 그분에게 메일을 통해 다짜고짜 기억력 대회에 관한 정보를 요청했다. 그에게서 대회 종목에 대한 대략적인 정보를 얻고 2달 뒤 5월에 있을 도쿄 대회에 함께 참가하기로 결정했다. 내가 기억력에 탁월한 재능을 보여서도 아니었고, 준비할 수 있는 시간이 충분해서 내린 결정도 아니었다. 지루한 이야기가 아닌, 무엇인가 탐험하고 개척하는 이야기를 내 삶에 선물하고 싶었던 마음이 내린 결정이었다. 성과보다 중요한 것은 새로운 경험이다. 우리는 과도하게 성과에 초점을 맞춰 시작하지도 못한 채 시간을 흘려보내는 경우가 허다하다.

마음가짐이 바뀌자 실행은 자동으로 뒤따라왔다. 우선 확실히 하기 위해 비행기표부터 예매했다. 그리고 학교 도서관에서 숫자 시스템과 카드 시스템에 대해 연구하기 시작했다. 새로운 아이디어가 떠올라 시스템을 수정하거나 다시 만들기를 반복했다. 학교가 개학하자 수업을 들으러 가는 길을 기억 장소로 만들기도 했다. 학교 공부와 병행하며 연습할 수 있는 시간은 부족했지만, 이미 엎질러진 물이라 생각하며 가벼운 마음을 갖기로 했다. 누가 시켜서 하는 것도 아니며 등수에 연연해 하지 않아도 되니까 말이나. 주말엔 집에서 숫자 이미지, 카드 이미지를 장소에 결합하며 친형을 대상으로 설명을 하며 연습했다.
"세면대에 토끼가 물을 마시고 있어!"
"신발장을 추신수가 야구배트로 치면서 춤추고 있어!"
기억법이며 기억력 대회며 이상한 걸 한다고 하더니 드디어 정신이 어떻게 된 것은 아니냐는 말이 돌아오긴 했지만 말이다.
아무리 참가에 의의를 두고 가는 대회라지만 한국 교육 시스템에서 잘 자라온 나로서는 성적을 아예 신경 쓰지 않을 순 없었다. 이래서 환경이 참 무섭다. 세계 기억력 스포츠 협회의 공식 기록 사이트에 들어가 기록들을 살펴보았다. 5분 만에 무작위 숫자 500자리를 외운 중국의 전설 왕평WangFeng의 기록에 한동안 말을 잇지 못했다. 공식적으로 기억력 대회에 선수로 참가한 한국인은 2명밖에 없었다. 대회에서 일정 수준의 점수를 따낸 사람은 협회에서 주는 기억력 '마스터' 타이틀을 갖게 되는데 여기에 한국인은 없었다. 일본에는 이케다 요시히로라는 사람이 기억력 그랜드 마스터 타이틀을 가지고 있었고, 중국에는 너무 많은 사람이 이 타이틀을 갖고 있어 왕평 정도는 되어야 눈에 띄는 상황이었다. 1년 반 동안 하루 10시간 이상의 훈련을 통해 왕평은 세계 기억력 챔피언이 되었다고 했다. 나와 비슷한 나이의 그는 이미 중국에서 엄청난 유명세와 부를 가진 사람이었다. 세계 챔피언은 어렵더라도 1년간 꾸준히 일정 시간 연습하면 '한국인 최초의 기억력 마스터' 타이틀을 가질 수 있을 것이라는 생각이 들었다. 그리고 그 생각은 이후 현실이 되었다. 안타깝게도 생각보다 1년의 시간이 더 필요했지만 말이다.

한국 기억력 스포츠의 문익점이 되겠다는 마음으로 화창한 봄날 황금연휴를 뒤로한 채 가방에 카드를 바리바리 싸 들고 인천공항으로 향했다. 공항에서 오프라인으로 처음 만난 권순문(오리쌤) 선생님과 어색한 인사를 나눴다. 기억력 분야에 오랜 관심을 가지고 공부해 온 그는 이를 실제 공부에 적용할 수 있는 콘텐츠를 생산하고 제공하는 일을 계속 해오고 있었다. 선생님은 세계 기억력 대회에 참가해본 사람으로서 한국에서 기억력 스포츠가 널리 알려지지 못한 것에 대해 안타까움을 거듭 드러냈다. 중년의 나이에도 새로운 도전을 계속하는 그의 모습을 보며 자연스레 '나이는 숫자에 불과하다'는 말이 떠올랐다.

2014년도 동경 친선 기억력 대회Tokyo Friendly Memory Championships, 2014는 토요일과 일요일에 이틀간 열리는 대회였다. (2016년에는 하루만에 10가지 종목을 전부 치르는 대회로 바뀌었다.) 사실상 대회만 참가하고 돌아와야 하는 일정이라 관광할 시간이 없다는 점이 꽤나 아쉬웠다. 공항 검색대를 통과하며 트럼프 카드가 많아 '타짜'로 오해하는 것은 아닐지 걱정도 됐다. 다행히 아무 일도 일어나지 않았다. 비행기 좌석에 앉아 멀어지는 창밖을 바라보는데 갑자기 웃음이 터져 나왔다.

'세상에나, 내 생애 첫 일본여행 목적이 카드 외우러 가는 것이라니!'

정계원의 기억법 레슨 02

설명할 수 있어야 기억된다

: 얼굴-이름 기억하기

▓ 왜 우리는 다른 사람의 이름이 잘 생각나지 않을까? 나를 모르는 사람에게 내 사진을 보여주고 이름을 맞혀보라고 했을 때, 이름을 정확히 맞힐 확률이 어느 정도 될까? 지구상의 60억 인구 중 나를 아는 사람을 제외하고, '정계원'이라는 이름을 정확히 맞출 수 있는 사람은 단언컨대 한 명도 없을 것이다. 그 이유는 무엇일까. 간단히 말해서 내 얼굴은 내 이름을 설명해주지 않기 때문이다. 만약 내 얼굴이 너무나도 완벽하게 '정계원'스럽게 생겼다면 누구든 나를 보는 사람은 '어! 정계원이다'라고 말할 것이다. 그러나 '정계원'이라는 이름은 내 외모를 보고 만들어진 이름이 아니다. 따라서 실질적으로 이름과 얼굴 사이에 아무런 연결점이 없는 상태다.

▓ 다른 예를 들어보자. '원반'이라는 단어를 아이에게 학습시킨다고 하자. '원'의 둥근 특징을 알고 있는 아이는 원반이라는 단어를 금방 이해하고 오랫동안 기억할 수 있을 것이다. 원반이라는 이름이 사물의 외형적 부분을 설명해주고 있기 때문이다. 이 경우는 사물의 이름과 속성이 서로 연결점을 갖고 있다. 따라서 이름을 기억하기 쉽다.

▓ 마찬가지다. '정계원'이라는 이름을 기억하고 외우기 위해서는 이 얼굴이 '정계원'임을 우리 두뇌에 납득시켜야한다. 저 얼굴은 '정계원'일 수밖에 없는 이유를 만들어내지 못하면 단순 암기를 해야 한다. 이는 더 많은 시간과 비용을 낭비하는

결과를 불러온다. 이유를 찾는 것은 매우 자연스러운 인간의 사고과정이다. 사람은 점을 세 개만 찍어놓아도 눈, 코, 입으로 인지하는 경향이 있다. 아무 의미 없는 결과임에도 원인을 찾고 이유를 붙이려 하는 것이 원래 사람이 사고하는 방식이라는 것이다.

■ 사실 우리는 영어 단어를 외울 때마다 이런 일을 겪는다. 'translate'가 왜 '번역하다'인지 생각하고 외우지 않으면 금방 잊어먹는다. 그러나 이 단어의 뜻이 왜 그것인지 고민하고 나름의 이유를 찾아낸 사람은 연결점이 생기기 때문에 더 오래, 그리고 쉽게 기억할 수 있다. 예를 들어, 'translate'라는 단어는 'trans'라는 어근이 갖는 '변화'라는 의미가 이용되었다는 것을 알게 되면 단어의 뜻이 비로소 설명이 된다. 그렇다면 'trans'가 '변화', '통과' 등의 의미를 갖는다는 것은 또 어떻게 기억해야 할까. 가장 쉬운 방법으로 인터넷에서 검색을 해봐야 한다. 검색의 결과가 아무리 학술적으로, 역사적으로 올바른 설명이라고 해도 내가 살아온 배경지식과 너무 맞지 않고 동떨어진 것이라면 사실 소용이 없다. 따라서 마땅한 이유가 없다면 최소한 나만의 이유라도 어떻게든 창조적으로 만드는 연습을 계속하도록 하자. 어떻게든 내가 가지고 있는 배경지식과의 연결지점을 찾아내야 한다. 기억은 중간이 없다. 기억이 나지 않으면 0부터 100까지 중 그냥 0인 것이다. 어찌 됐든 결과적으로 우선 기억나게 하는 것이 더 중요하다.

■ 다시 '정계원' 얼굴-이름 외우기를 이야기해보자. 여기 있는 단서들을 보며 나름대로의 연결점을 만들어보자.

정계원(鄭桂源, JEONG Gyewon, 1991~)

▓ 내 이름이 얼굴을 설명해주거나 얼굴이 이름을 설명해줘야 한다고 했다. 내 이름에는 일반 사람들의 이름에는 흔하게 쓰이지 않는 '계'라는 특징이 있다. '계'와 '개'의 발음을 활용하여 내 얼굴과 강아지를 연결시켜보자. 강아지처럼 생겼다거나, 강아지를 키울 것 같은 모습을 상상하면 된다. 이렇게 되면 이제 내 이름은 내 얼굴을 설명하고, 내 얼굴은 내 이름을 설명하는 연결점을 갖게 된다. 친한 친구의 이름이 비슷하다면 이를 활용하여 이야기를 만드는 것도 좋은 방법이다.

▓ 기억의 결과는 같지만 설명에도 수준이 있다. 발음으로 변환하는 것보다 의미를 찾아내 변환하는 것이 더 고차원적이다. 우선 의미로 접근해서 설명해보려고 하고 그게 안 되면 발음에서 의미를 찾아보는 식으로 하자. 내 이름은 鄭桂源으로 나라 정, 계수나무 계, 근원 원 자로 이루어져 있다. 즉 계수나무의 뿌리라는 뜻이다. 이 뜻을 가지고 나의 얼굴을 설명해보자. 내가 대회에서 월계관을 쓰고 있는 모습을 상상해보라. 그리고 발밑이 나무의 뿌리로 변해 땅에 박혀있는 그림을 머릿속에 그려보자. 발밑의 뿌리에서 시선이 올라가 내 머리 위에 계수나무 잎이 폈다는 것을 내 얼굴과 연상시킨 순간, 당신은 나의 이름의 의미가 나를 설명할 수 있게 만든 것이다.

▓ 앞으로 상대방 이름의 뜻을 물어보는 습관을 가져보는 것은 어떨까? 그리고 그 의미로 그를 기억해주자. 상대방도 자신의 이름을 의미로 기억해주는 사람을 더 좋아할 것이다.

도전)

눈, 코, 입, 헤어스타일, 의상, 액세서리 등의 특징을 관찰하고, 이름의 특징을 관찰하여 스스로 자유롭게 의미부여 및 변환 과정을 거쳐 이름과 얼굴에 연결고리를 만들어보자.

파라트   마리엄   라비우   김상균

얼굴이 이름을 설명해주고 있는가?

위 사진과 이름을 가리고 얼굴-이름 외우기를 해보자.

02

기억의
극한을 달리는
사람들

생각하는 방식의 변화는 일정 기간 몰입을 필요로 한다. 한 번에 변할 수는 없다.
기억하는 법에 대해 이해하고 피부로 느끼기 위해선
본인이 체험하고 변화하는 과정을 경험해보는 것이 필수적이다.

기억력 선수가
되어본다는 것의
의미

세상엔 기억력 관련 도서들이 정말 많다. ○○기억법, ○○일간 기억력을 높이는 방법, 기억력 천재가 되는 ○○가지 방법 등 제목도 다양하다. 하지만 사실 애초에 그 누구도 이 책들을 읽는 것만으로 기억력 천재가 될 수는 없다. 내용이 얼마나 좋고 나쁜지를 떠나, 기억이라는 두뇌 '활동'을 글자로 전달하는 것에는 기본적으로 한계가 있다. 비유석으로 말하자면, '요가 마스터가 되는 방법'이라는 책을 읽는 것만으로, 요가라는 활동을 완전히 익히기에 어려움이 있는 것과 마찬가지다. 나 또한 기억력을 높이기 위해 기억력 관련 책들을 여러 권 읽어왔다. 좋은 방법들이 많이 소개되어 있었으며, 일상생활에서 적용해보면 좋을 활동들도 더러 있었다. 그러나 대부분의 기억력 증진서 관련 저자들은 그들 스스로도 극한의 기억력 훈련을 해본 적이 없다는 사실을 알게 되었다. 심지어 학벌과 커리어가 좋다는 이유만이 그 사람의 기억 능력을 증명해주는 수단으로 버젓이 쓰이는 경우도 있다.

기억 활동은 눈에 보이지 않고 머릿속에서 이루어지는 것이기에, 기억 능력의 변화를 측정한다는 것은 대단히 어려운 일이다. 컨디션에 따라, 환경에 따라 많은 부분 좌우되기도 하며, 테스트가 어떤 방식으로 진행되느냐에 따라서도 많은 차이가 날 수 있다. 그런데 한 가지 재미난 사실은 기억력 대회에서 챔피언이 된 사람들이 처음부터 챔피언이 될 실력을 갖고 있진 않았다는 점이다. 그리고 더 재미난 것은 훈련을 통해 성장한 그들의 점수가 쉽게 떨어지지 않는다는 것이다. '백문이 불여일견'이란 말처럼 평소 직접 체험하는 것이 가장 빠르다고 생각하는 나는 직접 그 체험을 해보고 싶었다. 생각해보면, 축구를 좋아하는 사람이 축구 잘하는 기술에 관한 책을 읽으며 실제 축구를 하지 않는 경우는 거의 없다. 그런데 기억력이 좋아지길 원하는 사람들은 왜 책을 읽는 것만으로 끝내는 것일까?

애플의 창업자 스티브 잡스^{Steve Jobs}는 생전에 자신은 컴퓨터 공학을 교양으로 본다고 말하였다. 그는 모두가 프로그래밍을 배워야 하며 일생에서 적어도 1년 정도는 프로그래밍을 배우는 데 할애해야 한다고 말하였는데, 이유인즉 사고하는 법을 배울 수 있기 때문이라고 설명하였다. 이는 프로그래밍이 여타 다른 활동들처럼 (예를 들어 로스쿨에서 일정 기간 교육받는 것) 특정 방식으로 사고하는 요령을 가르쳐주기 때문에 그러하다는 것이다. 나는 개인적으로, 정말 기억력에 자신감이 없고, 그런 자신에게 실망해왔으며, 본인이 기억하는 습관과 방식에 대한 이해가 떨어진다고 생각하는 사람은, 1년 정도는 기억력 스포츠에 도전해보는 것도 좋다고 생각한다. 생각하는 방식의 변화는 일정 기간 몰입을 필요로 한다. 한 번에 변할 수는 없다. 기억하는 법에 대해 이해하고 피부로 느끼기 위해선 본인이 체험하고 변화하는 과정을 경험해보는 것이 필수적이다.

모두가 변호사가 될 필요는 없는 것처럼, 모두가 기억술을 연마할 필요는 없다. 기억력 연습을 일생에 한 번쯤 해보는 것을 추천하지만, 강요는 할 수 없다. 따라서 이 책을 통해 독자 여러분이, 내가 기억력 대회에 도전하는 동안 얻었던, 특정 방식으로 사고하고, 기억하는 요령을 간접적으로나마 느낄 수 있다면 좋겠다.

도쿄 프렌들리 메모리 챔피언십

'도쿄 프렌들리 메모리 챔피언십'은 나에게도 첫 대회였지만 일본에서 열린 최초의 기억력 국제 대회이기도 했다. 일본에서는 자국민만 참여하는 국내 대회도 있는데 지방의 도시에서 지원을 해준다고 한다. 우리나라로 비유하자면 '부산시 기억력 대회' 같은 느낌이라고 할 수 있겠다. 우리나라는 그나마 국내 대회도 열린 적이 없어 아쉬울 따름이다.

해외 선수들은 대부분 페이스북을 통해 국제 대회의 정보와 소식을 얻을 수 있다. 공식 홈페이지에도 대회 일정이 올라오기는 하나 많은 선수들의 참가를 독려하기 위해 주최 측에서 페이스북을 많이 이용하기 때문이다. 도쿄대회의 참가비는 10만 원 안팎이었다. 보통 다른 기억력 대회도 이 정도의 참가비로 진행되는 편이며, 가끔 어떤 대회는 참가비가 없는 경우도 있다. 상금의 유무도 대회의 성격과 대회 규모에 따라 다르다. 세계 대회의 경우 기억력 챔피언의 상금이 4,000만 원 이상이며, 각 부문의 순위 및 종목별 세계 신기록 달성 여부에 따라 추가적으로 참가자들에게 상금이 부여된다. 나도 2015 세계 대회에서 국제 기억력 마스터를 달성하여 소정의 상금을 받았다. 도쿄 대회는 대회의 테마로 '친선'을 내걸었고 일본도 우리나라처럼 기억력 스포츠의 인지도가 높진 않아 큰 규모로 치러진 대회는 아니었다. 상금 대신 일본 문화답게 협회의 아기자기한 코끼리 로고가 박힌 메달, 상장 등을 주최 측에서 준비해놓았다.

기억력 스포츠는 프로 스포츠라고 말할 수 있는 수준은 아니다. 프로 스포츠라면 그 스포츠로서 생계를 유지할 수 있어야 하는데 기억력 스포츠는 그런 경우는 사실 찾아보기 힘들다. 대다수의 선수들이 본인의 직업을 따로 가지고 있으며 취미 겸 아마추어 스포츠 선수로서 대회에 참가한다. 물론 세계적인 랭커들의 경우 직업적인 수준의 훈련, 컨디션 관리, 대회 참가 등을 통해 괄목할만한 경력을 쌓아 언론 매체 출연 및 상금을 통해 수입을 올리는 사람들도 있다. 기억력 전문 강사, 집필, 기억력 스포츠 코치 혹은 관련 콘텐츠 및 소프트웨어 개발 등으로 수입을 올리기도 한다. 정말 '억'소리 나는 수입을 올리는 분들도 있다. 그러나 기억력 대회의 선수 활동 그 자체로 올린 수입은 아니기에 기억력 스포츠를 프로 스포츠라고 말하기 힘들다.

내 생애 첫 번째 대회였던 만큼 상금이나 랭킹은 전혀 내 관심사가 아니었다. 해외에 왔다는 즐거움과 무언가 새롭고 기억에 남을만한 일을 하고 있다는 것이 마냥 좋았다. 이 대회 이후로 기억력 대회는 내 해외여행의 명분이 되었다. 사실 가족 또는 친구들과 시간 맞추어 여행을 간다는 것이 쉽지 않다. 기억력 스포츠는 대회를 핑계로 일상이 지루해질 때 홀로 떠나 각자의 삶을 살고 있던 외국인 친구들을 주기적으로 만나게 해준다는 점에서 매력적이다. 나의 숙소는 대회장에서 걸어서 15분 정도 거리인 YMCA 호텔이었다. 짐을 풀고 식당에서 저녁 식사와 함께 피로를 풀기 위해 맥주 한 잔을 마셨다. 방으로 올라가 짐을 내려놓고 문을 닫고 났더니 1인실의 좁은 방이 심심함으로 가득 찼다. 잠시 혼잣말로 공허함을 달래다 다음날 대회에 가져가야 할 물건들을 꺼내 살펴보았다. 내가 챙겨간 준비물들은 다음과 같았다.

● **스피드스택스 타이머** : 스피드카드(트럼프 카드 한 벌 빨리 외우기) 종목의 시간을 측정할 수 있다. 스피드스택스(컵 쌓기 스포츠), 루빅스 큐브 등의 스포츠에서도 시간 측정을 위해 활용된다.

● **트럼프 카드 여섯 벌** : 트럼프 카드 네 벌은 스피드카드 종목을 치르기 위해 기본적으로 필요하다. 스피드카드는 총 두 번의 시도를 할 수 있는데 각 시도마다 기억용 카드 한 벌, 기억한 걸 맞추는 용으로 카드 한 벌이 필요하다. 여섯 벌의 카드 중 남은 두 벌의 카드는 10분 동안 카드 많이 외우기(Long Cards) 종목에서 사용하기 위해 가져갔다.

● **연습용 트럼프 카드 한 벌** : 대회에서 사용될 카드들은 주최 측에 전날 혹은 당일에 제출해야 한다. 종목 사이의 쉬는 시간에 여분의 연습용 트럼프 카드로 카드를 넘겨보며 이미지를 다시 정리할 수 있다. 처음에 모르고 전부 다 제출해 버리고 나면 꼭 다른 사람들에게 남는 카드를 빌리고 싶어지는 일이 생긴다. 여분의 카드는 한 벌 이상 챙기는 것이 좋다.

- **OHP 필름** : 숫자 종목의 경우 빽빽한 숫자를 외우는 도중 숫자를 어디까지 봤는지 잊어버리는 경우가 꼭 생긴다. 숫자를 밀려서 외우면 엄청난 실수다. 펜으로 표시하며 볼 수 있지만 이 또한 선수들에겐 아까운 시간이다. 그래서 숫자를 해석하는 저마다의 방식마다 (예를 들어 2자리씩, 3자리씩 숫자를 끊어서 보는 방식) A4 크기의 투명 OHP 필름에 네임펜으로 줄을 긋거나 표시를 하여 시험지에 쉽게 덧대어 보는 용도로 쓰고 있다. 해당 종목에서 쓴 필름은 시험지와 함께 심판이 걷어간다. 따라서 여분도 준비해가는 편이 좋다.

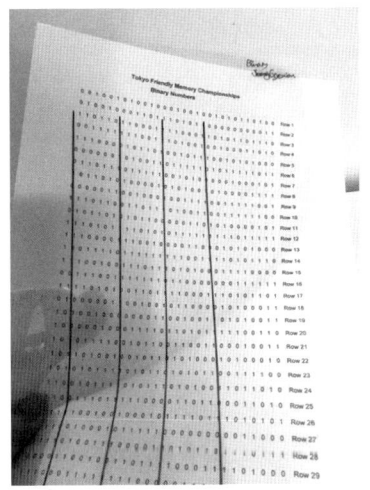

투명 필름에 네임펜으로 줄을 그어놓은 모습. 이를 숫자가 프린트된 종이에 겹쳐 좀 더 간편하게 볼 수 있도록 한다.

- **이름 스티커 (견출지)** : 트럼프 카드의 경우 제출을 하고 해당 종목이 시행될 때 선수들에게 다시 재분배되는데 이를 위해 자신의 이름을 스티커에 써 카드팩 바깥에 붙여놓아야 한다. 대회에 따라 카드 뭉치들을 밀봉해서 제출할 수 있는 투명 비닐팩을 나눠주기도 한다.
- **초콜릿, 에너지 드링크** : 수험생과 함께 기억력 선수들도 잊지 않고 챙겨야하는 것들이다. 대회 중간에 당분을 적절히 보충하여야 지력을 빨리 보충할 수 있다. 보통 2~3일간 아침에서 시작하여 저녁까지 진행되는 기억력 스포츠는 컨

디션과 체력이 정말 중요하다.

● **귀마개** : 집중을 해야 하는 상황에선 주변 소음이 많은 영향을 줄 수 있다. 귀마개를 두 세트 정도 가져가 이를 미연에 방지할 수 있다. 소음을 거의 차단할 수 있는 항공용 귀마개 또한 인기가 많다. 노이즈 캔슬링 기능이 있는 헤드셋을 사용하는 선수들도 있다.

● **샤프연필, 볼펜, 지우개, 자** : 종목마다 필기구를 활용할 수 있는 경우와 없는 경우가 있지만 잊지 않고 챙겨야 할 기본 물품이다.

● **탁상용 소형 타이머** : 경기장 안에 프로젝터가 남은 시간을 비추어주고 심판이 적절한 시간에 남은 시간을 불러주지만, 고개를 들어 앞을 보는 시간이 아깝거나 멀어서 안 보이는 경우를 대비하기 위해 필요하다. 시간이 긴 종목일수록 시간 안배를 위해 유용하게 쓸 수 있다.

대회는 이틀간 계획되어 있었는데 나의 대회 참가 목표는 명확했다. 첫째는 기억력 대회에 대해 체험하고 철저히 파악하여 돌아올 것, 두 번째는 국제 기억력 마스터 기준의 하나인 '2분 내 카드 한 벌 외우기를 달성할 것'이었다. 국제 기억력 마스터는 한 시간 동안 1000자리 이상의 무작위 숫자 배열을 외우고, 10덱(520장) 이상의 트럼프 카드를 1시간 내에 순서대로 외우며, 트럼프 카드 1덱(52장)을 2분 안에 보고 외울 수 있으면 주어지는 자격이다. 당시에는 숫자 종목에 대해서 어떤 것이 가장 효율적이면서도 오래 기억할 수 있는 방법인지 깨닫지 못한 상태였다. 그러나 트럼프 카드는 2주 정도의 단기간 연습만으로도 2분 언저리의 기록을 달성할 수 있었다. 실수 없이 잘만 해낸다면 실전에서 2분 안으로도 가능할 것 같았다. 첫 참가에 2주 만의 훈련으로 해낸다면 왠지 사람들에게 '천재' 같은 느낌을 줄 수 있지 않을까 하는 몹쓸 상상이 성취 의욕을 불러일으켰다.

트럼프카드 52장을
빨리 외우는
가장 쉬운 방법

기억력 스포츠의 꽃은 단연 카드 빨리 기억하기 종목이다. 시쳇말로 비주얼도 괜찮고 주변에 보여줄 때도 멋들어진다. 혹시 마술이 아니냐고 하는 사람까지 있을 정도다. 하지만 앞서 기억력 원리에 대해 설명했듯이 누구나 이런 마술 같은 일을 해낼 수 있는 시스템의 도움을 받을 수 있다. 이 책을 읽는 사람들이 아무 방법 없이 카드 기억하기를 했을 때보다 10배 효율을 높일 수 있는 방법을 알려주겠다. 기억력 스포츠의 입문으로 아주 딱이다. 바로 카드 한 장에 한 이미지를 할당하는 **원카드 시스템**One Card System 이다.

 기억의 순환 과정인 지식-관찰(변환)-결합에서, 관찰하여 변환하는 것을 쉽게 해주는 '지식'이 바로 시스템이라고 했다. 그렇다면 카드를 관찰하여 어떤 이미지로 변환하는 것을 쉽게 해주는 시스템엔 어떤 것들이 있을까? 영미권은 주로 **메이저 시스템**Major System 이라는 것을 활용한다. 메이저 시스템이란 특정 숫자를 영어 알파벳으로 빠르게 변환할 수 있게 미리 지정해 놓는 방법이다. 예를 들어 0은 S, 1은 T 또는 D, 2는 N, 3은 M 등과 같이, 숫자를 어떤 영어 알파벳으로 바꿀지 미리 정해놓는 것이다. 03이라는 숫자가 나오면 메이저 시스템에 맞추어 SM(03)으로 바꿀 수 있고, 이를 활용하여 **SuperMan**(슈퍼맨)이라는 이미지로 바꿀 수 있다. 이렇게 숫자를 관찰을 하는 규칙을 만들었다.

메이저 시스템으로 기억력 향상하기

[1단계] 시스템 만들기 : 시스템 만들기 0부터 9까지의 숫자에 영어 알파벳을 지정한다.

* 큐알코드를 찍으면 메이저 시스템에 대한 영상을 감상하실 수 있습니다.

예) 0 → S
    1 → T
    2 → N
    3 → M …

[2단계] 관찰하기 : 숫자를 시스템으로 해석한다.
    예) 03 → SM

[3단계] 이미지화하기 : 해석된 숫자를 이미지로 바꾼다.
    예) 03 → SM → SuperMan

[4단계] 지식과의 결합 : 바뀐 이미지로 이야기를 만들거나 장소와 결합한다.
    예) 슈퍼맨을 미리 알고 있는 장소인 베란다와 결합해보았다. 베란다에서 유리창을 깨고 밖으로 날아가는 슈퍼맨을 상상할 수 있다.

[5단계] 지식으로부터 결합된 기억 떠올리기 : 1 ~ 4단계를 거꾸로 풀어간다.
    예) 첫 번째 장소(지식)인 베란다를 생각하면, 슈퍼맨 이미지가 떠오른다. 슈퍼맨을 통해 03이라는 숫자를 역으로 기억해낼 수 있다.

이를 카드에 응용할 수 있다. 우선 다이아, 하트, 스페이드, 클럽 문양을 각각 십의 자리 숫자로 미리 정한다. 다이아는 0, 하트는 1, 스페이드는 2, 클럽은 3과 같이 정할 수 있다. 그리고 A, 2, 3, 4, 5 ~ 10, J, Q, K까지는 메이저 시스템으로 변환하여 1의 자리 숫자를 담당하게 한다. 예를 들어 다이아는 10의 자리에서 0을 담당하는 역할을 하도록 시스템을 만들어 놓았다면 다이아 5는 0과 5로 바꿀 수 있고, 05는 메이저 시스템에 따라 SL(05)로 변환된다. 그다음 SL을 활용하여 이미지를 만들면 된다. SoLar(태양의)라는 단어를 활용하여 태양 이미지를 떠올려도 될 것이다. 이렇게 되면 다이아 5라는 카드 한 장은 훈련에 의해 태양 이미지로 볼 수 있게 된다.

트럼프 카드의 경우 숫자가 아닌 알파벳이 존재한다. A와 J, Q, K의 경우 A는 첫 번째라는 특징으로부터 1이라는 숫자로 바꿔 활용하고, 10의 경우는 0으로 생각하면 간단하다. 이렇게 10진수의 0부터 9까지는 A(1), 2, 3, … 9, 10(0) 로 구성하였지만 카드는 한 문양 당 13개이기 때문에(J, Q, K가 남아있다) 이를 해결해야 한다. J, Q, K의 경우는 41부터 43을 각각 다이아몬드 J, Q, K로, 44부터 46을 하트 J, Q, K로 지정하는 식으로 아예 따로 예외를 두어 처리한다. 이 방법은 서양인들이 쓰는 많은 예시들 중 대표적인 하나의 예시에 불과하다. 사람마다 방법은 다를 수 있으니 참고용으로만 보길 바란다. 여기서 중요한 것은 카드 한 덱, 즉 52장의 카드가 모두 하나의 '독립된 이미지'를 갖게 된다는 것이다. 물론 그 이미지는 결과적으로 본인에게 가장 잘 맞게 정한 다음 교정해 나가야 한다.

우리는 한국인이기 때문에 영문을 활용하는 메이저 시스템을 그대로 사용하기에는 무리가 있다. 메이저 시스템을 한글에 적용하면 0은 'ㅇ', 1

은 'ㄱ' 등으로 지정하여 할 수 있을 것이다. 그러나 우리에겐 다른 언어에는 없는 풍부한 모음을 가지고 있다. 숫자는 자음, 4개의 문양은 모음으로 지정하는 방식이 가장 간편하다. 쉽게 카드 이미지를 만들고 하루 만에 카드를 한글로 읽을 수 있다. 예를 들어, 다이아는 'ㅣ' 또는 'ㅐ', 하트는 'ㅏ', 스페이드는 'ㅜ', 클럽은 'ㅗ' 와 같이 모음을 지정해놓는다. 숫자에는 자음을 지정해놓는다. A는 'ㅇ', 2는 'ㄴ', 3은 'ㄷ', 4는 'ㅅ' 등으로 할 수 있겠다. 이제 A하트는 시스템에 의해 '아'라는 소리를 만들 수 있게 된다. 여기서 연상되는 이미지를 연결시키면 비로소 A 하트는 이미지를 갖는다. 나는 가수 '아'이유를 A하트가 갖는 이미지로 설정하였다. 이 방식이 정말 좋은 것은 카드 한 장이 딱 하나의 음으로 읽힌다는 것이다. 영어 시스템으로는 불가능한 일이다.

메이저 시스템을 한국어에 맞춰 적용하기

[1단계] 자음과 모음을 활용하여 시스템 만들기

예) ◆ → ㅣ
♥ → ㅏ
♠ → ㅜ
♣ → ㅗ …
A → ㅇ
2 → ㄴ
3 → ㄷ …

[2단계] 관찰하기 : 숫자를 시스템으로 해석한다.

예) A♥ → 아

[3단계] 이미지화하기 : 해석된 숫자를 이미지로 바꾼다.

예) A♥ → 아 → 아기

[4단계] 지식과의 결합 : 바뀐 이미지로 이야기를 만들거나 장소와 결합한다.
　　　　예) 아기를 미리 알고 있는 장소인 화장실에 결합해보았다. 화장실에서 아기의 기저귀를 벗기고 씻겨주는 장면을 상상한다.

[5단계] 지식으로부터 결합된 기억 떠올리기 : 1 ~ 4단계를 거꾸로 풀어간다.
　　　　예) 장소(지식)인 화장실을 생각하면, 아기 이미지가 떠오른다. 아기를 통해 A♥이라는 카드를 역으로 기억해낼 수 있다.

앞서 말했듯이 기억은 머릿속에 '이미 자리 잡은 지식'과 '관찰로 변환된 대상'의 결합이다. 우리는 일일이 카드 52장에 특별한 의미를 부여하기가 어렵다. 기억력 스포츠 선수와 일반인의 차이는 이것뿐이다. 기억력 천재? 그런 건 없다. 기억력 천재로 만들어주는 시스템이 있느냐 없느냐의 차이일 뿐이다. 기억력 스포츠 선수들은 누구나 자신만의 시스템을 가지고 있다. 52장의 카드를 어떤 기준으로 분류하지 않고 각각 그 자체로 의미를 부여하여 외우려 한다면 그건 말도 안 되는 일이다. 매 순간 52장을 즉흥적으로 관찰하여 변환시키는데 지력을 너무 많이 소모하면, 그다음 단계인 이미 자리 잡은 지식과의 '결합'에 쓸 힘이 없다. 앞 단계는 물 흐르듯 넘어가도록 많은 시간 동안 익혀야 한다. 자동화 단계에 이르게 되면 오직 이야기 만들기와 상상에 시간과 지력을 투자할 수 있게 되는데 그 단계에 이르게 되어야 진정한 기억력 운동의 묘미를 느낄 수 있다.

시스템을 통해 우리는 정해진 관찰 기준으로 카드를 빠르게 이미지로 변환할 수 있다. 이를 '이미 자리 잡은 지식'에 결합하기만 하면 된다. 어떤 것에 결합해도 상관없다. 하지만 순서대로 기억해야 한다는 규칙이 있기 때문에 순서가 정해져 있는 지식을 활용하는 것이 좋다. 가장 좋은 것은 이미 가장 강하게 자리 잡고 있는 집이라는 '장소 지식'이다. 장소에 52개의 포인트를 설정하고 거기에 각각 카드 이미지를 결합시켜보자. 예를 들어 첫 번째 장소가 현관이라고 하고 A하트가 아이유라고 하면 현관이라는 장소와 아이유 이미지를 결합하여 새로운 이야기를 만들 수 있다. 예를 들어 현관에서 아이유가 부츠를 신고 있는 장면을 떠올릴 수 있다. 52개의 장소를 만들기가 너무 부담스럽다면 한 장소에 2개의 이미지를 같이 결합시키자. A하트와 3다이아가 현관에 같이 있는 것이다. 아이유(A하트)가 매(3다이아)를 어깨에 올리고 현관문에 기대고 있다는 식의 상상을 할 수 있다. 그렇게 되면 26개의 장소로 카드 한 팩을 기억할 수 있다. (26개 장소 × 2장의 카드 = 52장)

'이미 자리 잡은 지식'은 언제든 다시 떠올릴 수 있으며(집의 장소는 언제든 다시 떠올릴 수 있다) 이를 통해 그 지식과 결합된 아이유가 떠오르는 것이다. 그리고 아이유는 우리가 정한 시스템의 규칙에 따라 A하트로 거꾸로 변환된다.

최고의 기억술사는 타고난 천재적 기억력을 가진 사람이 아니다. **자기에게 잘 맞는 기억 시스템을 만들 수 있는 사람이 최고의 기억술사이다**. 질대적이며 완벽한 기억 시스템은 없다. 누군가에겐 효율이 좋고 누군가에겐 좋지 않다. 나라, 문화, 성격에 따라 또 다르다. 챔피언의 시스템이 누군가에겐 그다지 좋지 않은 시스템일 수 있다. 또 어떤 시스템은 이론은 좋지만 익히는 데 너무 오래 걸리기도 한다.

위에서 내가 제시한 시스템은 가장 쉽게 시스템에 대해 이해할 수 있는 예시 중 하나라고 보면 된다. 그 이상 그 이하도 아니다. 누구든 새로운 시스템을 만들 수 있고 그것을 통해 기억의 효율을 높일 수 있다면 그 방법이 자신에게 최고의 방법이다. 그러나 처음 시작하는 사람에게 한글 원카드 시스템을 통한 카드 기억하기 연습이 가장 적절하다는 점은 분명하다. 익히기 쉬울뿐더러 효율도 좋기 때문이다. 누구나 한국 사람이라면 이 시스템을 통해 하루만의 집중 훈련으로도 20분 안에 카드 한 벌은 외울 수 있을 것이다.

  기억의 고수는 새롭게 주어진 대상을 자신의 기준으로 빠르고 다양하게 분류해낼 수 있고 여러 상황에서 응용할 수 있는 탄탄한 시스템을 갖고 있는 사람이다.

정계원의 기억법 레슨 03

원카드 시스템
한글 자음 모음 활용 예시

▨ 아래 예시를 통해 카드를 이미지로 바꾸는 감을 익혀보자. 참고용으로만 활용하되 본인이 잘 떠오르는 이미지로 바꾸는 것이 좋다.

	♥ (ㅏ, ㅑ)	♠ (ㅡ, ㅜ, ㅠ)	♣ (ㅗ, ㅛ)	♦ (ㅣ, ㅐ, ㅚ, ㅔ)
A (ㅇ)	아기, 아이유	우유	오리	이빨
2 (ㄴ)	나비	누에	노비	니모, 뇌
3 (ㅁ)	마(馬)	무	모기	미용사
4 (ㅅ)	사슴	술	소라	시소
5 (ㄷ)	다리, 다람쥐	두부	돈, 도라에몽	대나무
6 (ㅌ)	타잔, 타조	투수	토끼	티비
7 (ㅊ)	차	추성훈	초콜릿	침, 책
8 (ㅍ)	파리	풍선	포도	피노키오
9 (ㄱ)	가위	구두	고리	개
10 (ㅎ)	하마	훈장님	호랑이	해
J (ㅈ)	자	중(스님)	조조	지도
Q (ㅂ)	바나나	부자	보아	비
K (ㅋ, ㄲ)	카드	쿠키	코끼리	키(열쇠)

한글 원카드 자모음 시스템은 오리쌤 권순문님이 해외 사례를 참고하여 한국인에 맞게 체계화시켰다.

▨ 여기서 주목해야 할 것은 카드 한 장이 소리와 함께 바로 하나의 이미지가 된다는 점이다. 따라서 한국인은 이 시스템을 통해 카드 기억하기에 상당히 효율적인 접근을 할 수 있다.
두 번째로 내가 예시로 써놓은 단어들은 모두 머릿속에 그릴 수 있는 '구체적'인

단어들이다. 추상적인 단어, 예를 들면 4♣의 경우 '소비'라는 추상적 단어를 떠올릴 수 있지만, 이러한 추상적인 단어는 '소라'와 같은 구체적인 단어보다 이미지로 떠올리기 힘들기 때문에 피하는 것이 좋다.

도전) 카드 5장 순서대로 기억해보기

원카드 시스템을 활용하여 주어진 장소에 이야기를 만들어보자. 되도록 이미지로 상상해보자. 장소를 활용하지 않고, 5개의 이미지가 꼬리를 물며 연속적으로 연결된 이야기를 만드는 방법도 있다.

주어진 장소 : 1. 신발장 2. 거실 3. 침대 4. 옷장 5. 화장실

타케루와의
첫 만남

 대회 첫날 아침은 날이 참 좋았다. 숙소 식당에서 가볍게 토스트를 먹고 방으로 돌아와 숫자와 카드에 할당해 놓은 이미지를 다시 점검했다. 그동안 만들고 정리한 나만의 시스템을 적용해 숫자와 카드를 이미지로 바꾸어보며 졸린 머리를 깨웠다. 왠지 조금 떨리는 기분이 들었다. '무슨 시험 치러 온 것도 아닌데 뭘' 하는 생각으로 애써 외면하려 했지만 한번 긴장된 마음은 좀처럼 가라앉지 않았다. 아무래도 나는 그 당시 스포츠를 그 자체로 즐기기보다 준비한 것을 테스트 받는다는 느낌을 가졌던 것 같다. 심지어 준비도 많이 하지 않았는데 말이다. 한국식 교육의 폐해랄까.

 휴대폰으로 대회장 장소를 다시 확인하고 준비물을 챙겨들어 대회장으로 향했다. 대회 중 지치지 않도록 편의점에서 커피, 껌, 초콜릿, 물 등을 사들고 도쿄돔을 지나쳐 대회 장소가 있는 분쿄 시빅홀이라는 빌딩에 도착하였다. 대회장은 건물의 상당히 높은 층에 있어 소음이 없고 전망 좋은 곳이었다. 대회장으로 들어서자 한쪽에서 방송국 직원으로 보이는 사람들이 카메라를 설치하고 있었다. 곧바로 한국에서 인터넷으로 연락을 주고받았던 아오키 타케루가 나를 반갑게 맞아주었다.

"안녕하세요, 계원 씨? 만나서 반갑습니다."

그는 일본인임에도 유창한 한국어를 구사했다. 일본어 억양이 묻어났지만 한국어로 대화를 꽤 많이 해본 솜씨였다. 대회장에는 스웨덴, 인도네시아, 싱가포르, 필리핀 등 세계 각지에서 온 참가자들이 하나둘 도착하여 몸을 풀고 있었다. 항공용 귀마개를 쓰고 고개를 숙인 채 기도하듯 집중하고 있는 사람이 있는가 하면 카드를 넘기며 이미지를 점검하고 있는 사람도 있었다. 인도네시아와 필리핀은 기억력 스포츠 학원 같은 시스템이 자리 잡고 있어서 그런지, 그곳에서 온 많은 어린이와 청소년 참가자들이 눈에 띄었다. 아이들은 서로 장난을 치며 놀고 있거나 코치가 나눠준 얼굴-이름 맞추기 종목의 연습문제를 보며 시간을 보내고 있었다. 나는 타케루가 준 이름표를 받고 조용히 대회장 뒤쪽에 자리를 잡았다. 역시 자신이 없으면 슬그머니 뒤에 앉는 것이 상책이다.

    일본 기억력 스포츠 협회 회장이자 전 일본 기억력 챔피언인 아오키 타케루는 특유의 친화력으로 기억력 스포츠를 통해 세계 각지의 많은 친구들과 교류하며 재밌는 인생을 살고 있었다. 20대 후반의 회사원으로 바쁜 시간을 보내고 있음에도 두 달에 한 번씩은 대회에 참가할 정도로

도쿄 프렌들리 메모리 챔피언십 참가 당시 이름표

열정적인 사람이다. 그는 대학생 때 한 TV 프로그램에서 세계 기억력 대회를 소개하는 것을 보고 관심을 가져 훈련을 시작하게 되었다고 했다. 그 이후 호주 대회, 영국 대회, 세계 대회 등 각지의 대회들에 참가하며 경력을 쌓았고 이제 대회를 개최하기에 이르렀다. 타케루는 기억력 대회를 정말 즐거운 행사로 생각하는 듯했다. 대회에 임할 때는 진지하지만 대회 성적이나 결과를 전부로 생각하지 않는 느낌이었다. 그가 도쿄 '프렌들리' 메모리 챔피언십이라고 이름을 지은 이유도 거기에 있었다. 사람이 많고 규모가 너무 커서 친해지지 못하는 대회보다 소수의 사람들이 서로 친해질 수 있는 정도의 대회를 열고 싶었다고 한다.

가장 앞에는 화려한 헤어스타일과 큰 키의 스웨덴 출신 여성 플레이어 '얀자yanjaa'가 자리 잡았다. 그 옆에는 일본의 랭킹 1위 '이케다 요시히로'가 방송국 카메라 가까이 자리했다. 전형적인 일본의 중년 아저씨처럼 생긴 그는 허리에 손을 얹고 고개를 숙인 채, 같은 자리를 왔다 갔다 반복했다. 진중한 분위기와 함께 생각을 정리하고 있는 것처럼 보였다. 요시히로 씨는 일본에서 교육 학원을 운영하고 있으며 일본인으로는 처음으로 기억력 그랜드 마스터 자격을 얻은 사람이었다. 40대 중반의 나이임에도 불구하고 그는 대회에서 수많은 젊은 선수들을 제치고 매번 좋은 성적을 보여주었다. 처음으로 일본에서 열리는 국제대회라서 그런지 요시히로 씨가 현지 방송국의 관심을 가장 많이 받고 있었다. 물론 기억력 스포츠는 두뇌 스포츠라서 20대 전후의 선수들이 가장 좋은 성적을 보여주는 경향이 있다. 하지만 중년 및 시니어(60세 이상) 그룹의 선수들도 훈련을 통해 뒤처지지 않는다는 것을 그는 대회에서 증명하고 있었다. 또 다른 일본인 참가자로 '료 사와다'라는 선수가 있었는데 그는 동경대학교 학사 출신으로 대학원에서 컴퓨터 관련 전공을 공부하고 있는 학생이었다.

멘사 회원 자격도 가지고 있는 그는 말이 더듬는 듯 상당히 빨라 누가 봐도 괴짜 같은 인상을 풍겼다. 이처럼 다양한 연령대와 배경을 가진 사람들이 모인 대회는 다음과 같은 순서로 진행되었다.

당시 동경 친선 기억력 대회의 공식 일정이다.

Tokyo Friendly Memory Championships 2014
The schedule of Competition

5/4(1st Day) 5월 4일, 첫 번째 날	
11:00	meet at Venue 대회장에서 만남
11:30	5min Names&Faces 15min Recall 5분간 얼굴-이름 외우기 종목, 15분간 떠올리기
12:00	5min Random Words 10min Recall 5분간 무작위 단어 외우기 종목, 10분간 떠올리기
12:30	5min Binary Numbers 15min Recall 5분간 이진수 외우기 종목, 15분간 떠올리기
13:00	5min Historic / Future Dates 15min Recall 5분간 역사연도 외우기, 15분간 떠올리기
13:30	Lunch and Results(1st) 점심식사 및 결과발표
15:00	5min Speed Number(1st) 15min Recall 5분 스피드 넘버; 무작위 숫자 외우기, 1차 시기, 15분간 떠올리기
15:30	10min Playing Cards 30min Recall 10분간 트럼프카드 많이 외우기, 30분간 떠올리기
16:30	Results(2nd) 결과발표
16:45	5min Speed Number(2nd) 15min Recall 5분 스피드 넘버; 무작위 숫자 외우기, 2차 시기, 15분간 떠올리기
17:30	Finish 1st day of competitions Night Results(3rd) via facebook pages 첫 번째 날 마무리 및 Facebook 페이지를 통한 결과발표

5/5(2nd Day) 5월 5일, 두 번째 날

10:30	meet at Venue and Results(3rd)
	대회장에서 만남 및 결과발표
11:00	15min Numbers 30min Recall
	15분간 무작위 숫자 외우기, 30분간 떠올리기
12:00	15min Abstract Images 30min Recall
	15분간 추상적 이미지 외우기, 30분간 떠올리기
13:00	Lunch and Results(4th)
	점심식사 및 결과발표
14:30	Spoken Numbers 100 seconds 5min Recall
	100초 동안 불리는 무작위 숫자 외우기, 5분간 떠올리기
15:00	Results(5th)
	결과발표
15:15	Spoken Numbers 400 seconds 20min Recall
	400초 동안 불리는 무작위 숫자 외우기, 20분간 떠올리기
16:00	Speed Card(1st) 5min Recall
	스피드카드; 트럼프 카드 1덱(52장) 빨리 외우기, 1차시기, 5분간 떠올리기
16:30	Speed Card(2nd) 5min Recall
	스피드카드; 트럼프 카드 1덱(52장) 빨리 외우기, 2차시기, 5분간 떠올리기
17:00	Closing Ceremony
	폐회식
17:30	Get Together
	친목도모시간

기억력 대회의 종류와 기준

기억력 대회는 자국민만 참여할 수 있는 대회가 열릴 수도 있고 외국인이 참여할 수 있는 대회가 열릴 수도 있다. 매달 세계 각지에서 대회가 열리고 있다. 세계 기억력 스포츠 협회WMSC의 인정을 받는 대회만 협회의 공식기록으로 데이터베이스에 기록된다. 세계 협회와 다르게 종목을 약간 변형하거나 짧은 시간에 빠르게 치를 수 있는 가벼운 대회들도 세계 각지에서 열리고 있다. 이렇게 독자적으로 개발한 종목이 들어가거나 세계 대회 기준과 다른 대회에서 얻은 점수는 세계 협회의 점수기록에 반영되지는 않는다.

요즘 기억력 스포츠계에서 새롭게 선수들의 눈을 사로잡고 있는 대회는 XMT극한 기억 토너먼트; Extreme Memory Tournament라는 미국에서 열리는 기억력 대회다. 미국의 기억력 챔피언 넬슨 델리스가 주축이 되어 만들었으며, 세계 최상위 랭커들만 참여할 수 있다. 매번 새롭게 공개되는 종목도 포함되어 있고, 컴퓨터로 빠르게 치러지기 때문에 1대 1로 기억력 선수들이 기억력 대결을 겨루는 것을 관중들이 스크린을 통해 볼 수 있다. 이 외에도 영국의 벤 프리드모어Ben Pridmore처럼 개인이 여는 대회도 있다. 벤 프리드모어는 벤 시스템을 고안하여 세계 최초로 카드 한 벌을 30초 안에 외운 전설적인 영국인이다. 벤이 여는 대회는 세계 협회의 공식 기준을 따르고 있기 때문에 이 대회에서의 기록은 인정받을 수 있다.

가장 오랜 역사와 전통을 가지고 있는 세계 기억력 스포츠 협회의 기억력 대회는 크게 세 가지 기준으로 진행된다. 국내, 국제, 세계 기준National, International, World Standard이 있으며 각 기준마다 대회 진행 시간이 다르다. 국내 기준을 적용했다고 해서 외국인이 참가할 수 없는 것은 아니다. 본인이 참가할 대회가 어떤 기준을 적용하는 대회인지 알고 참여하면 된다. 그에 따라 종목의 진행 시간이 달라지기 때문에 세워야 할 전략도 다르다. 30분에 숫자를 300자리를 기억했다고 1시간에 그것의 2배인 600자리를 기억할 수 있는 것은 아니기 때문이다. 당연히 시간이 길어질수록 배로 힘들어진다.

세계 대회 기준으로 열리는 대회는 1년에 한 번뿐인 세계 대회World Memory Championships밖에 없으며 이는 3일간 진행된다. 하루에 3~4 종목만 진행되는 만큼 한 종목당 시간이 매우 길다. 외우는 시간만 1시간, 외운 것을 기억해내는 시간Recall Time; 리콜 타임은 2시간이 주어지는 종목도 있다. 국제 기준International Standard은 그 절반 수준으로 종목의 최장 시간이 외우는 시간 30분에 리콜타임 1시간이며, 국내 기준National Standard은 15분에 리콜타임 30분이 가장 긴 시간이다. 이런 점 때문에 국내 대회 기준을 적용한 대회는 가끔 이틀이 아닌 하루 만에 전 종목을 치르기도 한다. 되도록 처음 경험하는 참가자라면 국내 기준을 적용하는 대회에 참가하는 편이 심신에 좋다.

다음과 같이 대회 기준에 따라 종목마다 외울 수 있는 시간이 다르다.

일반적으로 리콜 타임은 외울 수 있는 시간Memorisation time의 2배다. 도쿄 대회는 국내기준을 적용했다는 것을 알 수 있다. 각 종목에 대한 소개는 다음 장에서 다루도록 하겠다.

Memorisation time	National	International	World
Names&Faces	5 min	15 min	15 min
Binary Numbers	5 min	30 min	30 min
Random Numbers	15 min	30 min	60 min
Abstract Images	15 min	15 min	15 min
Speed Numbers	5 min	5 min	5 min
Historic/Future Dates	5 min	5 min	5 min
Random Cards	10 min	30 min	60 min
Random Words	5 min	15 min	15 min
Spoken Numbers	100s &300s	100s, 300s &550s	200s, 300s &550s
Speed Cards	5 min	5 min	5 min

(출처: 홍콩기억력스포츠협회)

여태까지 대회가 치러졌던 나라들을 모두 나열해보면 알제리, 호주, 오스트리아, 중국, 체코, 덴마크, 이집트, 영국, 프랑스, 독일, 홍콩, 인도, 인도네시아, 이탈리아, 일본, 요르단, 리비아, 말레이시아, 멕시코, 몽골, 모로코, 노르웨이, 필리핀, 폴란드, 루마니아, 싱가포르, 슬로베니아, 스페인, 스웨덴, 수단, 대만, 태국, 튀니지, 우크라이나, 미국이다. (2016년 5월 기준)

다음은 2015년에 치러진 세계 기억력 스포츠 협회WMSC 공식 인증 기억력 대회 리스트이다. 매년 각 나라에서 대회가 열리는 월月이 비슷하기 때문에 참고하기 바라며, 한국인은 지리상 멀지 않고 시차적응이 필요 없는 싱가포르, 홍콩, 일본, 대만, 필리핀에서 열리는 대회에 참가하는 것을 추천한다. 앞으로의 정확한 대회 일정을 확인하기 위해선 세계 협회 사이트

(http://www.worldmemorychampionships.com)에서 일정을 확인하는 것이 좋다.

* 큐알코드를 찍으면 세계기억력스포츠협회 홈페이지로 연결됩니다.

날 짜	대 회
12월 26일	모로코 / 4th Arabian Memory Championship 2015
12월 22일	중국 / World Memory Championship 2015
11월 27일	인도 / Indian Memory Championship 2015
11월 12일	호주 / Australian Open Memory Championship 2015
11월 12일	모로코 / Moroccan Memory Championship 2015
11월 4일	대만 / Taiwan Open Memory Championship 2015
11월 4일	스웨덴 / Swedish Open Memory Championship 2015
11월 4일	스페인 / Spanish Memory Championship 2015
11월 4일	수단 / Sudanese Memory Championship 2015
9월 7일	영국 / UK Open Memory Championship 2015
8월 26일	홍콩 / Asia Memory Championship 2015
8월 26일	홍콩 / Hong Kong Open Memory Championship 2015
6월 19일	독일 / Gothenburg Memory Championship 2015
6월 7일	필리핀 / Philippine International Memory Championship 2015
6월 7일	독일 / South German Memory Championship 2015
5월 26일	독일 / North German Memory Championship 2015
5월 15일	미국 / MAA US Open Memory Championship 2015
5월 11일	일본 / Tokyo Friendly Memory Championship 2015
4월 15일	몽골 / Mongolian Memory Championship 2015
4월 2일	이탈리아 / Italian Memory Championship 2015
4월 2일	알제리 / Algerian Memory Championship 2015
3월 16일	싱가포르 / Singapore Memory Championship 2015

(출처: 세계기억력스포츠협회)

도전
스피드카드

 수능을 치른 사람처럼 엄청난 피로가 몰려왔다. 머리 쓰는 일은 정말 많은 에너지를 필요로 한다. 게다가 대회의 긴장감이 더해져 피곤함에도 불구하고 온 정신이 각성되어 잠이 잘 오지 않았다. 당시에는 내가 유독 예민해서 그렇다고 생각했는데, 다른 선수들도 2~3일간 진행되는 대회 동안에는 제대로 잠도 못 자는 사람이 많다는 걸 나중에 알게 되었다. 그도 그럴 것이 기억력 대회는 한순간도 집중을 놓지 않고 머릿속에 수만 가지의 그림과 이야기를 그려야 하는 시합이다. 온 감각과 신경을 곤두세워야 한다. 한순간 방심하여 머리에 입력할 때 다른 생각을 하면, 다신 기억나지 않는 경우가 많아 긴장을 늦출 수 없다. 끊임없이 나 자신을 체크하는 다른 내가 있어야 한달까.

 이미지 트레이닝만으로도 어느 정도 운동 효과를 볼 수 있다는 기사를 읽은 적이 있다. 하루 종일 앉아서 상상의 나래를 펼치고 났더니 등산을 한번 한 것보다 훨씬 피곤한 느낌이 들었다. 신체는 일본에 있었지만 내 머릿속 기억의 장소들은 전부 한국에 있었기에, 사실상 하루 종일 동네 방네 들쑤시고 다닌 하루였다. 익숙한 공릉동 집에서 서울과학기술대 호수를 지나 중랑천과 신촌 연세대까지. 다음날 종목에 쓸 수 있는 장소가 얼마 남지 않았다는 걱정이 있었지만 체력 회복이 우선이었다. 그렇게 많은 물을 마시고 초콜릿을 먹었는데도, 목은 바짝 타들어가 있었고 당이 떨어져 새로운 정보 처리가 힘들었다. 모든 게 다 귀찮아 빨리 숙소로 돌아왔지만 발끝까지 팽팽한 각성이 계속됐다. 다음날 목표했던 스피드 카드만 성공하면 여한이 없다는 생각으로 침대에 누워 카드를 넘기다 잠이 들었다.

새벽에 지진이 났다. 누군가 날 흔들어 깨운 줄 착각할 정도로 꽤 강도가 센 지진이었다. 이게 꿈인지 생신지 구분할 힘도 없이 다시 잠들었다. 정신을 차려 일어났을 때 창밖엔 구급차가 사이렌 소리를 울리며 지나가고 있었다. 그와 동시에 대회 참가자들의 안부 확인 메시지가 휴대폰을 울렸다. 대회 마지막 날의 아침은 이렇게 요란하게 시작됐다. 첫날과 마찬가지로 숫자와 카드 이미지를 점검하고 당일 사용할 기억의 장소들을 다시 체크했다. 가볍게 아침 식사를 마치고 대회장에 가자 다들 지진을 소재로 이야기를 나누고 있었다. 전날 하루 보았지만 세계 각지에서 비슷한 기억력 훈련을 하여 도쿄에 모였다는 게 우리들의 동질감을 형성했다. 보통 외국인 친구들을 만나면 말을 하고 싶어도 막상 자기소개 이후 이야기할 소재가 없다. 난감한 상황이 아닐 수 없다. 그러나 각 나라에서도 소수만이 즐기고 있는 기억력 스포츠라는 우리들만의 공감대에 금방 친해질 수 있었다. 싱가포르에서 온 웰론 초 Wellon Chou와 이야기 꽃을 피우고 있는데 홍콩 기억력 스포츠 협회장 앤디가 다가왔다. 대회의 중요

질문하는 웰론과 눈을 감고 떠올리는 중인 앤디

한 아비터arbiter, 기억력 대회 운영진로서 참가한 그는 우리에게 빨간색 영영사전을 들이밀며 자신에게 기억력 테스트를 해보라고 했다. 기억력 스포츠를 즐기는 사람들은 간혹 대회의 종목뿐만 아니라 자신이 평소 기억법을 적용하여 외운 것을 보여주는 재밌는 퍼포먼스를 하기도 한다. 우리는 두꺼운 영영사전에서 "87페이지 4번째 단어는?"과 같은 식의 퀴즈를 냈다. 그는 "음…"하고 생각하더니 곧바로 해당하는 단어를 말하였다. 물론 앞뒤로 어떤 단어가 있는지도 맞출 수 있었다. 그는 킴픽과 같은 서번트가 아니었다. 일반인이 훈련의 결과로 그 많은 양의 페이지를 전부 외울 수 있다는 것이 놀랍기만 했다. 대체 이 정도라면 얼마나 많은 장소가 필요할까.

대회 성적은 인도네시아의 유디Yudi라는 선수가 선두를 달리고 있었다. 채점은 기본적으로 아비터들의 수작업으로 이루어진다. 따라서 대회 중 많은 양의 숫자 대조 및 채점에 아비터들이 밤새 고생하기도 한다. 물론 당시 나 같은 참가자의 답안지는 채점이 정말 쉬웠으리라. 채점할 양이 별로 없기 때문이다. 세계 기억력 스포츠 협회는 아비터에도 등급을 나누고 있다. 앤디와 같이 경력과 평판을 인정받은 사람은 아비터 레벨 2 이상의 타이틀을 갖는다. 자원봉사자 및 대회 진행 요원들은 아비터 레벨 1의 타이틀을 부여받는다. 세계 기억력 스포츠 협회에서 인증하는 대회를 독자적으로 개최하려면 레벨 2 이상의 아비터가 참여하여 대회가 공정하게 진행되는지 체크해야 한다. 그 이유에서 홍콩에 있는 앤디가 도쿄 대회로 출장을 온 것이다. 아무나 레벨 2 이상의 자격을 갖지는 못한다. 지속적인 활동과 기억력 스포츠 커뮤니티에 기여한 바가 있어야 한다. 선수로 활동하다가 아비터 활동에 더 집중하는 경우도 많이 있다. 대체로 대회에 양복을 입고 나타나면 '아 저 친구, 이번 대회는 아비터로서 왔네!'라고 생각하면 된다.

21세기에 아날로그 방식으로 채점하는 것이 답답하기도 하다. 사람의 시간과 노력, 오류 등에 대한 비용이 많이 들기 때문에 드물게는 컴퓨터로 치르는 대회도 있다. 그러나 1년에 한 번, 200명 이상이 참가하는 세계대회WMC는 아직까지 모두 아날로그 방식으로 치르고 있다. 정말 비효율적인 방법인 것처럼 보이나 관습이나 전통으로 이해할 수도 있겠다. 또 오히려 아직은 기계식으로 치르는 게 비용적인 면에서 더 효율이 좋지 않을 수도 있다. 100% 정확도를 보장하진 못하지만 여러 자원봉사자들과 많은 사람이 참여한다는 것이 또 하나의 재미를 보장한다. 야구 경기도 기계의 활용으로 심판의 역할을 거의 대체할 수 있으나 그렇게 하지 않는 것은 그 또한 스포츠의 한 요소이기 때문이다. 각 스포츠가 갖고 있는 정신을 많은 이들과 나누는 것이 능력의 '측정'이 갖는 의미보다 크다. 물론 이의제기로 결과가 뒤바뀌는 경우도 간혹 있어 '전자식으로 치르는 것이 아무래도 편하지 않은가' 하는 생각은 지울 수 없지만 말이다. 종목들 사이의 쉬는 시간에 전 종목에 대한 채점 내용이 발표된다. 운영 부스에서 채점의 결과가 나온 종목은 스코어가 인쇄된 종이를 벽에 붙여 사람들이 볼 수 있게 한다. 참가자들이 몰려들어 서로 기록을 확인하고 환호하거나 좌절한다. 다음 종목이 시작되기 전에 점수가 나온 종목에 대해서 대회 진행자가 상위 랭커들의 이름을 호명하며 박수를 유도한다. 어느덧 나는 그들의 어마어마한 점수에 입 벌리고 손뼉을 치는 박수부대의 일원이 되었다.

'이건 장난이 아니구나.'

대회를 치르는 선수의 마음으로 참가했다기보다 구경이라도 하고 오자는 마음이었던 내게, 발표되는 기록들은 매번 정말 충격적이었다. 일반인 중 기억력이 조금 좋다고 하는 사람도 이곳에 오면 금붕어라 불리지 않을까. 가장 충격적인 사실은 어린아이들이 내 기록의 2배, 3배 이상의 기록을 가뿐이 달성하는 것이었다. 많은 생각에 잠겼다. 얼마나 많은 연습과 몰입의 결과일까. 애초에 이게 연습을 한다고 될 수 있는 성질의 것일까. 대회가 진행될수록 더 이상 그들이 단순한 괴짜로 보이지 않았다. 이곳에서는 다른 것은 다 필요 없고 많이 기억하는 사람이 제일 멋있고 폼 난다.

대회의 마지막 종목인 스피드 카드(카드 한 벌 빨리 기억하기)가 가까워오면 대회의 진행이 약간 느슨해진다. 스피드 카드는 2번의 시도가 주어지는데 각 시도가 끝날 때마다 총점이 바로 반영되어 발표되기 때문에 1차와 2차 시기간 시간이 조금 지연된다. 상위 랭커들의 경우 마지막 역전의 기회가 될 수 있기에 서로의 점수 확인이 중요하다. 스피드 카드는 가장 대표적인 종목이자 시각적으로 드러나는 부분이 크기 때문에 언론 매체의 카메라맨, 기자들이 적극적으로 몰려들어 취재에 나선다. 게다가 선수 한 명당 한 명의 아비터가 자리에서 직접 카드를 넘기며 채점하는 과정이 포함되어 있어 대회장에 사람들이 갑자기 많아지고, 분위기가 어수선해진다. 성공한 자들의 환호성과 실패한 자의 탄식이 대회장에 곳곳에서 터져 나온다.

두 번의 시도 중 더 좋은 점수가 자신의 점수가 된다. 긴장되는 마음으로 52개의 장소를 점검하고 타이머가 오류가 없는지 체크했다. 타이머에서 손을 떼는 순간 시간이 흘러가기 시작하고, 카드를 다 기억했다고 생각될 때 카드를 덮고 두 손을 올리면 타이머의 시간이 정지된다. 그리고 다시는 카드를 볼 수 없다. 점수가 큰 종목이란 압박감도 있고 짧은 시간 고도의 집중력이 필요하여 세계적인 선수들도 스피드카드에서 실수하는 경우가 종종 있다. 30초대의 기록을 가지고 있는 사람도 그날의 컨디션에 따라 1분~2분 사이를 기록하거나 아예 리콜(다시 기억해내기)에 실패할 때도 있다. 좋은 기록을 위해선 말 그대로 '쓱'보고 기억해야 하기 때문에 잠시라도 정신 줄을 놓으면 끝이다.

최상의 각성을 유지하기 위해 팔굽혀펴기를 하는 선수, 자기민의 의식으로 마음을 가다듬는 선수 등 각양각색이다. 나는 얌전히 귀마개를 끼고 혼잣말로 마음을 다스렸다.
"하던 대로 하면 돼…"
"그냥 차분히 하면 된다…"
"이게 뭐라고 긴장을 하냐…"
앞서 말한 대로 스피드 카드에서 나의 전략은 1장의 카드를 이미지 하나로 바꾸고 그 이미지를 하나의 장소에 결합하는 것이었다. 장소는 가장 친숙하고 빨리 머릿속에 그릴 수 있는, 당시 살고 있던 집으로 결정했다.

며칠간 깨끗하게 비워놓기 위해 아끼고 아껴놓은 장소였다. 한 시기당 최대 시간은 5분 동안 주어지며 그 안에 자유롭게 타이머에서 손을 떼 시작하고 끝내면 된다. 시작 전 1분간의 정신 집중 시간 동안 마음을 가다듬고 심호흡을 했다.

'5, 4, 3, 2, 1. 시작!'

5분간의 기억 시간이 주어지고 선수들은 마치 번지점프대에서 뛰어내리는 사람들처럼 하나둘 타이머에서 손을 떼고 각자 자신의 카드 속으로 빠져들었다. 나는 시작 후 30초 정도 타이머에서 손을 떼지 않고 계속 호흡을 더 가다듬었다. 그리고 나 또한 마음의 부담을 짊어지고 떨리는 손으로 타이머에서 손을 뗐다. 재빨리 카드를 집어 들어 한 장 한 장 넘기는데 왜 이렇게 손이 떨리는지, 장소에 자유로운 상상으로 여유롭게 이야기를 만들어야 함에도 긴장 때문인지 쉽지 않았다. 그러다 보니 이야기의 구체성이 없어지고 단순히 장소에 이미지를 '놓는' 것에 급급했다. 게다가 화살처럼 흐르는 시간의 압박과 주변 분위기에 첫 판은 차분하고 안전하게 하자는 마음도 완전히 무너져 내렸다. 부들부들 떨리는 손으로 마지막 카드까지 보고 난 뒤 카드를 덮어두고 두 손을 올려 타이머를 정지시켰다. 기록된 시간은 2분 10초 정도로 나쁘지 않았다. 아직 5분간의 기억 시간이 끝나지 않았기 때문에 남은 2분여 시간 동안 방금 머릿속에 넣어둔 이미지들을 다시 점검했다. 그런데 아뿔싸! 첫 번째 장소인 발코니부터 무슨 이미지가 있는지 도통 기억이 나질 않았다. 다음, 다음 장소인 소파에도, 다음, 다음 장소인 싱크대에도.

정신없이 5분간의 리콜타임이 시작되었다. A, 2, 3 … J, Q, K까지 순서대로 배열되어 있는 섞이지 않은 카드 한 팩을 개봉하여 아까 보았던 순서대로 카드를 맞추면 된다. 중간중간 많이 생각나지 않은 부분이 있어

대회에서 아비터와 카드를 넘기는 사진

아직 제자리를 찾지 못하고 있는 카드들이 너무 많았다. 사회자의 음성이 들렸다.
"1 Minute Remaining.(1분 남았습니다.)"
결국 첫 시도는 52장의 카드를 순서대로 다시 맞춰보지도 못한 채 채점이 들어가 실패로 기록되었다. 마지막 남은 2차 시기를 어떻게 해야 할지 막막했다. 이미 장소를 써버린 상태여서 같은 장소에 또 이야기를 넣으면 이전에 넣어둔 이미지가 떠오를 것 같았다. 집이나 도서관에서 혼자 연습하던 환경과는 차원이 달랐다. 선수들은 기록들을 물어보며 서로의 2차 시기에 행운을 빌었다.

2차 시기는 어쩔 수 없이 첫날 숫자 종목에 썼던 장소를 다시 사용하기로 마음먹었다. '장소를 많이 만들어둘걸', '실전처럼 연습을 많이 해둘걸'하는 후회가 밀려왔다. 사람은 실패를 하면 참 겸손해진다. 이제 2분을 돌파하자는 기세는 온데간데없고 52장의 카드를 끝까지 맞춰보기라도 하자는 생각으로 천천히 한 장 한 장 카드를 넘겨갔다. 확실하게 장소

NHK에 방영된 모습. 자막의 쟈-니-법이란 journey 즉 장소기억법, 여정법을 뜻한다

와 결합이 될 때까지 이미지를 꾹꾹 눌러 담았다. 타이머를 터치했을 때 시간은 2분 44초 66을 가리키고 있었다. 다시 눈을 질끈 감고 남은 시간 동안 52개의 이미지가 담긴 장소를 다 돌아보았다. 이번에는 거의 다 기억이 났다. 이미 머릿속에선 모든 퍼즐이 맞춰진 것 같았다. 입에 미소가 저절로 지어졌다. 스피드카드는 타이머를 멈추고 곧바로 생각해보았을 때 전부 떠오르면 99%는 성공한 것이다. 하나라도 순서가 뒤바뀌면 실패라는 점에서 조금 애매한 것이 있거나 생각이 나지 않으면 성공을 장담할 수 없다.

채점 시 한 명의 아비터가 다가와 문제로 주어졌던 카드를 집어 든다. 선수는 리콜타임에 자신이 기억하여 순서를 재정리한 카드를 집어 든다. 서로 한 장씩 카드를 놓으며 맞는지 비교를 한다. 살 떨리는 순간이다. 하나라도 서로 다른 카드가 나오면 거기서 끝이다. 나와 아비터가 30장 이상 카드를 계속 문제없이 넘기자 옆의 선수들이 다가와 구경하기 시작했다. 그렇게 마지막 카드까지 다 맞춘 후 아비터와 기분 좋은 하이파이브를 했다. 그렇게 나는 생애 최초로 스피드 카드를 성공했다.

첫 동경 친선 기억력 대회는 이렇게 막을 내렸다. 대회가 끝나고 참가자들은 서로 사진 찍기에 여념이 없었다. 아비터와 자원봉사자들도 외국인 선수들과 사진을 찍으며 행사의 마지막을 기념하였다. 그 날 뒤풀이 자리에서 우리들은 맥주와 사케를 마시며 대회의 남은 회포를 풀었다. 내 부족한 일본어에 타케루가 통역을 자처하며 도와주었다. 관광을 할 겨를은 없었지만 일반적인 여행에선 얻을 수 없는 특별한 경험과 함께 현지인들을 많이 사귀게 되었다. 서로 장소는 어떻게 만드는지, 숫자, 카드 시스템은 무엇을 쓰는지 등을 물어보며 대화를 이어갔다. 말은 잘 통하지 않지만 비슷한 개념을 공유한다는 느낌이 계속 이야기를 할 수 있게 만들었다. 점점 취기가 오르자 우리는 오랜 친구였던 것처럼 서로 편해졌다.

대회 3위를 차지했던 오노 모토로와 지하철 막차를 타러 가며, 꼭 세계대회에서 다시 만나자며 다음 만남을 기약했다. 본인은 곧 이케다 요시히로를 이길 것이라고 나에게 말했다. 서로 취해서 하이파이브에 포옹에 난리도 아니었다. 훗날 한국에 돌아와 온라인으로 물어봤더니 당시 너무 취해서 기억이 나지 않는다고 했다. 대회에서 몇백 자리의 숫자를 기억하는 능력을 보여준 사람도 술 앞에서는 소용이 없다는 것을 확인하는 순간이었다. 이 대회에서 만났던 친구들과 인연을 잘 이어가 요즘엔 해외여행을 갈 때 기억력 스포츠 친구들의 집에서 머물기도 한다. 대회 참가 겸 여행을 하며 세계 각국을 돌아다니는 선수들도 있는 걸 보면, 이와 같은 문화는 아마추어 스포츠의 확실한 장점인 것 같다.

한류의 영향 때문인지 요즘 나는 한국에서만 구할 수 있는 상품을 다음에 만날 때 대신 사다 줄 수 없냐는 부탁을 받고 있다. 이 커뮤니티에서 국제 커플이 탄생하는 경우도 종종 있는데, 정작 나는 그들 사이의 선물 구매대행 역할만 하고 있으니 참으로 안타까운 일이 아닐 수 없다.

기억은
열린 문

　기억력 대회의 선수로서 나의 첫 번째 데뷔 무대는 이렇게 막을 내렸지만, 나는 아직도 며칠간 일본에서 보았던 장면들, 장소들이 생생히 기억난다. 일반인과 비교해서 특별히 기억력이 좋아 그런 것은 아니다. 누구나 한 번 가봤던 장소는 머릿속 어딘가에 영원히 남는다.

　나는 이 책을 쓰며 일본 대회를 다시 떠올리며 머릿속에서 되감기를 해본다. 숙소, 대회장, 술자리 장소, 술자리에서 내가 어디쯤에 앉았었는지, 내가 그 자리에서 본 시선은 대강 어땠는지 정도는 아직도 기억나는 부분들이 있다. 숙소에서 대회장까지 가는 길을 쭉 따라간다고 머릿속에서 상상해보면 가는 도중 봤던 개천, 자전거 타는 사람들, 라멘 가게, 편의점 위치, 도쿄 돔 근처의 분위기, 대회장 건물의 엘리베이터 등이 떠오른다. 다시 말하지만 이것은 내가 기억력이 특별히 좋아서가 절대 아니다! 누구나 여행을 다녀오면 그림을 그리듯 관광지에 대해 설명할 수 있지 않은가. 다만 나처럼 과거의 경험을 떠올려 책을 써야 할 경우가 아니라면 자연스럽게 과거의 장소를 떠올릴 기회는 급격히 줄어든다. 그렇다고 자신의 기억력을 절대 과소평가하면 안 된다. 사람의 이미지 및 장소에 대한 기억력이 엄청나다는 것을 보여줄 수 있는 개인적 경험을 소개하겠다.

나에게는 외삼촌 두 명이 있다. 그중 한 분은 젊은 시절 일본 유학 경험을 갖고 있다. 내가 갓난아기일 때 다녀오셨기 때문에 사실 20년도 더 지난 이야기다. 삼촌은 예전부터 일본 이야기를 자세히 들려주지 않으셨다. 왠지 모르겠지만 장난 식으로 이야기를 넘기시곤 했다. 그나마 그동안 말씀해주신 것도, 당시 일본 편의점 문화를 미리 보았는데 나중에 한국에도 똑같이 생기더라는 식의 식상한 이야기가 전부였다. 삼촌만의 개인적인 경험은 듣기 힘들었다. 그도 그럴 것이 20년이 흐른 시점에 무엇이 구체적으로 생각날 수 있을까.

잠시 삼촌과 단둘이 이야기를 나눌 수 있는 시간이 생겼을 때, 나는 또 일본 이야기를 꺼냈다. 내가 갔던 도쿄의 구체적인 지명들을 이야기하자 서로 공감대가 형성됐다. 그리고 이번에는 노트북을 꺼내 구글 스트리트 뷰google street view로 도쿄 거리를 삼촌 눈앞에 보여주었다. 요즘은 온라인에 지도 서비스가 워낙 잘돼있어 사진만으로 실제 그곳에서 걸어 다니는 것과 비슷한 느낌을 받을 수 있다. 따라서 실제로 온라인 지도 서비스를 활용하여 기억의 궁전을 만드는 선수들도 있다.

삼촌과 나는 랜드마크 위주로 지도를 이동했다. 도쿄타워, 우에노 공원 등 삼촌의 추억을 가볍게 불러일으킬 곳들을 노트북 안에서 돌아다녔다.

"아 맞아, 여기 왼쪽에 호수가 있는데, 봄에 가면 참 좋았지."

이미지 앞에서 20년의 세월은 아무런 장벽이 되지 않았다. 그러더니 점차 삼촌은 자연스레 자신이 살았던 곳을 찾기 시작했다. 나는 삼촌이 말하는 대로 검색을 동원하여 지명을 찾아보려고 했지만, 정확하지 않거나 이미 없어진 까닭인지 찾을 수 없는 경우가 많았다. 그래서 일단 지하철역부터 시작하자고 제안했다. 삼촌도 그 시절 일본의 지하철을 타고 다녔을 테니, 아마 장소에 장소를 꼬리 물고 기억하다 보면 가능하지 않을까 싶었다. 근처의 지하철역은 다행히 쉽게 기억하실 수 있었다. 삼촌은 마치 기억의 궁전에서 장소의 포인트를 집어내듯이, 20년 전이지만 '이곳에 목욕탕이 있었다', '이곳에 벤치에 누워서 낮잠을 자곤 했다'며 기억을 떠올리기 시작했다. 중간에 길을 잃어버리면 다시 처음으로 돌아와 출발하는 과정을 되풀이했다. 삼촌은 점점 흥분되는 말투로 "앞으로!", "좌로!", "우로!"를 외쳤다. 그렇게 예전에 살던 집과 예전에 일했던 장소, 친구가 일했다던 우동가게 등을 하나둘 찾아냈다. 그리고 그 전에는 들을 수 없었던 구체적이며 개인적인 경험들을 들을 수 있었다. 심지어 구체적인 가게 이름이나 친구들 이름까지도 기억해냈다. 그 장소와 연결되어 있던 이야기들이 고구마 줄기에 딸려 나오듯이 쉴 새 없이 쏟아져 나와 당최 끊어질 기미를 보이지 않았다. 삼촌은 이미 그 시절로 돌아가 있는 듯했다. 지나가는 아들에게 "아빠가 이 건물 2층에서 살았어.", "아직도 그대로 있네. 근데 페인트칠을 새로 했나봐.", "1층에 동물병원이 아니었는데 바뀌었네."라며 20년 전에 머릿속에 자리 잡았던 이미지를 떠올리고 있었다.

독일의 심리학자 빌렘 A. 바게나르도는 6년간 가장 기억에 남는 일을 장소, 시간, 연관된 사람 등을 함께 정리하여 일기장에 매일매일 기록해 두었다. 그리고 6년 뒤 그 일기장에서 무작위로 골라 해당 날의 기록을 보고 그 날을 기억할 수 있는지 실험을 해보았다. 결과는 놀라웠다. 거의 대부분 적어놓은 단서만으로도 그날의 기억을 떠올릴 수 있었다. 도저히 기억이 나지 않는 날의 기록들은 관련되었을 것으로 생각되는 사람들을 찾아가 물어보았는데, 결국 전부 다 떠올릴 수 있었다고 한다. 흥분된 모습으로 모니터를 바라보고 있던 삼촌의 그 눈빛을 아직도 잊을 수가 없다. 우리는 얼마나 많은 기억들을 묻어두고 살까? 우리가 잊어버렸다고, 다신 기억할 수 없다고 생각하는 것들이 사실은 대부분 그저 그 기억에 접근하는 통로를 찾지 못했기 때문은 아닐까?

프리라이딩과
프리메모라이징,
장기기억이라는 **동아줄**을 잡자!

국립특수교육원의 특수교육학 용어사전에 의하면, **부호화**符號化, encoding 란 인지과정 혹은 정보 처리 과정의 한 형태로, 청각, 시각, 촉각 등 감각을 통해 들어오는 정보를 처리하고 저장하기 위해 그 정보를 유의미하게 만들고, 장기기억에 저장되어 있는 기존의 정보와 연결하고 결합하는 과정이다. 이러한 과정을 통해 새 정보는 작업기억에서 장기기억으로 전환된다. 부호화가 안 되면 입수된 대부분의 정보는 일시적인 저장만 가능하게 된다.

프리라이딩free riding 이라는 말을 아는가? 어떤 개인이 비용을 지불하지 않으면서 공동체가 제공하는 이득은 누리는 행위를 뜻하는 말이다. 우리말로 무임승차라고 한다. 보통 쓰이는 부정적 의미와 달리 여기서는 기억력의 관점에서 해석해보려 한다. 사실 한 개인의 입장에서는 프리라이딩만큼 달콤한 유혹이 없다. 개인의 시간과 비용을 줄이면서 큰 효용을 누릴 수 있다면 누구나 혹할 수밖에 없지 않은가. 남에게 피해만 주지 않는다면 사실 가장 아름다운 시나리오다. 나는 기억의 관점에서 이를 **프리메모**

라이징free memorizing이라는 단어로 풀어내고 싶다. 아주 작은 노력 혹은 거저먹는다는 느낌으로 기억할 수 있는 방법이 있다. 마치 프리라이더가 누군가의 노력에 올라타듯이, 수많은 장기기억이라는 공동체가 마련하고 있는 기반 위에 새로운 기억을 살포시 얹는 것이다. 하지만 이 프리메모리에는 의무가 있다. 마치 프리라이더가 사회의 단물만 쏙 빼먹고 의무를 다하지 않으면 이 사회가 병들게 되는 것처럼, 프리메모리도 해야만 하는 의무가 주어진다. 그것은 바로 이 프리메모리도 장기기억으로 성장해야 한다는 것이다. 그래야 새로운 탑승자들에게 이 기억 또한 하나의 좌석으로서의 역할을 해줄 수 있다. 우선 왜 장기기억에 올라타야 하는지부터 알아보자.

어떤 100가지 과제가 주어졌다. 100가지를 기억해야 할 때 가장 먼저 해야 할 일은 무엇일까. 앞서 내가 제시했던 기억의 원리들에 대해 어느 정도 이해한 독자라면 '이유 만들기', '시스템', '분류', '패턴' 등의 단어가 떠오르지 않을까 예상해본다. 이런 단어가 떠올랐다면 기존에 우리가 일반적으로 가졌던 '기억'에 대한 고정관념에서 탈피하고 있는 것이니 긍정적으로 생각히길 비란다. 이런 키워드들이 우리에게 주는 의미는 사실 경제적인 기억을 가능케 한다는 점에 있다. 적은 힘을 들여 빠르고 오래가고 튼튼한 기억을 만드는 것이 우리의 목표다. 장기기억을 활용하라는 말도 그와 같은 맥락이다. 장기기억이라는 동아줄이 100가지의 과제들 중 50개를 맡아 쉽게 해결해준다면 힘써서 기억해야 할 것이 절반으로 줄어들 수 있다. 말 그대로 거저먹는 기억들을 최대한 늘릴 수 있는 환경을 만들어야 한다는 것이다.

매직 넘버 7이라는 말을 들어보았는가? 사람이 단기적으로 기억할 수 있는 정보는 7 ± 2, 즉 5개 ~ 9개의 정보 덩어리chunk만 기억할 수 있다는 것이다. 따라서 8자리의 휴대폰 번호는 중얼거리면서 잠시 담아두어 외울 수 있지만, 그보다 길어지면 어렵게 되는 것이다. 그런데 스포큰 넘버(1초에 무작위 숫자를 하나씩 불러주는 기억력 대회 종목)에서 미국의 랜스Lance Tschirhart는 456자리를 한 번 듣고 다 기억할 수 있었다. 독일의 전설 요하네스 말로우Johannes Mallow는 15분 만에 숫자 1014자리를 정확히 기억할 수 있었다. 이들은 인간이 아닌 것일까?

잠시 단기기억과 장기기억에 대해 간단히 정리하고 넘어가도록 하자. 우리의 기억은 많은 부분 컴퓨터에 비유해서 설명될 수 있다. 컴퓨터에는 램RAM과 하드디스크HardDisk가 있는데, 램에 올린 데이터는 단기기억, 하드디스크에 저장된 데이터는 장기기억이라 할 수 있다. 컴퓨터가 실제 어떤 작업을 하려면 램에 정보가 올라와 있어야 한다. 따라서 하드디스크에 저장된 데이터를 불러와 램에 올린 다음에야 하고자 하는 작업을 할 수 있다. 인간도 이와 마찬가지로 장기기억에 저장되어 있는 정보를 필요할 때 불러내 단기기억에 띄운 다음 활용을 한다고 생각하면 된다.

리처드 앳킨스Richard Atkinson와 리처드 쉬프린Richard Shiffrin은 유명한 앳킨스-쉬프린 기억 모델Atkinson-Shiffrin memory model을 1968년 제안했다. 이 모델에 의하면 기억을 3가지 기억 저장고로 구분할 수 있다. 감각기억, 단기기억, 장기기억이다. 감각기억은 정보를 매우 짧은 시간 저장하는 곳으로 1~2초 정도 짧게 유지되는데 시각, 청각, 촉각, 후각 등의 감각적 기억이다. 감각등록기sensory register라고 번역되기도 하는데 이곳을 거친 정보 중 어떤 것은 단기기억으로 넘어가게 된다. 단기기억에서는 정보가 약 20~30초 정도 짧게 유지된다. 램에 정보가 있어야 컴퓨터가 연산을 할 수 있는 것처럼 사람은 단기기억에 있는 정보를 이용하여 사고나 추론을 한다. 사실 우리가 알고 싶은 것은 단기기억이 장기기억으로 넘어가는 과정이다. 이 과정을 가능하게 하는 두 가지 방법이 있는데 **리허설**rehearsal과 **코딩**coding이 바로 그것이다. 쉽게 말해서, 리허설은 '반복'을 뜻하고 코딩은 '단기기억에 있는 정보를 장기기억 안에 있는 정보와 연결 짓는 것'이다.

정리하면 단기기억은 감각적인 요소와 관련이 많은 반면, 장기기억은 얼마나 의미 있느냐 여부가 중요하다고 할 수 있다. 따라서 의미가 있어야 장기기억이 될 수 있는 것이며, 이를 알고 잘 활용하는 것이 우리가 해야 할 일이다. 반복을 계속시키면 우리 뇌는 '이게 의미 있는 정보인가보다' 하고 언젠가 생각하게 된다. 하지만 지루한 반복은 인간이라면 제일 피하고 싶은 일이다. 따라서 우리는 반복 이전에 웬만하면 장기기억 안에 있는 정보와 연결 짓는 작업으로 많은 부분을 해결해 놓아야 한다.

그런데 그게 어디 말처럼 어디 쉬운 일인가. 책을 찾아보면 단기기억, 장기기억에 대한 이론은 많은데 정작 글쓴이의 경험은 없는 경우가 태반이다. 사실 대다수의 일반 독자들은 일상의 변화를 기대하고 책을 구매했음에도 불구하고 말이다. 하지만 나는 실제로 인간의 한계를 넘어서는 사람들을 목격했고, 직접 경험해보았기에 일상에 와 닿는 이야기를 해줄 수 있다. 미국의 랜스와 독일의 요하네스도 대회에서 만나보았지만 그들은 인간의 한계를 물리적으로 극복한 사람들이 아니었다. 그들도 단기기억만으로는 숫자를 7개 이상 처리하기 힘들 것이라 확신한다. 내가 장담한다. 이 선수들은 들어오는 정보들을 기가 막힐 정도로 빠르게 들어오는 족족 바로 장기기억 위에 올릴 수 있는 능력을 훈련을 통해 발전시킨 것이다. 그리고 장기기억 위에 올릴 수 있도록 숫자에 의미를 부여해야 했다. 의미를 부여하는 과정은 본인만의 시스템을 통해 처리했을 것이다.

장소기억법도 장기기억에 올라타는 방법이다. 장소라는 장기기억을 활용하여 외워야 할 대상을 연결시키고 바로 프리메모라이징을 하는 것이다. 얼굴-이름 기억하기 종목 같은 경우도 사실 접근하는 형식이나 전략에서 선수들이 일반인과 어마어마한 차이를 갖고 있지는 않다. 정말 머리에 쥐가 나도록 그들도 변환하고 말장난하고 이미지를 그린다. 다만 오랜 훈련으로 인하여 머릿속에 있는 가장 적절한 장기기억과 새로 외워야 할 얼굴 이미지와 이름의 의미를 연결시키는 속도가 상당히 빨라졌다. 게다가 계속되는 연습에서 나름의 변환 규칙도 생겨 점차 훨씬 많은 양을 해낼 수 있다. 그래서 보통 이 사람들이 TV에 나오면 방법에 대해서는 별말이 없다. 방법을 그대로 말하기엔 없어 보이고, 원리를 다 설명하기엔 방송 컨셉에 맞지 않는 경우가 많다. 그렇게 일반인들은 자기는 할 수 없는 영역이라고 생각하게 된다.

내가 정의한 프리메모리가 얼마나 오래 가는지에 대해 많은 이들이 궁금하게 생각한다. 내 개인적인 경험으로는 3일 정도는 다시 기억이 나는 것 같다. 여기서 선택의 기로에 선다. 이 프리메모리가 의미 있는 것이라면 가장 효율적인 복습전략을 더 적용하여 장기기억으로 변환시키고 그게 아니라면 혼자 머릿속에서 사라지도록 가만히 놔둔다. 하지만 이미지가 과도하게 선명하거나 의미가 너무나 잘 연결되어 있을 때는 드물게 한 달 동안 지속되는 경우도 있다.

간혹 '그렇게 외울 바에 그냥 외우는 것이 더 빠르겠다'고 말씀하시는 분들이 꼭 있다. 물론 7자리의 숫자라면 쉽게 중얼거리며 기억하는 것이 더 빠를 수도 있겠다. 나도 처음에는 '이렇게 어렵게 가야 하나' 하는 생각이 많았다. 변환 및 결합 속도가 너무 느렸기 때문이다. 그러나 무엇이든 몰입해본 자만이 경험할 수 있는 것들이 있다. 처음에는 당연히 속도가 느리다. 그러나 이렇게 의미 위주로(의미 연결, 스토리, 이미지화) 기억하는 것은 결과적으로 훨씬 경제적이다. 두발 자전거에 숙련되어 있지 않을 땐 넘어질 시간에 네발 자전거를 타면 당장은 금방 도착하겠지만, 나중을 생각하면 좋지 않은 생각임에 틀림없는 것과 같다.

'절대 모든 기억을 머릿속에 '그냥' 입력하지 말 것!'
이것만 지켜도 상당히 많은 변화가 있을 것이다. 마치 밀가루 음식은 하나도 먹지 않을 것이라는 하나의 목표만 잘 지켜도 살이 저절로 빠지는 것과 같다. 절대 모든 기억을 날 것으로 입력하는 습관을 들이지 말라. 최소 태그 하나라도, 운율이라도, 이미지라도 함께하는 것이 있어야 한다. 장기기억이 내려주는 동아줄을 잡고 순식간에 올라가라. 나중엔 그것이 참으로 자연스러운 습관이 된다.

정계원의 기억법 레슨 04

기억력 국가대표 가능성
셀프 테스트

기억력 대회에 나가 기억력 국가대표로서 활동할 수 있는 재능이 있는지 스스로 체크해보자. 아래 10개 중 절반 이상 해당되면 충분히 재능이 있다고 생각한다.

1. 구름을 보면 비슷한 모양이 떠오른다.

아무 의미 없는 구름 모양을 보며 일상에서 비슷한 물체를 찾아낸다던지 관련된 이야기를 상상하는 습관이 있는 사람은 기본적으로 변환 능력이 좋을 가능성이 크다. 기억은 찰흙처럼 마음대로 주물러서 붙이고 떼는 과정을 거쳐 내 머릿속에 나만의 결과물을 만드는 과정이다. 관찰을 통해 변환하는 훈련이 평소에 되어있으면 충분히 기억력 대회에 나가볼 만하다.

2. 멍 때리기를 좋아한다.

멍 때리는 시간이 많아야 사람은 창의적인 생각을 할 수 있다. 사실 가장 창의적이지 않을 때는 사람이 일을 열심히 할 때라는 것을 아는가? 정해진 하나의 목표만 바라보고 절차에 맞게 행동하고 있는 와중에는 다른 생각을 할 수가 없다. 기억은 나름의 논리를 만들어가는 과정이기 때문에 창의적 사고방식이 필요하다. 자꾸 멍 때리고 엉뚱한 생각에 빠지면 기억력 스포츠에 적합한 성격을 갖고 있는 것이다.

3. 말장난을 좋아한다.

시쳇말로 아재개그를 사랑하는 사람이라면 기억력 대회의 메시로 거듭날 수 있다. 나는 사회적 관계 때문에 드러내놓고 아재개그를 구사하지 않으려 노력하지만, 가끔 언어유희의 귀재들을 만날 땐 '저런 사람이 기억력 스포츠를 하면 정말 잘하겠구나.'라는 생각이 든다. 이 사람들은 고정된 것처럼 보이는 무언가를 자기의 시선으로 해체시키고 재조합하는 과정이 습관이 되어 몸에 익숙한 사람들이다. 물론 여기에도 수준이 있음을 망각하진 말자.

4. 비유적으로 설명하는 습관이 있다.

보통 머릿속에 그려지지 않을 때 쓸 수 있는 가장 쉬운 방법은 알고 있는 것에 가져다 붙이는 것이다. 무슨 수업을 들을 때나 어떤 새로운 개념을 이해해야 할 때마다 일상적인 예시라든지, 다른 개념에 비유하여 연결 지어 받아들이는 습관이 있다면 어서 한국 기억력 스포츠팀에 합류하길 바란다. 이들은 A를 가져와 B에 붙여 C를 새롭게 만들 수 있는 사람들이다.

5. 야한 상상을 자주한다.

짧은 시간에 강렬한 상상을 해야 하는 기억력 대회에서는 야한 상상만큼 강한 이미지가 없다. 시도 때도 없이 야한 생각을 하는 사람이라면 이를 두뇌 스포츠에 활용해보는 것은 어떤지 한번 고민해보기 바란다. 남성이라면 챔피언에 도전해보길 권하고 여성이라면 저자에게 따로 연락주길 바란다.

6. 새로운 것을 찾고 만드는 데 거부감이 없다.

처음부터 설계를 대충하고 지은 집은 유지보수에 더 많은 시간과 돈이 들어간다. 사실 많은 사람들이 잘못 생각하는 것 중 하나가 '기억력'을 '단순 반복의 결과'와 동일시하고 있다는 것이다. 초점을 '이후의 반복 학습'에서 '처음 어떻게 입력할 것인지'에 두어야 한다. 물론 반복도 중요하지만 처음 어떻게

넣느냐에 따라 반복의 질도 달라진다. 새로운 것을 찾아보고 받아들이는데 귀찮아하면, 창의적 입력 단계가 쉽지 않을 것이다. 기억은 준비과정에선 이른바 '노가다'인 경우가 많다. 에너지도 많이 소모된다. 나에게 맞는 기가 막힌 이야기와 연상을 떠올리기 위해선 재료를 많이 살펴봐야 하기 때문이다.

7. 대화 주제가 급변한다는 지적을 받는다.

지인으로부터 대화 주제가 급변한다고 지적을 받는 사람들은 잘하면 좋은 기억력 선수가 될 수도 있을 것이다. 나는 미세한 부분에서 공통점을 찾아 이야기를 이어가는 것인데 상대방은 이해를 못하고 나무란다면 본인이 기억력 분야에는 유망주일 수 있다는 것을 명심하자. 전혀 연관성 없어 보이는 것에서 연결고리를 만들어 낼 수 있는 것은 정말 좋은 재능이다.

8. 내가 좋아하는 것과 싫어하는 것을 잘 안다.

기억력 스포츠는 나에 대한 이해가 가장 중요한 분야이다. 자기의 성향을 잘 파악하고 있는 것은 본인에 대한 이해가 잘 돼 있다고 할 수 있다. 몇 번의 경험만으로 '이렇게 하면 나는 기억이 잘 나더라' 혹은 '이렇게 외우면 분명 기억나지 않는다'를 잘 아는 사람이 자기에 최적화된 기억 입출력을 해낼 수 있다.

9. 관찰력이 좋다.

평소 주변 사람들의 미세한 변화를 잘 잡아내거나, 같은 길을 가도 이것저것 파악해가며 가는 사람들은 상상의 재료가 풍부한 경우가 많다. 상상은 대부분 최근 보고들은 것들에 영향을 많이 받는다. 나는 훈련 중 다채로운 사고가 안 되는 느낌이 들면 영화관에 영화를 보러가곤 했다.

10. 무엇이든 설명이 안 되면 미쳐버릴 것 같다.

기억은 이유를 만들어나가는 여정이다. 다행히도 그 이유는 과학적으로 정확할 필요는 사실 없다. 자기가 납득할 수 있을만한 논리 또는 이야기만 마련된다면 기억할 수 있다. 무작정 받아들이는 것이 아니라, 내가 받아들일 수 있는 이유가 없을 때 너무나 답답함을 느낀다면 이는 좋은 기억력 선수가 될 수 있는 성향이라 할 수 있다.

주의 : 모두 정상인의 범주에 있다는 가정 하에 정리한 것이니, 그렇지 않다면 기억력 대회에 나오지 말고 의사에게 검진을 받도록 하자.

무에서 유를 창조하라

베스트셀러인 어느 기억법 관련 책에서는 기억력 대회 선수들 혹은 원주율을 많이 외우는 사람들이 몇천 자리씩 숫자를 외우는 행위를 '무의미한 기억용량을 늘리는 것'이라 칭한다. 결국 일상생활이나 업무에 도움이 되지 않는데 무의미한 기억을 하는 것에 용량을 늘려서 무엇을 하냐는 말이다. 나는 그 저자가 기억력 선수들이 어떤 훈련을 하며 실제 어떤 방식으로 사고하는지 모른 채 섣부르게 판단한 것이라 생각한다. 숫자 자체는 무의미하다. 카드 자체도 무의미하다. 외국어 단어도 내가 전혀 모르고 처음 듣는 단어는 아무 의미가 없다. 업무에 쓰이는 단어도 내가 난생 처음 듣는 말이거나 전공분야가 아니면 그 자체로 전혀 의미가 없다. 유치원생에게 '주택담보대출'이라는 단어가 무슨 의미가 있겠나. 그저 내 주민등록번호를 알려준 것과 같은 수준으로 무의미하다.

조금 극단적으로 생각해본다면 세상은 애초에 전부 다 무의미하다. 내가 의미를 부여하거나 나와 연관되어 있어야 그것이 의미 있는 것이 되는 것이다. 숫자와 카드와 이진수와 추상적 이미지 등을 기억하며 인간의 한계에 도전하는 기억력 스포츠는 참가자와 관중이 너무 동떨어져 있다는 단점은 있다. 관중들은 분명 그 사람이 카드와 숫자 나열을 본다고 생각하지만 사실 참가자들은 전혀 다른 이미지를 보고 있다. 그 자체로 무의미한 것을 자신의 인생 지식과 연결지어 유의미한 것으로 전부 탈바꿈시킨다. 그렇기에 폭넓은 감각과 지식 그리고 정신적 지구력이 필요하다. 의미 있는 것으로 바꾸는 과정에서 자신을 발견하게 된다. 사고하는 방식이 어느 방향으로 편향되어 있는지, 자신이 관찰과 결합하는 과정에서 반복되는 사고 패턴은 무엇이 있는지 느낄 수 있다.

교육방송에서 상위 0.1% 학생과 평범한 학생들 사이의 차이에 대해 다룬 적이 있었다. 제작진은 이들에게 무작위 단어를 기억하게 하였다. 그리고는 기억하고 있는 단어들을 적도록 하기 전에 자신이 몇 개를 기억할 수 있을지를 먼저 물어보았다. 그들 사이에 타고난 기억력이나 IQ의 차이는 별로 없었다. 다만 상위 0.1% 학생들은 시험 결과가 평범한 학생들에 비해 자신의 예상 정도와 훨씬 가깝게 나온다는 것이 가장 큰 차이였다. 즉 자신이 무엇을 알고 모르는지, 자신에 대해 잘 알고 있었다는 것이다. 기억력 스포츠는 무의미한 것을 의미 있게 만드는 과정을 훈련할 수 있다. 그 과정에서 **자신의 생각에 대한 생각(메타인지**meta-cognition**라고 한다) 을 경험할 수 있다.** 이래도 무의미한 활동이라 할 수 있을까?

또한 우리는 기억에 대한 이해를 통해서 기억용량을 늘리는 것이 아니다. 기억용량은 컴퓨터처럼 부품을 갈아 끼워서 늘릴 수 있는 것이 아니다. 기억력 스포츠는 한정된 지력을 활용해 효율적인 기억 접근 방식을 적용할 수 있는 힘을 기르는 것이다. 이렇게 길러진 힘은 일상생활에서 접하는 많은 분야에 도움이 될 수 있다. 또 무엇보다 여러 가지를 관찰하고 결합하고 연결하는 과정에서 창의적인 사고력을 기르는 시간을 마련해주는 것이 가능하다. 기억력 스포츠 선수들 중에서도 기록과 속도에만 너무 치중하여, 이런 본연의 묘미를 느끼지 못하는 사람들이 있는 것 같다. 머릿속에서 많은 소재들의 특성을 뽑아내서 붙이고 뒤집고 묶고 분리하는 놀이를 통해 우리는 인간만이 할 수 있는 창의적 사고를 할 수 있다.

스위스의 정신과 의사이면서 분석심리학의 창시자였던 칼 구스타프 융은 단어연상 검사를 통해 콤플렉스의 개념을 정립했다. 이를 통해 피실험자의 무의식을 확인하려 했다. 사람마다 같은 단어에서도 연상되는 단어가 다르기 때문이다. 성별, 살아온 환경, 지식, 현재 심리 상태, 교육 수준 등에 따라 천차만별이다. 따라서 이를 통해 그 사람의 심리와 의식을 엿볼 수 있다. 자, 여기 정말 의미 없는 단어들을 준비해놓았다. 마음껏 상상하고 연결하여 이야기를 만드는 시간을 가져보자. 스마트폰은 잠시 옆에다 두고 온전히 자신의 머리로 놀아보는 거다. 연상되는 모든 것들로 뻗어 나가자. 생각을 끝까지 확장해나가자. 만약 당신이 지금 지하철이라면 이 활동을 통해 다음 정거장까지 금방 도착할 수 있을 것이다. 그 이후 자신의 생각에 대해 다시 생각해보자.
'나는 왜 이런 생각을 했을까'
'내가 아닌 내 친구는 어떻게 생각했을까'
'이웃나라에 있는 사람은 이 조합에서 어떤 생각을 했을까'

무의미하지만 당신이 의미 있게 만들 수 있는 단어 묶음 세트

호두 – 샴푸	게 – 비행기 – 나비
낙서 – 스티커	도시 – 모공 – 커피
바다 – 고라니	동창 – 휴지 – 초록색
소비자 – 송곳	구속 – rocket – 만두
돌솥 – 키보드	개미 – 기억 – 허브
검찰 – 삼둥이	차트 – 가방 – 구름
오리 – 드라이기	끈적임 – 벼 – 아이폰
초콜릿 – 성경	후드티 – 손 – 탁자
학원 – 도마	캐나다 – 밧줄 – 최초
출판 – 추사랑	가위 – USB – 누나
명함 – 코끼리	노트 – 속옷 – 커피
하루 – 고기	비밀 – 한글 – 오징어
다리미 – 커피	파스타 – 모서리 – 이름표
엄마 – 부메랑	GA – 두드림 – 사우나
덮개 – 만화	송 – BLA – 가나
등산 – 돌림판 – 먼지	엘라 – 하마 – mow
살인 – 고모 – 포스트잇	

가장 말도 안 되고 이상한 상상을 주변인에게 카카오톡으로 보내자. '요즘 많이 힘드냐'는 말을 들으면 성공이다. 필자는 300번 정도 듣고 나서 기억력 마스터 타이틀을 획득했다. 혹시 아는가. 감동적인 구절이나 기막힌 사업 아이템이 스쳐 갈지.

소프트뱅크를 창업한 손정의孫正義, Masayoshi Son를 아는가? 일본 제 1의 부자이자 재일교포 3세 출신으로도 유명한 그는 여태 삶의 여정에서 보여 주고 있는 뛰어난 통찰력, 승부사적 기질, 철저한 계획과 놀라운 실행력 등으로 많은 창업가들에게 영감을 주고 있다. 그의 자산은 우리 돈으로 20조 원이 넘는다. 하지만 그가 처음부터 부자인 것은 아니었다. 그는 미국 유학 당시 밥 먹고 잠잘 때 빼고는 모든 시간을 공부에만 투자하려 했다. 그는 학교를 다니면서 자기보다 공부를 많이 한 사람은 이 세상에 아무도 없을 것이라 당당히 말할 정도로 정말 열심히 공부하였다고 한다. 그런 그에게 공부 이외의 모든 시간은 너무나도 아까운 시간이었다.

가족에게 경제적인 부담을 주기 싫음에도 시간이 너무 아까웠던 그는 하루 5분만 일하고 한 달에 100만 엔 이상을 벌 수 있다면 좋겠다고 생각했다. 그리고 매일 하나의 발명을 하자는 결론에 이르렀다. 그는 발명 아이디어를 떠올리기 위해 세 가지 방법을 활용했는데 그 중 가장 많이 활용했던 것이 기존에 있는 것들을 새롭게 조합해보는 방식인 '강제 결합법'이었다. (그 외의 두 가지 방법은 문제 해결을 위한 발명, 그리고 기존의 물건에서 형태나 색깔을 바꾸는 발명이다.) 손정의는 이를 위해서 단어 카드 300장 정도를 만들고 거기서 2~3장을 무작위로 뽑아서 억지로 연결시켰다. 그는 이 방법으로 1년 동안 250가지의 발명 아이디어를 떠올릴 수 있었다. 그중 '사전', '액정화면', '음성 신시사이저'를 결합하여 떠올린 아이디어가 '음성전자번역기'였고 이 아이템으로 창업하기에 이른다. 시제품을 들고 여러 회사를 돌아다녔던 손정의는 샤프전자에 1억 8천만 엔의 금액으로 특허를 팔게 되었고, 이로써 그는 5분만 일하고 큰돈을 벌고 싶다던 자신의 생각을 현실로 이루었다.

03

기억에 금수저는 없다

모두가 새로운 해석이 불가능할 것이라 생각했지만, 최초로 그것을 가능케 하여
새로운 방식을 정리해낸 자들이 역사적으로 주목을 받는다. 또 그들은 그 방법이
실제로 기존의 방식보다 효율적임을 증명해내기 위해 수많은 반복 연습까지 실천했다.
우리는 이들을 진정 천재라 불러야 하지 않을까?

천재는 없다?

제아무리 많이 배우고 잘난 사람이라도 '천재'라 불리는 사람에겐 자꾸 눈길이 가고 신경 쓰이기 마련이다. 우리는 무엇을 기준으로 사람의 천재성을 판단해야 할까. 뭐든지 빠르게 배우는 사람일까 혹은 누구도 생각지 못한 무언가를 만들어내는 사람일까.

생각해보면 '천재'라는 개념도 상낭히 모호하고 상대적인 개념이나. 하지만 분명 특정 분야에 학습능력이 눈에 띄게 뛰어나 단기간의 학습만으로 정말 좋은 결과를 보여주는 사람들이 존재한다. 그와 반대로 처음부터 압도적으로 '타고난' 재능을 보여주진 않았지만, 조금 더 많은 시간을 투자하거나 꾸준함으로 능력을 증명하여 사람들에게 '천재'라고 불리는 사람들도 있다. 천재에 관한 논쟁은 인류 역사와 함께 계속되어왔다. 천재란 종합적인 분야에 관한 것인지 특정분야에 관한 것인지, 선천인지 후천인지 등 많은 이들의 주장이 존재하였고 그에 따라 나온 천재에 대한 평가 방식도 달랐다. 이 단어가 갖는 매력 때문에 '천재'라는 표현은 마케팅이나 매스컴의 단골 소재로 정말 많이 사용되고 있다. 사람은 심리학적으로 보는 것을 믿는 게 아니라 믿는 것을 보기 때문에, '천재'라는 인식을 갖고 어떤 사람을 바라보기 시작하면 그의 모든 것이 특별하고 마치 어떤 이유가 있는 것처럼 보인다. 실상은 아무런 의도가 없거나 말 그대로 정말 이상한 행동임에도.

어떤 판단에는 분명 기준이 존재해야 한다. 예술의 경우 기존 틀 안에서 얼마나 최상의 성과를 보여주느냐 혹은 파격적으로 새로운 작품세계를 제시하느냐를 그 기준으로 삼는 것 같다. 사회, 문화, 시대적 기준에 의해 같은 작품이 다르게 평가되기도 하기에, 결과적으로 다수의 호응을 얻거나 전문가라 불리는 사람들의 인정을 받아야 천재의 반열에 오를 수 있다. 별 의도 없이 제시했던 작품이 사회의 패러다임 변화와 맞물려 후세에 상당히 의미 있는 작품으로 변모하는 경우도 있다. 이와 달리 어느 정도 주관성을 배제하고자 IQ와 같은 지능지수 혹은 시험점수 등 객관적인 숫자가 나오는 지표를 바탕으로 천재성을 평가하기도 한다. 이 평가의 기준 또한 만들어낸 단체마다 각 평가요소에 대한 가중치가 다르다. 어떤 평가는 A항목에서의 성과를 B항목보다 중요시하는가 하면 다른 평가에선 그와 반대로 평가할 수도 있다. 평가를 만들어 낸 사람 혹은 단체의 가치관과 철학이 들어가기 때문에 절대적이며 객관적인 기준이 있을 수 없는 것이다. 사람들은 불확실성을 싫어하고 구체적으로 정리된 상태를 좋아하기에 어느 정도 선에서 합의하는 것일 뿐이다. 애초에 몸의 치수를 재는 것처럼 사람의 능력이나 재능을 측정할 수 있다고 생각하는 것부터가 말이 안 되는 것이다. 정치 제도에서 선거구 획정 방식이나 공천 방식을 정하는 것처럼 다수가 수긍할 수 있고 불합리한 오차를 줄일 수 있는 차선책을 택하는 것과 같다.

우리를 평가했던 수많은 시험들도 목적적합성, 공정성 혹은 출제자 선정의 정당성, 채점 방식 등을 하나하나 따져본다면, 완전한 평가는 하나도 없다는 것쯤은 누구나 알 수 있다. 남들보다 시간과 노력을 많이 투자하지 않고 영어 능력 시험에서 높은 점수를 받았다고 외국어 이해 능력이 좋다고 할 수 있을까? 실제 영어 구사능력과는 전혀 별개의 것이지 않은가. 마찬가지로 도형을 잘 맞추면 그 사람이 머리가 좋다고 할 수 있을까? 실제 업무에서의 문제해결력과는 또 다르지 않던가. 기억력 스포츠 또한 마찬가지다. 기억력 대회에서의 점수와 실제 기억에 대한 이해와 활용능력은 완벽히 같을 수는 없을 것이다. 세상에 완벽한 평가는 있을 수 없다. 완벽한 천재도 있을 수 없다. 하버드 대학의 하워드 가드너 교수는 다중지능이론을 이야기하며 **지능의 정의를 '특정 문화 속에서 가치가 있는 무언가를 만들어 내는 능력**'이라고 했다. 즉, 특정 문화, 중요하다고 생각되는 가치, 능력의 측정방식에 따라 지능은 다르게 측정될 수 있다는 것이다.

육상 스포츠의 달리기 종목에는 100미터 달리기부터 마라톤, 장애물 달리기까지 다양한 종목이 있다. 단거리를 잘 뛰어야 달리기를 잘하는 선수일까 아니면 장거리를 잘 뛰어야 달리기를 잘하는 선수일까. 달리기는 인간의 가장 원초적인 신체능력을 측정하는 스포츠 중 하나다. 그럼에도 평가 방식의 차이(시간과 거리)에 따라 다른 순위를 받을 수 있다. 김연아 같은 천재적 재능을 가지고 있는 선수도 평가방식에 최적화된 피겨스케이팅 프로그램 구성을 위해 전문가들의 전략이 총동원된다. 결국 재능의 유무도 일부분 평가 방식과 채점 기준에 종속적일 수밖에 없다. 너무나 당연한 사실임에도 많은 사람들은 이 사실을 망각한 채 자신의 재능 부족을 과도하게 탓하거나 다른 이들을 질투하거나 부러워한다. 평가가 의미 없다는 말이 아니다. **평가의 오차 범위가 생각보다 클 수 있음을 인지**

하자는 말이다. 물론 같은 수업을 듣고도 매번 0점을 맞는 사람은 어떤 문제가 있는 것이 분명하다.

게임 진행에 정해진 형식이 많이 있을수록 플레이어의 자유도는 낮아지고 창의적인 방법을 시도할 수 있는 기회가 줄어들게 된다. 형식 안에서 최선의 기록을 낼 수 있는 효율적인 전략을 찾아내고 이를 지속적으로 유지할 수 있는 방안이 중요하다. 예를 들어, 사격 같은 기록경기는 연습 환경과 실전 환경이 매우 흡사하다. 이론적으로는 상대방의 기록과 내 기록은 독립적인 시행일뿐 아무런 관계가 없다. 말 그대로 '기록경기'이다. 매 시도의 편차를 줄이는 것이 가장 큰 관건이며 이를 지속적으로 유지할 수 있도록 많은 훈련이 필요하다. 이와 반대로, 축구는 선수의 자유도가 큰 편에 속하는 스포츠라 할 수 있다. 개인적인 생각으로 축구 같이 자유도가 큰 스포츠에선 타고난 재능의 유무가 상대적으로 더 중요하지 않을까 하는 생각이 든다. 상황변화와 통제할 수 없는 요소들이 너무 많기 때문이다. 따라서 몇 가지 패턴과 순서 그리고 공식을 만들어 익히는 것이 쉽지 않다. 그럼에도 스포츠 데이터 분석가들은 매 경기의 진행 패턴과 선수들의 움직임을 반영하여 가장 효율적인 전략을 마련하려고 한다. 결국 제한된 사이즈의 경기장 안에서 이루어지는 스포츠이기에, 그 안에서 반복되는 일정 패턴을 잡으려 하는 것이다. 우주의 원자수보다 많은 경우의 수를 가지고 있다는 바둑도 결국 정해진 사이즈의 바둑판 내에서 이루어지는 게임이다. 그렇기에 패턴을 학습하여 불필요한 경우의 수를 줄일 수 있는 수준까지 구현한 구글 딥마인드의 알파고가 이세돌 9단을 이기지 않았던가.

우리는 시험을 너무 거창한 것으로 생각하는 경향이 있다. 시험 점수가 높은 사람은 당연히 지적으로 우수하다고 여기거나 자신의 지적 능력을 점수에 비례하여 판단하기도 한다. 사실 공부와 시험은 별개의 것으로 봐야 한다. 시험을 위한 공부는 어떤 스포츠 대회를 위한 연습이나 훈련을 하는 것과 같다. 물론 확률적으로 배운 내용에 대한 이해도나 응용력이 더 높을수록 시험을 잘 볼 확률은 올라갈 것이다. 그러나 깊이 있는 이해와 응용력이 없어도 시험 '점수' 자체를 높일 수 있는 방법들이 각 시험마다 많은 부분 존재한다. 기본적으로 시험은 게임이나 스포츠와 같은 성질의 것이기 때문이다. 시험을 하나의 스포츠 종목이라고 생각해보면, 시험이란 스포츠는 사전 준비에 따라 결과를 좌우할 수 있는 부분이 대단히 많은 종목이라 할 수 있다. 형식의 제약이 많고 출제 기준과 채점 기준 또한 비교적 명확한 편이라는 점에서 그러하다. 또 대부분 개인 기록 경쟁이며 실전과 연습 환경도 별반 다르지 않다.

게임을 해석할 수 있는 패턴을 갖고 경기에 임하는 선수들은, 패턴에 맞는 문제들이 나왔을 경우 이를 간단히 해결할 수 있다. 본인의 경험이 쌓여 자신만의 데이터베이스에서 스스로 패턴을 만들어낼 수도 있고, 누군가 미리 분석해 놓은 패턴을 답습할 수도 있다. 그 자체로 좋거나 나쁜 것은 없다. 누군가에게 좋은 결과를 가져다주면 좋은 패턴이고, 안 좋은 결과를 가져다주면 안 좋은 패턴이다. 처음 주차하는 사람과 여러 번 주차 경험이 있는 사람이 있다. 후자는 머릿속에 이미 주차에 대한 공식이 만들어진 사람이다. 누가 더 머리를 많이 써야 할까? 당연히 처음 주차하는 사람은 주차에 온 신경이 쓰일 수밖에 없다. 반면 여러 번 주차해본 사람은 심지어 다른 사람과 이야기하며 혹은 집에 가서 할 일을 생각하며 주차할 수 있다. 기억력 스포츠도 일정 부분 마찬가지인데, 기억력 스포츠 종목을 해결할 때 경험 많은 세계적인 선수와 초심자의 뇌 활성화 정도를 비교해보면 역설적으로 초심자가 더 많은 지력을 쓰게 되어 있다. 우리의 뇌는 패턴을 만들고 자동화하는 것을 추구한다. 그래야만 다른 일을 할 수 있고 새로운 일을 할 수 있기 때문이다. 자동화하지 못하면 매번 생각하느라 많은 양의 에너지를 써야 할 것이다.

시험도 마찬가지다. 30문제가 있다면 그 중 전형적인 문제 20개 정도는 기본적인 패턴으로 풀리는 경우가 많다. 그런 문제들에 많은 부분 지력을 낭비하면 안 된다. 자동적으로 풀릴 정도의 실력을 마련해두고 실전에 임해야 고득점을 받을 확률이 올라간다. 나머지 고난도 10문제에 쓸 지력과 시간을 얼마나 많이 확보할 수 있느냐가 상위권 학생과 다른 학생들과의 차이점이다. 사실 시험에 대한 일반적인 패턴들은 돈을 주고 살 수 있다. 입시 학원이 하는 일은 시험을 철저히 분석하여 문제들을 몇백 가지 분류로 나누는 일이다. 학원이 망할 수 없는 이유 중 하나다. 그 시험에 대해서는 자신의 학생들이 누구보다 빠르고 효과적으로 공략할 수 있게 만들어 주려는 것이다.

하지만 평생 누군가 학원 선생님처럼 옆에서 새로 접하는 문제에 대해 지름길을 알려주진 않는다. 스스로 여러 가지 시도를 해본 자만이 새로운 문제 해결 방식을 찾아낼 수 있다. 모두가 새로운 해석이 불가능할 것이라 생각했지만, 최초로 그것을 가능케 하여 새로운 방식을 정리해낸 자들이 역사적으로 주목을 받는다. 또 그들은 그 방법이 실제로 기존의 방식보다 효율적임을 증명해내기 위해 수많은 반복 연습까지 실천했다. 우리는 이들을 진정 천재라 불러야 하지 않을까?

높이뛰기와
벤 프리드모어

 다른 사람이 생각지도 못했던 '최초'의 방식을 가지고 나옴과 동시에 세계 '최고'의 타이틀을 가져간 사람들이 있다. 리처드 더글러스 딕 포스버리는 전 세계적으로 가장 유명한 육상 선수 중 하나로 기억되고 있지만, 그가 처음부터 올림픽에서 금메달을 딸만한 실력을 갖췄던 것은 아니었다. 미국 오리건 주 포틀랜드에서 태어난 포스버리는 메드퍼드 고등학교 2학년 재학 중 높이뛰기 선수 테스트에서 5피트(약 1.52미터)의 높이도 넘지 못하는 실패를 맛본다. 그는 심지어 선수로서의 자신의 재능을 의심하게 되었다.
 '나는 재능이 없는 것인가?'
 사실 포스버리는 순발력이나 스피드가 다른 선수보다 뛰어나지 않았지만, 그에겐 다른 선수들에게 없는 강한 다리 힘이 있었다. 그러나 당시로선 강한 다리 힘을 극대화시킬 수 있는 높이뛰기 방식이 존재하지 않았다. 당시 높이뛰기 대회에서는 몇 가지 패턴들이 쓰이고 있었다. 옆으로 뛴 다음 다리를 가위처럼 교차하며 넘는 기술 또는 배를 땅 쪽으로 향하게 하고 넘는 기술(벨리 롤 오버)이 일반적이었다. 포스버리는 이 기술들로는 도저히 좋은 성적을 낼 수 없었다.

하지만 포스버리에겐 창의적인 결합 능력이 있었다. 그는 우연히 체조 경기장에 갔다가 새로운 높이뛰기 방법을 고안할 수 있는 힌트를 얻었다. 뒤로 돌아서서 공중돌기를 하는 선수들을 보며 그 방식을 높이뛰기에 결합시켜 보기로 한다. 남들은 다들 땅을 보며 막대를 넘을 때 거꾸로 하늘을 보며 누워 넘어보았다. 강한 다리 힘도 살리면서 편하게 넘을 수 있을 거라는 느낌이 들었다. 각도와 점프 거리, 보폭, 속도, 호흡까지 최적의 공식을 만들어내기 위해 지속적인 반복을 거듭했다. 비로소 최적의 발구름을 할 수 있는 각도는 40도, 거리는 15m가 최적이라는 것을 반복된 경험을 통해 알게 된다. 이 기술이 높이뛰기 종목 역사상 가장 혁명적인 변화를 불러일으킨 '포스버리 플롭(배면뛰기)'이다. 그는 이 기술로 고등학교 신기록을 세우고 3학년이 된 해 오리건 주립대회에서 준우승을 차지한다. 1965년 오리건주립대에 입학한 그는 이 기술을 지속적으로 발전시켜 1968년 멕시코시티 올림픽에서 2.24미터를 넘을 수 있었고 금메달리스트가 되었다.

이후 많은 높이뛰기 선수들이 '포스버리 플롭'이라는 새로운 방식을 통해 점프하기 시작했고, 현재 올림픽 경기에서도 우리는 대부분의 선수들이 포스버리가 고안했던 방식으로 막대기를 넘는 것을 볼 수 있다. 더 이상 새로운 방법이 없을 것이라 생각했을 때 그는 새로운 방식으로 스포츠 역사를 바꾸었다. 사실 그의 방법은 안전한 매트가 제공되기 이후부터 실질적으로 가능했다는 점도 잊어선 안 된다. 외부 환경에서 새로운 것에 대한 기회가 생기기도 한다.

기억력 스포츠에서도 '레전드'들이 존재한다. 그중에서도 인기가 많은 한 영국의 유명한 괴짜 기억술사가 있다. 그는 회계사 자격을 가지고 있지만 직장이 없을 때도 많고 집은 지저분하기로 유명하다. 카드 종목에선 카드를 넘김과 동시에 슬쩍슬쩍 웃기도 한다. 자신이 떠올리는 이미지와 이야기가 재미있나 보다. 남들이 자신을 어떻게 보는지도 별로 신경 쓰지 않는 성격이다. 그는 자신만의 방법을 고안하여 세계 최초로 30초 내에 카드 한 벌을 외웠으며, 2010년 세계 대회에서 1시간 동안 28벌의 카드, 즉 1456장의 무작위 트럼프카드를 순서대로 외우며 해당 종목에서 세계 신기록을 세웠다. 게다가 자신의 카드 기억 방법을 응용하여 30분간 이진수 4140자리를 외워 세계 신기록을 세우기도 했다. 그가 바로 역대 세 번의 세계 기억력 챔피언 타이틀을 차지한 영국의 전설, 벤 프리드모어Ben Pridmore다.

벤 프리드모어가 만든 벤 시스템Ben-System은 그가 대중 매체에 상세히 설명하고 밝힌바 있어 이미 다 공개되어 있는 상태다. 이후 세계적인 기억력 스포츠 선수들이 벤 프리드모어의 벤 시스템에서 아이디어를 얻어 독자적인 시스템을 만들거나 발전시켜 더 좋은 기록들이 나오게 되었나. 현재는 벤 프리드모어가 이룩했던 카드 신기록들과 이진수 기록이 다른 선수들에 의해 대체되었다. 그러나 5~6년간 세계기록을 유지했다는 것 자체가, 벤 시스템이 지금은 별것 아닌 것 같지만, 당시에는 혁명적인 첫 시도였다는 것을 알 수 있다. 벤 시스템은 '더블 카드 시스템'이라고도 불리는데, 간단히 말해 카드 2장을 쌍으로 하나의 이미지로 만드는 것이다. 트럼프 카드는 52장이 있으니 카드 한 벌은 순서대로 26개의 이미지로 변환할 수 있다. 두 장을 하나의 쌍으로 만들 수 있는 경우의 수는 52×52, 즉 2704개의 이미지가 필요하다. (실제 트럼프 카드 한 벌 안에선, 같은 카드가 두 번 나올 리 없으니 52×51, 2652개가 필요하다.) 우선 이미지를 독립적으로 2704개를 만드는 것도 어려운데, 경기장에서 곧바로 떠오를 정도로 연습했다는 것은 엄청난 노력이 수반됐을 것이다. 게다가 2704개의 이미지가 서로 헷갈리지 않도록 각 이미지에 추가적인 감각을 부여하는 정교화 작업도 함께 진행해야 했을 테니 5~6년간 기록이 깨지지 않은 것은 어찌 보면 당연한 일일지도 모른다.

유럽은 역사적으로 기억술이 각광받았던 곳이기도 하며 현대 기억력 스포츠에서도 역사적으로 매우 중요한 곳이다. 벤 프리드모어가 카드 시스템의 혁명을 이루어냈다면, 전반적인 기억 시스템에 있어 가장 기초가 되는 'PAO 시스템'을 고안한 사람이 있다. 바로 영국의 또 한 명의 레전드 앤디 벨Andi Bell이다. 그는 1995년 세계 기억력 대회가 시작된 이래로 2003년까지 세 번의 세계 챔피언을 차지했던 초창기 기억력 선수다. 사실 지금 보면 별것 아니라고 생각할 수 있지만, 현재까지 대다수의 기억력 선수들이 PAO 시스템을 기반으로 전략을 세우는 것을 보면 그가 만든 시스템이 얼마나 강력한지 알 수 있다. 간단히 말하자면 앤디 벨의 PAO 시스템은 스토리텔링을 자동화시킨 방법이다. (PAO 시스템에 대해선 5장에서 나의 경험과 함께 자세히 설명하겠다.)

> 지능이란 '특정 문화 속에서 가치가 있는 무언가를 만들어 내는 능력'이다.
> – 하워드 가드너

사람들의 기억에 남는 것은 최초다. 인류는 끝없이 한계를 넘어선다. 기록은 언젠가 누군가에 의해 깨지고 만다. 그러나 새로운 패러다임을 제시한 자는 기록이 깨져도 영원히 기억된다. 필자가 간혹 매스컴에 노출될 수 있었던 까닭도 한국인으로서 누구도 도전하지 않았던 분야에 뛰어들었기 때문이다. 누구나 새로운 것을 생각할 수는 있다. 그러나 딕 포스버리, 앤디 벨, 벤 프리드모어는 새로운 것을 생각해내는 데에 그치지 않았다. '포스버리 플롭', 'PAO 시스템', '벤 시스템', 모두 생각해낸 그 즉시 효과를 본 것이 아니었다. 그들은 스스로가 만든 새로운 방식이 습관이 될 때까지 끊임없이 노력했다. 그렇게 그들은 스스로가 만들어낸 방식이 최고라는 것을 몸소 증명해냈다. 새로운 무언가를 만들어 낼 수 있는 능력, 고지능의 천재란 이런 사람들에게 주어져야 하는 칭호가 아닐까.

표준화 시험과
기억력 대회

성공지능이론의 창시자 로버트 스턴버그 교수는 어렸을 적 낮은 IQ 점수 때문에 선생님이 자신을 멍청하다고 여겼고 자기 자신도 스스로가 멍청하다고 생각했다고 한다. 사실 사회적인 잣대로 봐도, 그가 이룬 업적으로 봐도 그는 멍청함과는 상당히 거리가 있는 사람이다. 그런데 왜 IQ 점수가 낮았을까. 이야기는 이렇다. 로버트 스턴버그는 어렸을 때 시험을 보면 많이 떠는 아이였다. 얼마나 떨었는지 감독관이 들어오면 그냥 구토를 해버릴 정도였고, IQ 테스트 결과도 당연히 좋게 나오지 않았다. 이런 경험이 계기가 되었는지 모르겠지만 이후 그는 '시험'에 대해 40여 년간 연구한 사람이 되었다. 그런 그는 **'표준화 시험'이란 기술이 통할 수밖에 없는 영역**이라고 말한다.

우리가 살면서 치르는 대다수의 시험은 '표준화 시험'이라고 말할 수 있다. 한날한시에 같은 출제 방식으로 만들어진 문제를 풀며 같은 채점방식으로 평가받는다. 어떤 분야든 한 사람의 능력에 대해 정확히 평가하기 위해서는 너무 많은 시간이 걸린다. 이런 비용을 모두 감수하기에는, 세상엔 평가받을 사람은 많고 시간은 적다. 따라서 비용의 측면에서 표준화 시험은 불가피하게 시행될 수밖에 없다.

표준화 시험의 단점은 능력에 대한 측정에 오차가 존재할 수밖에 없다는 점과 그 오차를 더 벌릴 수 있는 기술들이 존재한다는 점이다. 실제 능력은 좋은데 유독 시험에서 좋은 점수를 못 받는 친구들의 경우를 보면 참으로 안타깝다. 원어민을 데려다 놓고도 어떻게 출제하느냐에 따라 영어시험에서 100점 만점에 50점을 맞게 할 수 있는 것이 바로 시험이다.

기억력 대회도 사실 전형적인 표준화 시험 중 하나다. 그런 점 때문에 처음엔 수능시험처럼 전략적으로 잘 준비하면 쉽게 해낼 수 있을 것이란 생각으로 덤볐다. 하지만 표준화 시험에 기술이 통한다고 해서 시험이 쉬운 것이라면, 고시원에 오래 머무는 사람이 왜 그리도 많이 있겠는가. 더군다나 기억력 스포츠의 종목들은 어떤 진도에 의해 미리 공부하고 갈 수 있는 성질의 것도 아니었다.

많은 이들이 가지고 있는 잘못된 인식 중 하나는 자신의 기억력이 좋지 않다고 생각하는 것이다. 모든 사람들은 자신과 관련되어있고 흥미 있는 분야에 대해서는 놀라운 기억력을 발휘한다. 시험 범위는 잘 외우지 못하는데 자신이 좋아하는 연예인이나 스포츠 선수들의 이름, 심지어 그들의 생일까지 놀랍도록 정확히 기억한다. 사실 똑바로 말하자면 이것은 '외운' 것이 아니라 그냥 '외워진' 수준이다. 문제는 이처럼 좋은 기억력을 가지고 있음에도 이를 활용해야 하는 순간에는 마음대로 쓰지 못하고 있다는 점이다. 기억력 대회는 고통스럽게도 이런 환경을 하루 종일 마련해준다. 따라서 내 머리를 내가 컨트롤 할 수 있는 기술이 중요하다. '외운' 것이 아니라 그냥 '외워진' 상황을 의도적으로 만들 수 있는 기술들을 준비해야 한다. 누가 봐도 재미없는 것들을 내 머리가 재미있다고 착각하도록 만들 수 있는 기술을 익혀야 한다. 세계적인 선수들은 그 기술에 도가 터서 본능적으로 새롭게 기억해야 할 과제들이 주어지면 그에 상응하는 전략이 바로바로 나온다. 기억력 대회의 전설 중 한 명인 도미니크 오브라이언은 우리나라 모 방송 다큐멘터리에서 화투패 그림을 순서대로 외우는 시범을 보였다. 화투패 외우기는 당연히 기억력 스포츠 종목에 없다. 그는 생전 처음 보는 화투패 그림을 몇 번 훑어보더니 곧바로 머릿속에 입력하기 시작했다. 본능적으로 이 과제를 해결할 수 있는 가장 빠른 기억의 길을 찾아낸 것이다.

기억력 대회도 표준화 시험이기 때문에 점수를 높이기 위한 요령이 있다. 그러나 기억력 대회에서의 요령은 어떻게 더 잘 기억할 것인가에 대한 요령이기 때문에 기억에 대한 상당한 통찰을 준다. 다른 사람 머리가 아닌 내 머릿속에 알맞게 얼마나 잘 다듬어 집어넣느냐에 달려있기 때문이다. 누구나 기억력 마스터가 될 수 있는 요령을 익힐 수 있다. 이 시작을 위해 우선 기억력 대회란 대체 무엇인지, 또 종목들은 어떻게 구성되어 있고, 어떤 출제 방식과 채점 방식을 갖고 있는지 알아보도록 하자. 규칙을 모르고 표준화 시험을 치르는 자는 절대 좋은 점수를 받을 수 없다.

기억력 대회의 시작

 세계 기억력 대회란 기억력 스포츠Memory Sports를 겨루는 대회로 1991년부터 시작되었다. 사실 이 책을 읽기 전까지 독자들은 이 대회가 마치 타고난 기억력 천재들, 혹은 괴짜들만 참여할 수 있는 대회인 줄 알았을 것이다. 나 또한 처음에는 그럴 것이라 생각했다. 누구에게나 생소한 것이 사실이다. 그러나 기억력 스포츠도 말 그대로 하나의 스포츠일 뿐이다. 체스, 바둑, 큐브처럼 두뇌 회전이 요구되는 하나의 마인드 스포츠로 여기면 된다. 물론 바둑처럼 초심자에게 진입장벽이 조금 높은 감이 있어 일반 대중들이 쉽게 접근하긴 어려운 측면이 있는 것은 사실이다. 우선 기억력 대회와 기억력 스포츠의 존재조차 모르는 사람들이 대다수이기 때문에, 이 책을 통해 기억력 스포츠가 조금 더 대중에게 알려졌으면 좋겠다.

 기본적으로 기억력 스포츠란 인간의 기억력을 겨루는 스포츠라고 할 수 있다. '기억'이란 인간 두뇌 능력의 가장 원초적이자 기본적인 부분으로, 인간의 가장 원초적인 신체 능력을 겨루는 육상 스포츠와 비교해 설명하면 쉽게 이해가 될 것이다. 100미터 달리기, 높이뛰기, 마라톤 선수 등 인간의 한계를 뛰어넘으려 피땀 흘려 노력하는 이들의 모습은 보는 사람들을 흥분하게 하고 감동까지 선사한다. 올림픽에서 육상 경기를 보다보면 세계 신기록이 계속해서 바뀌는 것을 볼 수 있다. 인간의 한계는 대체 어디까지인지 궁금해진다. 기억력 스포츠도 마찬가지다. 1991년 제1회 세계 기억력 대회를 시작으로 지금까지 세계 각지에서 모인 선수들이 수많은 새로운 기록과 역사를 써왔다. 젊은 선수들이 혜성같이 등장하여 종목들의 세계 신기록을 갈아 치우는가 하면 전체적인 수준도 20년이 넘는 세월 동안 엄청나게 향상되었다. 1993년 대회에서 당시 세계 챔피언 도미니크 오브라이언Dominic O'brian이 5분에 132자리의 무작위 숫자를 외워 세계 신기록을 세웠지만, 세월이 흘러 이제는 5분에 520자리 이상을 외울 수 있어야 세계 기록에 도전할 수 있는 상황이 됐다.

육상 경기에는 여러 가지 종목이 있다. 100미터 달리기도 있지만 200미터 달리기도 있고, 허들을 넘어야 하는 종목, 높이뛰기, 멀리뛰기, 창던지기 등 많은 종목들이 존재한다. 기억력 스포츠도 마찬가지로 100미터, 200미터 달리기가 다른 종목인 것처럼, 외우는 시간이 얼마나 주어지느냐에 따라 다른 종목으로 여겨진다. 공식적으로 10가지 종목을 통해 경기가 이루어지고 있는데, 대회마다 종목에 주어지는 시간이 다른 경우도 있지만, 시간만 달라질 뿐 형식은 같다. 1년에 한 번 있는 세계 기억력 대회의 종목들은 다음과 같다.

1. 15min Names and Faces (15분간 이름-얼굴 기억하기)
2. 30min Binary Numbers (30분간 이진수 기억하기)
3. Hour Numbers (1시간 동안 숫자 기억하기)
4. Abstract Images (추상적 그림 기억하기)
5. Speed Numbers (5분간 숫자 기억하기)
6. Hour Cards (1시간 동안 카드 기억하기)
7. Historic Dates (5분간 역사연도 기억하기)
8. Random Words (15분간 무작위 단어 기억하기)
9. Spoken Numbers (불러주는 숫자 기억하기)
10. Speed Cards (카드 한 벌 빨리 기억하기)

★ 과거 기억력 스포츠의 초창기엔 시 낭송, 티파티게임(TeaPartyGame, 연회에서 사람들의 외모와 옷차림을 기억하기) 같은 종목들도 있었다. 현재 이런 종목들은 사라졌다.

　　세계 기억력 대회는 마인드맵의 창시자로 유명한 토니 부잔Tony Buzan이 체스 마스터인 레이먼드 킨Raymond Keene과 함께 기획하여 만들었다. 주로 매년 12월 초중반에 영국 런던에서 열렸으나, 최근 몇 년간은 계속해서 중국에서 개최되었다. 토니 부잔을 모르는 사람은 있을 수 있지만 마인드맵을 모르는 사람은 없을 것이다. 사실 나는 기억력 스포츠를 시작하기 전까지는 마인드맵의 발명가가 따로 있다는 것을 알지 못했다. 그저 역사적으로 상당히 오래되고 보편화된 메모 기법인 줄 알았다. 게다가 그 사람이 아직도 살아서 활동하고 있다는 것이 새삼 놀라웠다. 그러나 누구든 기억력을 증진시키는 실용적인 방안들에 관심을 갖다보면 토니 부잔을 모르고 지나칠 수가 없다. 그는 기억력뿐만 아니라 두뇌 활용법이라는 큰 모토 아래 마인드맵, 속독, 암기법 등의 분야에서 전 세계적으로 가장 영향력 있는 사람 중 한 명이었고 지금도 그러하다.

더 대단한 것은 토니 부잔이 매력적인 콘텐츠와 함께 사업적인 수완까지 갖추고 있었다는 것이다. 그는 수십 권의 저서와 마인드맵을 통한 강연, 교육 사업 등으로 어마어마한 부를 축적했다. 더불어 속독, 암기법 등 두뇌를 활용할 수 있는 방법에 대한 대중 강연 프로그램, 콘텐츠를 지속적으로 생산했으며, 마인드맵 지도자 과정 등을 통해 강사들을 육성하는 시스템도 갖추었다. 세계 기억력 대회World Memory Championships 그리고 세계 속독 대회World Speed Reading Championships, 마인드 스포츠 올림피아드Mind Sports Olympiad 의 설립자이기도 하다. 마이클 잭슨의 선생님으로 활동하기도 했으니 그야말로 두뇌개발의 부가사업으로 할 수 있는 분야는 모두 다 이루었다고 해도 과언이 아니다. 토니 부잔의 사업 수완이 좋았던 것은 개인의 뛰어난 능력 중 하나일 뿐 그 자체로 비난받을 일은 아니다. 그러나 기억력 대회 선수들 사이에서 토니 부잔에 대한 평가는 많이 갈리고 있다. 누군가는 그를 선각자처럼 대단히 존경하기도 하고, 누군가는 한낱 '장사치'에 불과하다며 비난하기도 한다.

중국 성도의 세계 기억력 대회에서 토니 부잔은 역시나 그의 트레이드마크인 순백의 셔츠를 입고 등장했다. 흰머리와 주름살이 나이를 숨길 순 없었지만 젊음을 유지하는 노력을 게을리하지 않고 있다는 인상을 받았다. 나이가 들었음에도 행동 하나, 발언 하나에 힘을 주고 있는 느낌이랄까. 중국 아이들이 사진 한번 찍으려고, 사인 한번 받으려고 구름떼처럼 몰려 토니 부잔을 쫓아가는 것을 보며, '세월이 많이 흘러도 최초는 최초구나'라는 생각을 했다. 세간에는 토니 부잔이 올림픽 종목으로 기억력 스포츠를 넣기 위해 노력하고 있다는 루머도 있을 정도다.

10가지
종목 소개

 기억력 대회는 10가지 종목이 있으며, 미리 알고 있는 지식이나 언어의 차이가 되도록 영향을 주지 않는 방향으로 구성되어 있다. 따라서 언어에 관계없는 숫자를 활용한 종목들이 대다수를 차지하며, 모든 문제는 그 전에 볼 수 없기 때문에 문제에 대해 미리 외워갈 수 있는 방법이 없다.
 예를 들어 원주율 외우기 대회 같은 경우는 미리 외워질 수 있지만, 기억력 대회는 불가능하다. Historic Dates(역사 연도 기억하기)종목도 실제 역사가 아닌 가상의 사건으로 만들어져 제시되기 때문에 미리 외워가는 것이 불가능하다. 모든 문제는 대회 당일, 해당 종목이 치러질 때 처음 보게 된다. 종목은 크게 숫자 종목(5개), 카드 종목(2개), 기타 종목(3개)들로 분류할 수 있다.

숫자 종목 소개

1. Speed Numbers (5분간 숫자 기억하기)
2. Random Numbers (15분간 무작위 숫자 기억하기)
3. Historic/Future Dates (5분간 역사연도 기억하기)
4. Spoken Numbers (불러주는 숫자 기억하기)
5. 30min Binary Numbers (30분간 이진수 기억하기)

세계 대회 기준으로 이와 같이 5개의 숫자 관련 종목들이 있다. 10개 종목 중 5개를 차지하기 때문에 숫자 종목에서 잘하는 사람이 총점에서 유리할 수밖에 없다. 고득점을 원한다면 숫자 종목의 연습을 많이 하는 편이 좋다.

1. Speed Numbers (5분간 숫자 기억하기)

5분 동안 무작위로 나열된 숫자를 보고 시간 내에 가능한 많이 기억해야 하는 종목이다. 종목의 이름 그대로 얼마나 빠르게 숫자를 많이 외우

	Asia Memory Championships – Sample Papers Speed Number	
1 6 0 3 3 0 2 4 0 9 2 4 1 0 6 1 5 3 6 8 0 1 6 1 0 9 6 5 0 5 2 8 7 2 9 0 4 7 0 4		Row 1
1 6 7 6 3 9 2 9 5 1 0 6 2 1 4 0 6 6 3 3 3 9 9 0 8 9 3 3 6 0 9 2 7 8 3 8 8 8 3 7		Row 2
3 5 4 2 3 8 4 6 3 8 8 1 1 1 6 3 6 9 8 6 5 6 5 6 7 0 3 3 8 0 2 0 3 1 0 7 8 2 8 5		Row 3
3 3 8 1 8 1 3 5 3 6 4 0 2 0 2 2 6 9 2 1 4 9 2 3 0 5 5 8 3 8 1 7 5 8 5 5 9 7 2 1		Row 4
6 1 6 5 8 4 9 5 7 1 2 1 6 6 1 1 2 1 0 4 8 6 5 3 6 6 7 8 3 5 2 8 1 0 7 5 4 3 7 1		Row 5
3 9 0 7 2 2 5 7 4 8 3 8 0 3 4 6 8 2 3 4 0 2 8 0 4 8 7 3 6 8 4 4 1 9 1 5 7 7 7 5		Row 6

스피드 넘버 문제 예시. (출처: 홍콩기억력스포츠협회)

느냐가 관건이다.

- Memorisation time (외우는 시간) : 5분
- Recall time (답안지에 옮겨 적는 시간) : 15분

가로 한 줄에 40자리 무작위 숫자가 나열되어 있는 형태로 출제된다.

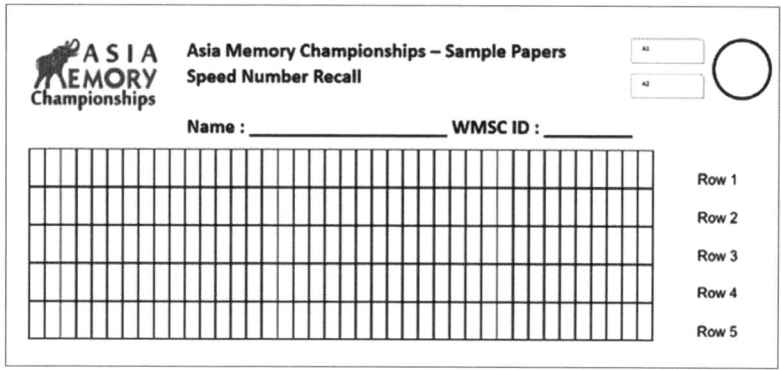

스피드 넘버 답안지. 15분간 빈 칸에 숫자들을 기억하여 써넣는다. (출처: 홍콩기억력스포츠협회)

채점은 가로 방향의 한 줄 단위로 이루어지는데 40자리 무작위 숫자를 전부 다 맞추면 한 줄의 숫자 개수만큼의 점수(40점)를 얻는다. 만약 한 줄(40자리 숫자)에서 한 개를 잘못 기억하여 39개만 맞추고 한 개가 틀렸다면 39점이 아니라 40자리의 절반인 20점을 받는다. 한 줄에 두 개 이상의 틀린 부분이 있다면 그 줄은 38개를 맞췄다고 하더라도 0점으로 계산된다. 줄 단위로 채점한다고 생각하면 된다.

하지만 외우다 보면 마지막 줄의 중간쯤을 보고 있는 도중에 시간이 끝나버리는 경우가 보통인데 이런 경우를 생각하여, 채점 시 답지에 쓴 마지막 줄의 경우에만 예외적인 계산을 한다. 마지막 줄의 경우는 답지에 쓴 숫자가 다 맞으면 숫자 개수만큼 그대로 점수로 인정한다. 그러나 마

지막 줄에 쓴 숫자들 중 한 개가 틀렸다면, 그 줄에 쓴 숫자들 개수의 절반의 점수만 부여한다. 또 마지막 줄도 2개 이상의 실수가 있으면 0점으로 처리된다. 따라서 마지막 줄에는 채점 방식을 고려하여 확실히 떠오르는 만큼만 쓰는 편이 점수 확보에 안전하다.

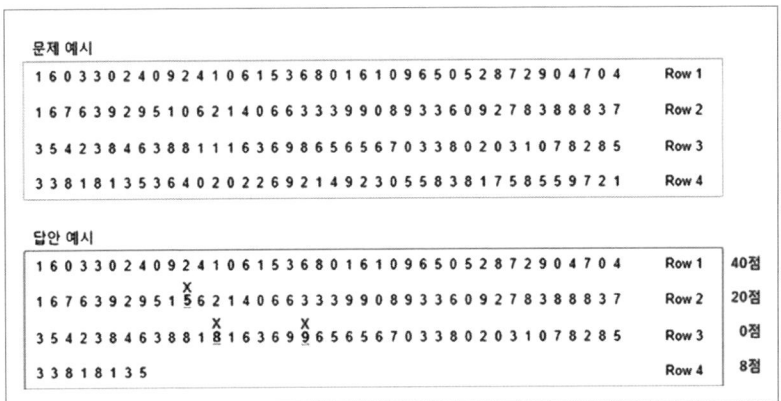

스피드 넘버 채점 예시

스피드 넘버는 대회에서 2번의 기회가 주어지며 1차, 2차 시기 중 점수가 좋은 것을 최종 점수로 반영한다. 현재 세계 기록은 2015년 세계 기억력 대회에서 스웨덴의 마윈 왈로니우스Marwin Wallonius가 달성한 520자리다.

2. Random Numbers (15분간 무작위 단어 기억하기)

긴 시간(15분, 30분, 1시간) 동안 무작위로 나열된 숫자를 보고 시간 내에 가능한 많이 기억해야하는 종목으로, 시간에 따라 15min Numbers, 30min Numbers, 1 Hour Numbers 혹은 Long Numbers라고 부르기도 한다.

- Memorisation time (외우는 시간) : 대회 기준(National, International, World)에 따라 15분, 30분, 1시간으로 다르다.

- Recall time (답안지에 옮겨 적는 시간) : 대회 기준(National, International, World)에 따라 30분, 1시간, 2시간으로 다르다. Memorisation time의 두 배의 시간이다.

```
ASIA MEMORY Championships
Asia Memory Championships – Sample Papers
30 Minutes Number

8 0 0 7 6 5 2 7 3 2 8 7 1 2 8 4 4 6 0 2 0 0 6 5 7 7 2 5 8 1 1 0 5 1 1 8 4 9 2 6   Row 1
4 0 3 6 8 4 3 7 6 5 7 6 9 5 1 8 6 2 3 2 3 6 1 9 8 4 0 7 4 1 2 0 6 0 8 0 1 1 0 7   Row 2
8 8 2 3 3 3 9 2 6 8 6 0 2 4 9 6 2 0 5 4 6 5 1 6 4 2 7 9 3 8 5 6 4 4 9 7 0 1 0 5   Row 3
8 1 0 8 4 3 1 9 9 2 6 3 1 4 9 9 9 1 6 6 0 3 6 3 6 2 1 0 9 5 0 2 5 2 9 6 6 9 1 8   Row 4
3 5 3 7 5 8 1 8 1 4 1 6 1 5 0 0 2 8 4 1 2 9 7 9 5 6 5 5 5 7 1 4 3 0 1 3 7 2 4 4   Row 5
0 2 5 0 5 8 2 3 3 5 6 1 3 9 8 7 6 7 8 8 3 7 0 3 1 5 7 5 9 2 3 1 9 1 8 6 0 1 8 3   Row 6
7 4 3 3 8 9 1 8 1 9 3 0 7 9 3 5 0 2 4 1 7 5 1 5 5 0 2 4 2 2 2 2 0 1 3 2 0 7 5 4   Row 7
5 8 9 7 6 2 6 1 2 7 2 7 8 3 9 3 9 2 2 8 4 5 5 3 4 7 5 7 9 3 3 2 9 0 0 0 1 2 9 4   Row 8
7 5 4 4 1 3 0 1 1 0 5 4 7 2 3 0 5 6 8 6 2 1 9 7 2 8 0 3 2 5 0 1 3 6 5 0 9 9 1 2   Row 9
1 9 3 3 1 5 2 0 3 9 4 3 6 7 5 6 1 3 4 5 4 7 8 0 1 7 0 3 0 1 0 5 3 5 3 5 1 8 4 3   Row 10
6 8 2 3 3 1 3 4 2 0 6 1 1 6 7 3 5 6 8 6 9 9 2 4 9 5 7 7 2 2 4 1 9 3 0 7 7 4 6 7   Row 11
1 2 1 1 2 1 9 9 1 8 5 8 3 4 7 2 5 9 2 1 2 9 7 8 2 9 3 9 9 6 2 4 8 0 1 6 6 3 5 9   Row 12
```

랜덤 넘버의 문제지. 스피드 넘버와 같은 형식이지만 많이 외울 수 있도록 여러 장이 주어진다. 장마다 25줄, 1000자리의 무작위 숫자가 인쇄되어있다. (출처: 홍콩기억력스포츠협회)

랜덤 넘버 역시 스피드 넘버와 같이 한 줄이 40개의 무작위 숫자로 구성된다. 시간이 보다 길다는 점만 빼면 스피드 넘버와 채점 및 진행 방식이 정확히 일치한다. 시간이 길어 전략을 잘 세워야 한다. 선수에 따라, 시간 안에 여러 번 복습하기도 하고 한 번만 보는 사람이 있기도 하다.

1시간 숫자의 세계 기록은 2015년 세계 기억력 대회에서 미국의 알렉스 뮬런Alex Mullen이 달성한 3029자리다. 스피드 넘버(5분)의 세계 기록(520자리)의 약 6배인 것을 보았을 때, 시간과 기록이 정비례하진 않는다는 것을 알 수 있다. 스피드 넘버가 100미터 달리기라면 랜덤 넘버는 마라톤이다.

3. Historic/Future Dates (5분간 역사연도 기억하기)

가상의 과거 사건 혹은 미래 사건을 주어진 연도와 연결시켜 시간 내에 가능한 많이 기억해야 하는 종목이다. 각 나라의 언어로 번역되어 출제되며 답안지 또한 각 나라의 언어로 번역되어 주어진다. 실제 역사적 사건을 가지고 문제가 만들어지면 선수마다 갖고 있는 역사적 배경지식이 큰 영향을 줄 수 있기에, 대회마다 매번 다른 가상의 사건과 연도가 출제된다.

Memorisation time (외우는 시간) : 5분

Recall time (답안지에 옮겨 적는 시간) : 15분

Asia Memory Championships – Sample Papers
Historic and Future Dates – Korean

(158 dates presented)

Number	Date	Event
1	1237	원숭이들이 낚시를 갔다
2	1345	피라미드가 경매에 부쳐졌다
3	1818	분유가 거의 팔리지 않았다
4	1358	요점이 농담을 했다
5	2000	아몬드는 독이 있었다
6	1608	인공지능이 인류를 통제했다
7	1656	주기율표 원소가 200개로 늘었다
8	1514	석유 생산이 중단되었다
9	1523	탐정이 용의자가 되었다
10	1465	드럼 소리가 시장을 깨웠다
11	1479	정부가 법원을 해산시켰다
12	2012	뱀이 코끼리를 삼켰다
13	1124	사냥꾼이 채식주의자가 되었다
14	1939	아기가 쓰레기통에서 발견되었다
15	2079	개가 주인을 구했다
16	1410	교수가 은퇴했다
17	1854	교장이 아이를 낳았다
18	2075	코뿔소의 뿔이 잘렸다
19	1360	중국이 월드컵을 주최했다

5분간 역사연도 기억하기 문제지. 각국의 언어로 번역되어 출제된다. 문제 출제에도 창의력이 필요함을 알 수 있다. (출처: 홍콩기억력스포츠협회)

A4 종이 한 장에 40개의 가상의 사건들이 연도와 함께 나열되어 있다. 세계 기록에 도전할 누군가를 위해 4장 정도의 분량을 제공하지만 사실 1장을 다 보기에도 쉽지 않다.

5분간 역사연도 기억하기 답안지. 답안지에는 문제에서 나왔던 사건의 순서가 무작위로 뒤섞여 있다.
(출처: 홍콩기억력스포츠협회)

답안지에는 사건이 적혀있는 왼쪽 빈칸에 연도를 기억에서 떠올려 작성하면 된다. 채점 기준은 비교적 단순하다. 맞으면 1점을 주지만 틀리면 0.5점이 감점된다. 이는 모든 빈칸에 하나의 연도를 써서 조금이라도 점수를 올리는 편법을 막기 위함이다. 잘 생각나지 않는다면 쓰지 않는 편이 좋다. 쓰지 않은 것에 대해선 감점이 없다.

역사/미래 연도 종목은 국내, 국제, 세계 기준으로 모두 5분의 Memrisation time이 주어져 빠른 진행 속도를 가진 종목이다. 종목의 진행 시간이 짧음에도 스피드 넘버 혹은 스피드 카드와 달리 시도가 한 번 뿐이기에 상당한 집중력이 요구된다. 대회가 끝나고 나면 순식간의 진행됐던 이 종목이 순위에 영향을 많이 주었다는 것을 깨닫게 된다. 10가지 종목마다 점수 비중은 같기 때문에 짧지만 방심할 수 없는 종목이다. 현재 세계 기록은 2011년 스웨덴 대회에서 독일의 전설인 전 기억력 세계 챔피언 요하네스 말로우Johannes Mallow가 세운 132개다. 출제자는 아무 의미 없이 출제한 사건들임에도, 자신만의 의미부여를 통해 5분 만에 132개의 사건이 일어난 연도를 외웠다. 5분이면 학교 시험 보기 전에 주어지는 쉬는 시간보다 짧지 않던가. 이 종목을 잘하는 사람은 역사 시험에서 연도는 따로 외우지 않고 정리해두었다가 쉬는 시간에만 슬쩍 보아도 엄청난 점수 향상을 가져올 수 있다.

4. Spoken Numbers (불러주는 숫자 기억하기)

종목의 목표는 1초에 하나씩 불리는 숫자를 가능한 많이 기억하는 것이다. 기억력 대회에서 가장 어려운 종목 중 하나로 뽑힌다.

- Memorisation time (외우는 시간) : 100초, 300초, 450초 ~ 500초 (대회마다 다를 수 있다.)
- Recall time (답안지에 옮겨 적는 시간) : 5분, 15분, 25분

2016 제 3회 도쿄 프렌들리 메모리 챔피언십. 스포큰 넘버 중 집중해서 듣고 있는 선수들. 그들의 머릿속에서 무슨 일이 벌어지고 있을까

숫자는 기본적으로 영어로 불린다. 예외적으로 자국민만 참여하는 경우에는 그 나라의 언어로 진행될 수 있다. 대회장 내의 스피커로 무작위로 숫자가 불리며 모두 다 숨죽이고 조용히 듣고 있기 때문에 생각보다 소리가 상당히 크게 잘 들린다. 귀마개를 끼고 듣는 사람들도 있는데, 이는 잡음을 제거하고 숫자 소리만 정확히 듣기 위한 하나의 방법이다. 보통 세 번의 시도가 주어지며, 각 세트가 진행될수록 점점 불리는 숫자가 많아진다. 대다수의 선수들은 처음 100자리 정도면 충분하다. 각 시노 중 가장 높은 점수가 이 종목에 대한 자신의 점수가 된다.

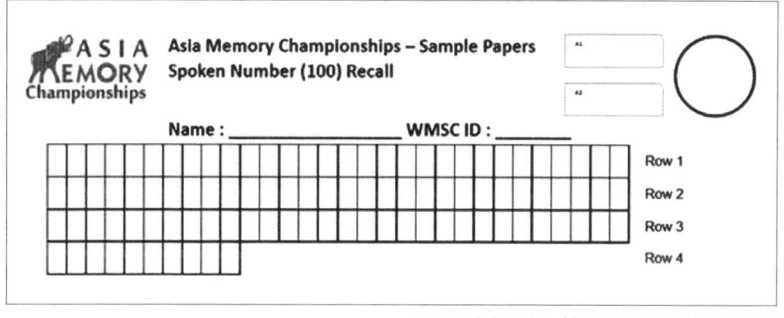

스포큰 넘버 답안지. (출처: 홍콩기억력스포츠협회)

스포큰 넘버가 가장 어려운 종목으로 뽑히는 이유 중 하나는 채점이 엄격하기 때문이다. 첫 번째 오답이 발견되기 전까지 맞은 개수만 인정하기 때문에, 답지에 100개 숫자를 모두 썼다고 해도 4번째에서 틀리면 점수는 3점이 된다.

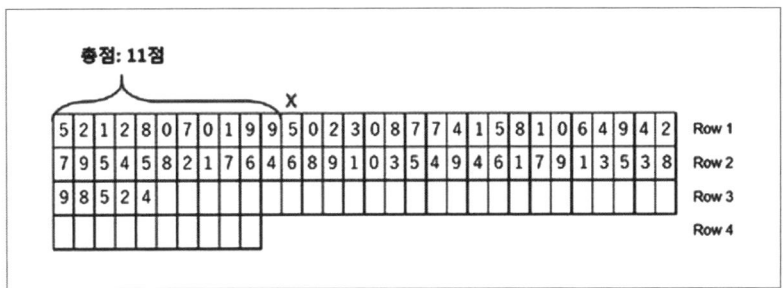

스포큰 넘버 채점 예시.
아무리 많이 써서 제출하여도 처음 틀린 것이 발견되기 전까지의 숫자만 인정된다.

1초 간격으로 불리는 숫자와 함께 머릿속에서 한 번도 타이밍에서 밀리지 않고 곧바로 처리해야 하기 때문에 정말 어려운 종목이다. 그렇기에 최상위 랭커들과 그 밖의 선수들 사이의 점수 간격이 크며, 상위 랭커들도 잠깐의 실수로 많은 점수가 날아갈 수 있기 때문에 부담스럽게 여긴다. 하지만 난도와 상관없이 경기 진행이 빠르다는 점과 눈을 감고 극도의 집중력으로 상상의 나래를 펼치는 매력에 재미를 느끼는 사람들도 많다. 현재 세계 기록은 2015 세계 기억력 대회에서 미국의 랜스 Lance Tschirhart가 세운 456자리이다. 456초 전에 한번 들은 첫 번째 숫자부터 나머지의 모든 숫자들을 정확히 기억해냈다는 것이 아직도 믿기지 않는다.

5. 30min Binary Numbers (30분간 이진수 기억하기)

이진수 종목의 목표는 최대한 많은 자릿수의 이진수를 외우고 기억해내는 것이다.

- Memorisation time (외우는 시간) : 5분 (국내 대회기준), 30분 (국제, 세계 대회 기준)
- Recall time (답안지에 옮겨 적는 시간) : 15분 (국내 대회기준), 60분 (국제, 세계 대회기준)

이진수 종목의 시험지. (출처: 홍콩기억력스포츠협회)

스피드 넘버와 랜덤 넘버와 마찬가지로 줄 단위로 구성이 되어있다. 다만 다른 점은 스피드 넘버와 랜덤 넘버는 한 줄당 40개의 숫자였다면 이진수는 30개의 숫자로 구성된다. A4 한 장에 25줄이 인쇄되어 출제된다.

채점 방식은 스피드 넘버, 랜덤 넘버와 같다고 생각하면 된다. 한 줄 (30개의 이진수)이 전부 맞으면 30점이 주어지고, 줄 안에 하나의 오답이 있다면 그 줄은 절반의 점수인 15점으로 계산된다. 두 개 이상의 오답이 한 줄 안에 있으면 0점으로 처리된다. 마지막 줄은 맞은 개수만큼이 점수가 되지만, 그중에서 틀린 숫자가 하나가 있다면 쓴 숫자의 개수의 절반이 점수로 반영된다. 마지막 줄이라도 기입한 숫자 중에 2개 이상의 오류가 있다면 마지막 줄도 0점이 된다.

현재 세계기록은 2015년 세계 기억력 대회에서 30분간 5040자리의 이진수를 외운 스웨덴의 마윈 왈로니우스Marwin Wallonius가 가지고 있다.

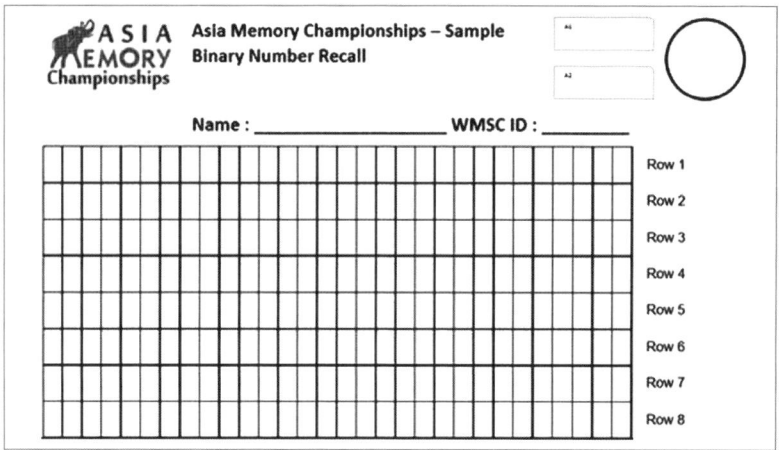

이진수 종목의 답안지. (출처: 홍콩기억력스포츠협회)

이진수 종목 채점 예시

카드 종목 소개

1. Speed Cards (카드 한 벌 빨리 기억하기)
2. Random Cards (랜덤 카드)

카드 종목은 기억력 스포츠의 상징과 같다고 할 수 있다. 선수들도 인사치레로 숫자를 몇 자리까지 외울 수 있느냐보다 스피드 카드가 몇 초 나오느냐를 서로 더 많이 물어본다. 카드 종목은 보다시피 두 가지 종목밖에 없어 점수를 위해서라면 숫자에 더 많은 연습 시간을 할애하는 것이 맞다. 그러나 언제 어디서나 카드만 있다면 연습할 수 있는 장점이 있고, 직접 손으로 쥐고 만지며 외우는 재미가 있기에, 기억력 선수들이 많은 시간 연습하고 애정을 갖고 있는 종목이다. 스피드 카드는 항상 대회의 가장 마지막에 치러진다.

1. Speed Cards (카드 한 벌 빨리 기억하기)

스피드 카드는 트럼프 카드 52장으로 구성된 한 벌을 얼마나 빨리 외울 수 있는지를 겨루는 종목이다. 총 두 번의 기회가 주어진다. 두 번의 기회 중 더 좋은 기록이 최종 기록이 된다.

- Memorisation time : 5분
- Recall time : 5분

스피드스택스 타이머

스피드 카드의 가장 큰 특징은 선수 한 명 당 자신의 스피드스택스 타이머를 가지고 시간을 측정한다는 것이다. 스피드스택스 타이머는 두 손을 올려놓고 있다가 한 손이라도 떼면 시간이 흘러가기 시작하고, 다시 두 손을 같이 올려놓아야 시간이 멈추는 기계이다. (2분 내 기억에 도전할 사람에 한해서 필수적이다.) 주어진 시간 5분 안에 타이머를 이용하여 카드 한 벌을 외운 후 타이머를 멈추었을 때 기록된 시간이 자신의 기록이 된다. 단 리콜 타임에 52장의 카드를 기억하는 데 성공해야 한다. 주어진 5분의 시간 안에는 언제 시작해서 언제 끝내든지 상관이 없다. 다만 자신이 타이머를 시작시켜 카드를 본 후, 카드를 덮은 채로 타이머를 멈추면 된다. 이후에는 다시 그 카드를 볼 수 없다.

순서가 뒤섞인 카드 한 덱, 순서대로 정렬되어 있는 카드 한 덱, 스피드 카드엔 이렇게 두 개의 덱이 필요하다.

리콜 타임은 5분이 주어지며, 그동안 섞이지 않은 unshuffled, 즉 A부터 J, Q, K까지 순서대로 정렬되어 있는 카드 한 벌을 가지고 자신이 외웠던 대로 카드를 재배열한다. 5분간의 리콜 타임이 끝나면 아비터(대회의 심판)들이 선수들에게 다가가 1:1로 카드 대조를 진행한다. 아비터는 선수가 외웠을 때 썼던 카드를, 선수는 자신이 리콜 타임에 맞춘 카드를 손에 쥔다. 서로 하나의 카드를 내려놓으며 비교 대조를 한다. 하나의 카드라도 서로 일치하지 않는 카드가 나오면 거기까지만 부분 점수로 인정한다. 전부 다 맞으면 타이머에 적힌 시간이 그 선수의 기록이 된다.

스피드 카드는 아무리 늦은 기록이더라도 52장을 전부 성공시키는 것이 가장 중요하다. 이는 중간에 실패하여 부분 점수를 받을 시 점수가 너무 낮다는 점에서 그러하다. 스피드 카드는 역전의 마지막 기회이기 때문에, 이를 의식하여 많은 선수들이 실수를 범한다. 찰나의 속도 경쟁이기 때문에 컨디션과 집중력이 중요하다. 따라서 세계적인 선수들도 부담감에 실수하는 경우도 많다. 자신의 마음을 잘 다스리는 것이 가장 중요하다. 현재 세계 기록은 독일의 시몬Simon Reinhard이 세운 20.44초다. 그냥 카드를 보면서 넘기는 것만 해도 20초를 기록하기가 힘든데 어떻게 가능한지 모르겠다. 시몬의 세계 기록 영상은 인터넷에서 볼 수 있다.

2. Random Cards (랜덤 카드)

긴 시간(10분, 30분, 1시간) 동안 여러 덱의 카드를 보고 시간 내에 가능한 많이 기억해야 하는 종목으로, 시간에 따라 10min Cards, 30min Cards, 1 Hour Cards 혹은 Long Cards라고 부르기도 한다.

- Memorisation time (외우는 시간) : 대회 기준(National, International, World)에 따라 10분, 30분, 1시간으로 다르다.
- Recall time (답안지에 옮겨 적는 시간) : 대회 기준(National, International, World)에 따라 30분, 1시간, 2시간으로 다르다.

2015년 중국 성도에서 열린 세계 기억력 대회에서 나는 1시간에 12덱의 카드를 외우는 데 성공했다.
1시간 카드 종목 준비 중 내 자리를 찍은 사진이다.
수많은 카드와 항공용 귀마개 및 에너지 드링크가 있다.

　자신이 대회 시작 전 제출했던 카드를 돌려받아 외울 준비를 한다. 카드는 아비터(심판 및 자원봉사자)들에 의해 섞여 있으며, 아비터들은 종목이 시작되기 전에도 수시로 선수들에게 다가가 카드를 섞는다. 외우는 시간이 끝나면 카드는 다시 동봉하여 전부 회수해간다. 리콜 타임에는 답안지 양식에 맞게 외웠던 카드를 순서대로 작성해야 한다.

　빈칸에 위에서부터 맞는 문양에 숫자 혹은 알파벳(A, J, Q, K)을 적어 넣으면 된다. 왼편에는 검산을 할 수 있게 마련되어 있는 공간이 있다. 이곳에 체크하며 빠지거나 중복된 카드는 없는지 확인해볼 수 있다.

　채점 방식은 한 덱이 전부 다 맞았을 경우 카드 장수인 52점이 부여되고, 하나의 오류가 있을 경우 그 절반의 점수인 26점이 부여된다. 두 개 이상의 오류가 있으면 0점으로 처리된다. 숫자처럼 마지막 덱은 예외적인 채점을 한다. 마지막 덱의 경우 다 맞았을 경우 답안지에 적은 만큼의

랜덤 카드 답안 작성 형식. (출처: 홍콩기억력스포츠협회)

개수가 점수로 인정된다. 마지막 덱은 하나의 오답이 있을 경우는 52개를 다 적지 않았더라도 답안지에 적은 개수의 절반을 점수로 인정한다.

그러나 마지막 덱이라도 두 개 이상의 오답이 있다면 해당 덱은 0점으로 처리된다.

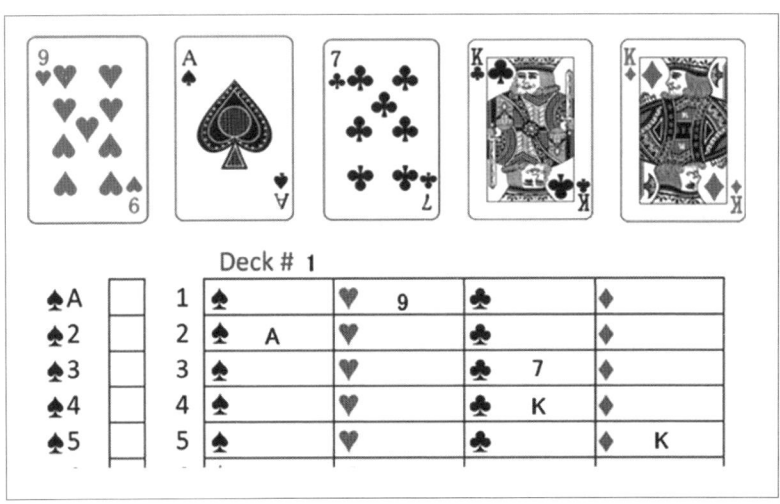

랜덤 카드 표시 예. 카드 순서가 다음과 같을 때 위에서부터 차례대로 문양에 맞는 숫자를 기입한다.

랜덤 카드가 시작되기 전 준비 시간이 많이 걸린다. 세계 랭커들의 경우 20덱 이상의 카드를 나열해놓기 때문에 카드가 너무 많아 정렬하는데도 시간이 필요하기 때문이다. 현재 세계 기록은 2015년 세계 기억력 대회에서 중국인 쉬 빙빙Shi binbin이 1시간 동안 외운 1612카드, 즉 31덱이 되겠다.

기타 종목 소개

1. Names and Faces (이름-얼굴 기억하기)
2. Abstract Images (추상적 그림 기억하기)
3. Random Words (무작위 단어 기억하기)

기억력 스포츠의 10가지 종목 중 숫자와 카드 관련 종목을 제외한 기타 종목들이다.

1. Names and Faces (이름-얼굴 기억하기)

이름-얼굴 기억하기 종목의 목표는 시간 내에 최대한 많은 사람의 이름을 기억하는 것이다.

- Memorisation time (외우는 시간) : 5분 (국내 대회기준), 15분 (국제, 세계 대회 기준)

이름-얼굴 기억하기 문제 예시 (출처: 홍콩기억력스포츠협회)

- Recall time (답안지에 옮겨 적는 시간) : 15분 (국내 대회기준), 30분 (국제, 세계 대회기준)

보다시피 세계 각지의 이름이 출제되어 한국인 이름만 외울 때보다 훨씬 어렵다는 것을 알 수 있다. 15명이 한 페이지에 있다. 성과 이름이 따로 채점된다는 특징이 있다. 각 1점으로 한 명의 성과 이름이 다 맞으면 2점, 둘 중 하나만 맞으면 1점이 주어진다. 같은 이름을 세 번 이상 중복해서 쓰면 한 경우 당 0.5점이 감점된다. 답안지에는 페이지에 걸쳐 있었던 사람들의 얼굴의 순서가 뒤섞여 있다.

이름-얼굴 기억하기 답안지 예시 (출처: 홍콩기억력스포츠협회)

현재 이 종목의 세계 기록은 스웨덴의 얀자Yanjindulam Altansuh라는 여성 선수가 가지고 있다. 15분에 187 포인트를 기록했으니 약 93.5명의 이름을 기억했다고 할 수 있다. 그녀는 10개 국어 이상의 언어를 구사할 수 있으며 그 안에는 동서양의 언어가 모두 포함되어 있다. 얀자에 대한 이야기는 뒤에 따로 다루도록 하겠다.

2. Abstract Images (추상적 그림 기억하기)

추상적 그림 기억하기 종목은 추상적인 이미지 나열을 얼마나 기억하고 떠올릴 수 있는가를 목표로 한다.

- Memorisation time (외우는 시간) : 15분
- Recall time (답안지에 옮겨 적는 시간) : 30분

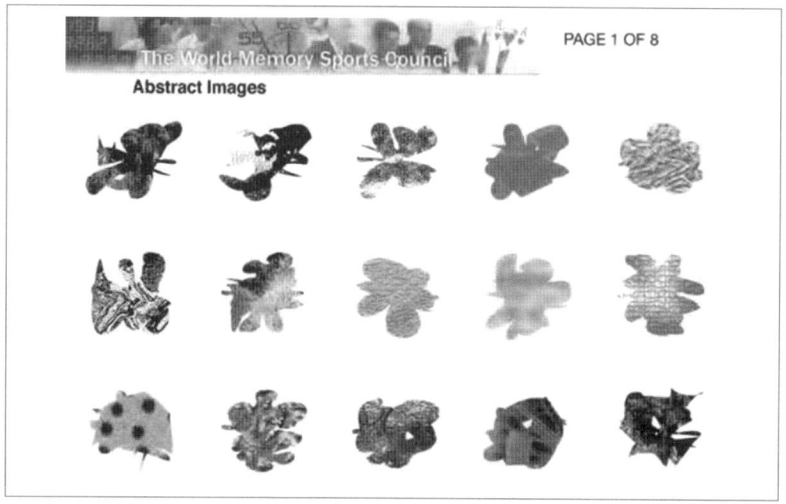

추상적 그림 기억하기 문제 예시 (출처: 세계기억력스포츠협회)

컴퓨터 프로그램에 의해 수많은 경우의 수를 가진 무작위 패턴들이 생성된다. 마치 숫자 종목처럼 가로 줄 단위로 채점이 이루어진다. 극도의 시각적 상상력이 필요한 종목으로 많은 이들이 어렵지만 재미있어하는 종목이다. 답안지는 객관식으로, 줄의 순서는 유지가 되는데 줄 안에서 5개의 그림 순서가 뒤섞여있는 형태이다. 답안지에는 각 줄마다 1번부터 5번까지 기억해내어 순서대로 쓰면 된다.

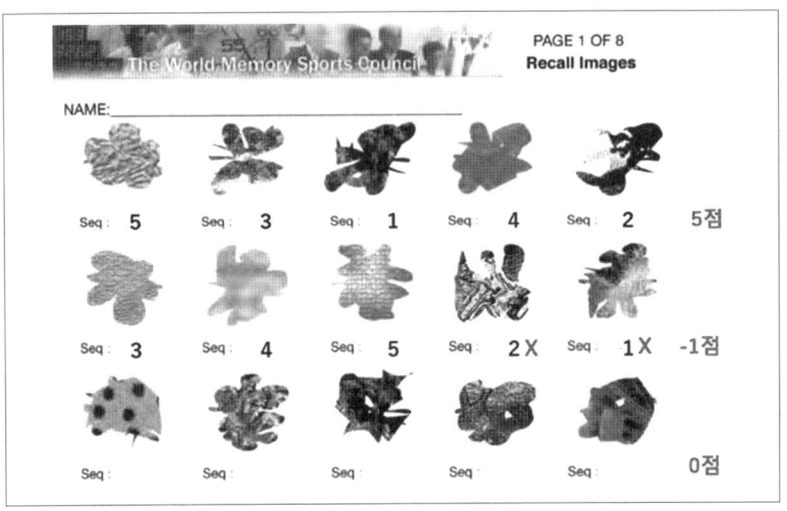

추상적 그림 기억하기 채점 예시 (출처: 세계기억력스포츠협회)

한 줄 단위로 채점되며 줄 안에서 하나라도 틀리면 1점이 감점되기 때문에 확실하지 않으면 아예 쓰지 않는 편이 좋을 수 있다. 아무것도 쓰지 않았을 때는 감점이 없다.

처음에는 정말 황당한 종목이라 생각되지만 답안지에서 순서대로 맞추는 재미를 느끼다 보면 어느새 몰입해있는 자신을 발견하게 되는 종목이다. 다른 종목들과 마찬가지로 예민한 감각의 소유자 혹은 순간적인 스토리텔링 기법에 능숙한 자가 유리하다. 현재 세계 기록은 2015 세계 기억력 대회에서 스웨덴의 마윈 왈로니우스Marwin Wallonius가 세운 599점이다. 약 120줄을 순서대로 기억한 것이다.

3. Random Words (무작위 단어 기억하기)

각 나라로 번역된 단어의 나열을 시간 안에 얼마나 정확하게 많이 기

1	여왕	21	퓨마	41	바닥	61	반역자	81	롤리 캔디
2	물	22	허리띠	42	친구	62	화환	82	나팔
3	열병	23	그릇	43	음반	63	대포	83	체인
4	바퀴	24	모래	44	구걸하다	64	두더쥐	84	야망
5	양념	25	서사시	45	땀	65	쳐트니	85	상상
6	복권	26	문장	46	바다	66	조각	86	합계하다
7	싸우다	27	대못	47	검토하다	67	첨탑	87	무대
8	의사	28	기름	48	칼날	68	창고	88	거닐다
9	증기	29	편지	49	불독	69	다리	89	지갑
10	킹피셔	30	맥주	50	엔진	70	산수	90	밑그림
11	자원하다	31	사치	51	기금	71	들소	91	마당
12	달팽이	32	실린더	52	회계사	72	망아지	92	소달구지
13	화석	33	자	53	진실	73	후추	93	가르치다
14	늑대	34	험담	54	체육인	74	젖소	94	유령
15	트럭	35	뛰다	55	판다	75	해협	95	최면술사
16	거절하다	36	책상	56	간청하다	76	연못	96	추진기
17	버터	37	괴물	57	서럭	77	얼룩말	97	조각상
18	발	38	타이피스트	58	냄비	78	지능	98	유리
19	풀다	39	치약	59	파일럿	79	은둔자	99	까치
20	씨뿌리다	40	자유	60	찌꺼기	80	토끼	100	햇빛 가리개

무작위 단어 기억하기 문제 예시. (출처: 홍콩기억력스포츠협회)

억해 내느냐를 겨루는 종목이다.

- Memorisation time (외우는 시간) : 5분 (국내 대회 기준), 15분 (국제, 세계 대회 기준)
- Recall time (답안지에 옮겨 적는 시간) : 15분 (국내 대회 기준), 30분 (국제, 세계 대회 기준)

이 종목은 열 단위로 계산되는 종목이다. 한 열에 20개의 단어가 있으며 5개의 열(100개의 단어)이 한 페이지를 차지한다. 각국의 언어로 번역되어 있어 참가자는 본인이 원하는 언어를 선택하여 종목을 치를 수 있다. 기억술을 훈련하는 사람들이 가장 처음으로 시작하는 연습이 무작위로 나열된 단어를 순서대로 기억해내는 것이다. 따라서 이 종목은 가장 기초적인 기억력 역량을 다루는 종목이라 할 수 있다.

1	21	41	61	81	
2	22	42	62	82	
3	23	43	63	83	
4	24	44	64	84	
5	25	45	65	85	
6	26	46	66	86	
7	27	47	67	87	
8	28	48	68	88	
9	29	49	69	89	
10	30	50	70	90	
11	31	51	71	91	
12	32	52	72	92	
13	33	53	73	93	
14	34	54	74	94	
15	35	55	75	95	
16	36	56	76	96	
17	37	57	77	97	
18	38	58	78	98	
19	39	59	79	99	
20	40	60	80	100	

무작위 단어 종목의 답변 예시. (출처: 홍콩기억력스포츠협회)

채점은 세로방향의 한 열 단위로 이루어진다. 한 열이 모두 맞았을 때 단어의 개수 만큼 20점이 주어진다. 한 열에 한 개의 오류가 있으면 절반인 10점, 두 개 이상의 오류가 있으면 그 열은 0점이 된다. 마지막 열은 기입한 만큼 다 맞으면 기입한 단어 개수 만큼, 하나를 틀리면 기입한 단어 개수의 절반만큼의 점수로 계산된다. 마지막 열 역시 기입한 단어 사이에 두 개 이상의 오류가 있으면 0점으로 처리된다. 이 종목은 독일의 시몬Simon Reinhard이 세계 기록을 보유하고 있다. 그는 5분에 125단어, 30분에 300단어를 순서대로 정확히 외웠다. 물론 언어 특성의 차이가 조금 영향을 줄 수도 있었겠지만, 별다른 요령이 통하지 않는 이 원초적인 종목에서 세계적인 랭커들의 기록을 보면 기억력은 후천적으로 기를 수 있다는 것을 알 수 있다. 세계적인 랭커들도 처음부터 잘하진 않았다. 대부분의 선수들은 여러 종목들에서 비슷한 수준을 유지하며 성장하는 모습을 보여준다. 이를 통해 기억하는 원리와 두뇌 활용 방식이 비단 한 종목에 국한되지 않음을 알 수 있다.

  10가지 종목들에 대해 모두 소개했다. 종목 소개를 해놓은 책을 구하기 쉽지 않아 이렇게 직접 정리하기로 했다. 기억력 대회에 대한 독자들의 궁금증이 조금 해소되었으면 좋겠다. 마지막으로 각 종목의 점수를 챔피언십 포인트Championship points라는 점수로 환산하는 작업이 있다. 여기 써놓기에는 내용이 복잡해질 수 있어 생략하였다. 중요한 것은 10가지 종목이 챔피언십 포인트에서 같은 비중을 가지고 있어 하나도 중요하지 않은 종목이 없다는 것이다.

기억은 분류다

　기억은 분류다. 내가 국제 기억력 마스터 자격을 얻기 위한 도전 과정에서 얻은 결론 중 하나다. 물론 분류를 잘해야 기억을 잘할 수 있다는 것은 다른 기억력 도서들에 이미 많이 소개되어왔다. 태깅^{tagging} 기법, 마인드 맵 등의 방법론을 통해 이를 실현할 수 있다는 것이 보통 결론이다. 하지만 나는 인스타그램, 에버노트 같은 서비스에서 태그^{tag}를 붙이는 것처럼 기억해야 할 대상에 태그를 잘 달면 기억하는 데 도움이 될 것이라는 식상한 결론보다, **왜 분류가 기억에 결정적일 수밖에 없는지**를 개인적인 경험과 함께 역설하고자 한다.

　사실 '기억은 분류다'라는 말은 '설명할 수 없으면 기억될 수 없다'라는 말과 같은 맥락이다. 앞서 사람의 얼굴 이름을 외우는 방법을 소개할 때, 일반적으로 그 사람의 이름이 얼굴을 설명해주지 않기 때문에 기억하기 힘들다고 말했다. '초코 우유'는 초콜릿이 첨가된 우유이기 때문에 이 액체(초콜릿과 우유를 섞은 맛이 나는 액체)와 그에 해당하는 이름(초코 우유)을 까먹을 일이 없다. 그러나 사람의 이름은 다르다. 태어날 때부터 점이 많아 '점순이'라고 이름을 짓지 않는 이상 사실 외모와 이름은 전혀 서로 관계가 없다. 따라서 우리는 다른 사람들의 이름을 잘 떠올리지 못한다. 연예인처럼 대중의 기억에 자신의 이름을 각인 시켜야 하는 직업을 가진 사람들은 이를 잘 참고해야 할 것이다. 자신의 외모나 느낌과 가장 잘 맞는 이름이어야 많은 사람들이 잘 기억해준다.

나는 이 원리에 착안하여 기억력 스포츠의 각 종목들에 대한 공략법을 단시간에 만들어냈다. 이를 깨닫기 전에는 단기적인 기억 성과에만 매달렸지만 중요한 것은 그것이 아니었다. 기억력 스포츠의 종목들은 그 자체로는 아무 이유도 없고 설명도 될 수 없는 무의미한 정보들의 나열이다. 숫자, 카드, 이진수, 가짜 역사 연도, 얼굴, 이름 등 심지어 대회가 아니라면 외워야 할 이유조차도 없는 것들이다. 하지만 나는 내 기억 능력을 증명해내기 위해 무의미한 숫자 나열, 카드 배열 등에 어떤 이유를 부여해야만 했다. 설명할 수 없으면 기억될 수 없으니, 마치 문명 초기 주술사가 해와 달의 움직임에, 가뭄과 비의 자연현상에 의미를 부여하듯, 나만의 시선으로 던져진 숫자와 카드를 해석해야 했다. 꿈보다 해몽이랄까. 이처럼 기억력 대회는 빠르고 정확하게 많은 꿈을 해몽하기 대회와 같다고 할 수 있다. 빠르고 정확하게 많은 것들에 의미를 부여하기 위해선 어떻게 해야 할 것인가.

단순하게 생각해보자. 우리에게 지금 필요한 것은 설명에 필요한 '이유'들이다. 그렇다면 이유가 될 수 있는 것들을 미리 만들어 놓으면 간단하게 해결될 일 아닌가. 예를 들어 1번, 2번, 3번 … 9번, 10번까지 이유가 될 만한 열 가지 선택지를 미리 만들어 놓는다. 그리고 이 10가지 중 하나씩 적절한 이유를 골라서 붙이기만 하면 간단히 해결될 수 있지 않을까. 하지만 무엇을 '기준'으로 어떤 대상에 몇 번째 이유를 붙일 것인지는 아직 해결되지 않았다. 이것만 해결할 수 있다면 어떤 대상에 적절한 이유를 재빨리 골라 붙여 해설할 수 있을 것이다. 분류가 중요한 까닭이다. 이를 통해 나는 효율적인 기억을 위해선 분류를 위한 기준을 잘 만드는 것이 가장 중요한 작업임을 깨달았다. 그 기준이 탄탄하면서도 유연하여 변화무쌍한 여러 대상들을 거침없이 정리해줄 수 있다면, 뒤따라오는 의미부여 작업은 너무나도 수월해진다는 것을 알게 되었다. 분류에 많은 고민을 한 사람일수록 해당 기억의 단서는 강력하다.

직원이 100명인 회사의 구성원 이름을 떠오르는 대로 말해보라는 테스트가 진행됐다고 가정해보자. 한 사람은 자기 주변에 위치하여 자주 본 사람들 위주로 아무 분류 없이 나열했다. 다른 사람은 부서별 이름을 적어본 다음 해당 부서에 속하는 사람들 이름을 나열하였다. 같은 조건일 경우 당연히 후자 쪽이 많은 사람을 기억해낼 것이다. 분류되지 않고 입력된 기억은 단서가 없다. 머릿속에 분명 입력되어 있는 정보는 있는데 끄집어낼 수가 없다. 공부도 마찬가지다. 분류할 수 없으면 그 많은 내용을 기억할 수 없다. 마치 당도 모르고 지역구도 모르는 상태에서 국회의원 이름을 모두 외워야 하는 것과 같다. 공부하는 책을 여러 번 회독할수록 점점 전체를 보게 되는 경험은 누구나 해보았을 것이다. 처음엔 하나, 하나 새롭게 다가오던 것들이 점점 서로 공통된 개념으로 묶이게 되고, 책이 쓰여진 순서에도 이유가 있다는 것을 알게 된다. 처음부터 이러한 분류를 확실히 머릿속에 넣고 공부를 시작하면 더 효율적이지 않을까 하는 생각에 나는 목차를 전부 외우고 수업을 들은 적이 있다. 목차는 기억의 궁전에 순서대로 집어넣었고, 해당 단원의 새로운 내용을 배울 때마다 핵심 개념을 표현할 수 있는 이미지를 상상하여 목차에 고리로 달아놓듯 걸어놓았다. 그제야 책 쓰는 사람들이 목차를 아무렇게나 정한 것이 아니라는 걸 알았다. 게다가 수업을 들으러 갈 때마다 전체 흐름에서 현재의 수업이 어느 부분인지 알고 듣는다는 것이 이해에도 도움이 되었다. 알고 싶은 흥미를 유발하는 데 많은 도움이 됐다. 빈칸을 채운다는 느낌이 들었기 때문이 아닌가 싶다.

분류할 수 없다면 설명할 수 없고, 설명할 수 없다면 기억될 이유가 없다. 구체적인 것들을 추상적인 개념으로 묶을 수 있는 것을 메타적 사고라고 한다. 이를 통해 인류는 많은 정보를 효과적으로 처리할 수 있었고 지력의 한계를 극복할 수 있었다. 사실 누군가에겐 당연한 말일 수 있다. 하지만 이 당연한 상식의 중요성을 모르는 아이들, 학생들, 심지어 어른들도 많다는 것을 살다 보면 자주 느끼곤 한다. 최근 나는 영어 공부에 흥미가 생겼다. 영단어 학습에 기억법을 적용하는 방법을 다방면으로 찾아보며 연구하고 있다. 기억력 스포츠에서 얻은 교훈을 적용하기 위해 영단어에 활용할 적합한 시스템을 고안하고 있다. 그 자체로 분류가 되지 않거나 설명이 되지 않는 단어는 이유를 찾기 위해 노력한다. 관련된 역사적 사실을 찾아보기도 하고 어원을 찾아보기도 하고 그것도 잘 맞지 않으면 나만의 방법을 통해 '의도적으로', 다른 말로는 '억지로' 이유를 만든다. 그제야 단서가 만들어지고 나중에 쉽게 꺼낼 수 있다.

기억은 이유를 만들어가는 여정이다. 아무 이유도 없이 처음부터 머릿속에 쏙 들어오는 기억은 없다. 이 여정을 귀찮아한다면 평생 귀찮음 속에 살아갈 것이다.

세종대왕은
최고의
기억술사

첫 번째 대회 참가 이후 종목들을 다시 분석해볼 때마다 느끼는 점이 있었다. 이는 한글이 기억력 스포츠에 상당히 유리하다는 점이다. 무엇보다 표음 문자이기 때문에 발음 변환이 쉽다. 비슷한 발음의 다른 의미를 가진 말들을 찾아내기가 쉽고 이는 기억력 스포츠에서 상당한 이점을 가진다. 또 한글은 다른 문자에 비해 비교적 간결하다는 장점을 갖고 있다.

예를 들어 무작위 단어Random Words 종목에서 일본인의 경우 히라가나, 가타카나, 한자를 모두 구분해서 기억하고 써야 하기 때문에 실수할 확률이 그만큼 높아진다. 영미권 언어를 쓰는 경우도 철자가 불규칙적인 경우가 많다. 이는 이름-얼굴Names and Faces 종목에서 더 두드러지는데 외국인의 이름이 한국어로 번역되어 나올 때, 다른 문자에선 불가능하지만, 한글은 딱 한 글자로 압축되어 단순하게 표현되는 것이 가능하다. 게다가 자음과 모음 자체가 그림의 역할을 해줄 수도 있다. 예를 들어, 'ㄱ', 'ㅇ', 'ㅅ' 등 글자 모양에서 직각, 동그라미, 세모를 떠올려 상상의 재료로 활용할 수 있다. 한글은 사실 그 자체로 엄청나게 강력한 기억 시스템을 가지고 있다. 역사적으로 흘러오며 만들어진 글이 아닌, 세종대왕이 기획하여 만들었기에 모든 자음, 모음에 숨겨진 의미를 오늘날까지 알 수 있다.

왜 'ㄱ'의 소리가 'ㄱ'이란 형태로 표현됐는지 그에 대한 이유가 존재한다. 한글의 자음은 우리가 그 음을 발음할 때 발음기관의 모양이 어떻게 되는지를 본따서 만들었다. 모음은 하늘과 땅 그리고 사람의 모양을 본따서 만들었다고 한다. 천지인(ㆍ, ㅡ, ㅣ)의 모양이 기초가 되고 조합을 통해 다른 모음들이 탄생하였다. 말 그대로 이미지 자체가 글자가 되었기에 이유를 찾기 쉽고 납득하기 쉬우며 기억하기에 편리하다.

이 밖에도 한글이 가진 우수성은 너무도 많다. 한자 또한 여러 가지 의미를 가진 이미지들을 활용하여 만들어진 글자이긴 하지만 수많은 의미를 익히는 데 너무 많은 시간이 드는 단점이 있다. 물론 모두 익혀 놓는다면 각 한자의 부수가 가진 이미지들의 결합이 만들어낸 새로운 의미를 느낄 수 있어 좋은 기억 시스템이라 할 수 있다. 그러나 정말 좋은 기억 시스템은 익히는 데 어렵지 않아 간결하면서도 새로운 의미를 무궁무진하게 만들어낼 수 있는 시스템이다. 세종대왕은 백성들이 쉽게 배우고 기억할 수 있는 한글을 만들었던 역사상 최고의 기억술사가 아닌가 싶다.

기억력 대회를 준비하며 이러한 한글이 가진 장점을 십분 활용하여 숫자와 카드 시스템에 적용하기 시작했다. 처음엔 메이저 시스템을 차용하여 숫자마다 한글 자음을 부여하고 자음 놀이를 하듯 이미지를 만들어야겠다는 생각을 했다. 그러나 한글은 모든 숫자를 한 음으로 발음할 수 있는 장점이 있다. 이에 나는 숫자를 읽는 발음 위주로 비슷한 발음의 이미지가 떠오르는 것이 있다면 곧바로 그 숫자에 해당하는 이미지로 가져다

쓰는 방식을 적용했다. 예를 들면 55와 같은 숫자는 '요요'로 읽는 동시에 이미지가 떠오르도록 세팅해놓았다.

짧은 시간 단기기억을 이용하여 숫자를 외우는 데 한국인이 일반적인 서양인보다 훨씬 유리하다. 숫자 5 같은 경우 서양인은 five파이브이라는 3음절의 길이로 발음되는 반면 한국인은 '오'라는 하나의 음절로 발음할 수 있다. 따라서 짧은 시간 한정된 두뇌 용량에 더 많은 수를 집어넣을 수 있다. 연습과 재능만 뒷받침된다면 한국인이 숫자와 카드 종목, 이름-얼굴, 랜덤 단어 등 모든 종목에서 세계 신기록을 세우지 말란 법이 없다. 기억은 다른 기억 형성에 많은 도움을 줄 수 있다. 마찬가지로 좋은 기억 시스템은 다른 기억 시스템을 만드는 데 많은 도움을 줄 수 있다. 이처럼 한글의 뛰어난 효율성을 알고 있었던 것이, 국제 기억력 마스터를 목표로 삼고 단기간에 대회를 위한 나만의 시스템을 정비하여 도전할 수 있었던 이유 중 하나였다. 누군가 한국인으로서 세계 신기록을 달성하고 세종대왕께 감사드리는 순간이 오길 기원한다.

휴대폰 잠금 패턴을 기억하는 패턴

나는 모 방송 프로그램에서 휴대폰 100대의 잠금 패턴을 푼 적이 있다. 많은 이들이 여태 그런 천재적인 능력을 가지고 있는지 몰랐다며 엄지를 치켜세웠다. 하지만 나는 천재가 아니다. 이 책에서 밝힌 기억의 원리를 응용했을 뿐이다. 내가 갖고 있는 머릿속 재료들을 가지고 나만의 규칙을 만들어 즉석에서 적용하였다. 그 방법을 공개한다.

가장 빠르고 정확하고 오래 기억할 수 있는 방법을 잘 만들 수 있는 사람이 훌륭한 기억술사라고 했다. 다시 말하지만 기억술사란 타고난 두뇌 저장 용량이 큰 사람을 뜻하는 것이 아니다. 우선 휴대폰 잠금 패턴의 구성을 살펴보면 최대 아홉 개의 점이 잠금 패턴을 만드는 데 쓰인다는 것을 알 수 있다. 처음에는 패턴의 별모양, ㄷ자 모양, ㄹ자 모양과 같은 잠금 패턴의 모양 그 자체로 이미지(별, 입구, 지렁이와 비슷한 이미지)를 활용해야겠다는 단순한 생각을 했다. 하지만 일관성과 떠올릴 때의 정확도 측면에서 100대의 잠금 패턴을 해결하기에는 쉽지 않을 것임이 분명했다. 그래서 두 가지 측면을 모두 해결할 수 있는 방안을 고안해야만 했다.

우선 9개의 점에 숫자를 부여했다. 키보드의 숫자 키패드처럼 생각하기로 한 것이다. 그다음엔 점들을 지나가며 선이 이동하는 순서를 숫자로 변환했다. 아홉 개의 점이기 때문에 최대 아홉 자리의 숫자가 나올 수 있었고, 이는 곧 휴대폰 한 대당 최대 아홉 자리의 숫자를 머리에 입력할 수 있어야 한다는 것을 의미했다. 숫자는 기억력 대회를 준비하며 마련한 이미지로 변환할 수 있었다. 이제 이 이미지를 머릿속 기억의 장소에 저장하면 입력단계는 마무리된다.

하지만 문제가 되는 것이 있었는데, 각 휴대폰마다 패턴의 길이가 달라 숫자로 변환했을 때 숫자 길이가 제각각이라는 점이었다. 나는 당시 네 자리의 숫자를 한 장소 포인트에 놓는 것이 편했다. 네 자리 이하의 숫자로 변환되는 휴대폰은 한 개의 장소만 쓰면 충분하다. 그러나 다섯 자리가 넘는 잠금 패턴을 가진 휴대폰은 네 자리가 넘기 때문에 한 장소가 아닌 두 개의 장소가 필요했다. 이렇게 되면 어떤 휴대폰은 장소를 하나만 쓰고 어떤 휴대폰은 두 개를 쓰기 때문에, 다시 장소를 기억하면서 떠올려야할 때 이 휴대폰이 장소 한 개짜리인지 두 개짜리인지 헷갈릴 수 있다는 생각이 들었다. 또 문제가 되는 것이 있었는데 숫자 두 자리씩(00부터 99까지)을 이미지로 바꾸는 방식을 쓰고 있었기 때문에 홀수 자릿수가 나오면 짝이 안 맞아 실전에서 당황할 수 있는 문제도 있었다.

기억의 일관성 있는 입력과 출력을 가능하게 하려고 휴대폰 한 대당 장소를 무조건 2개씩 사용하도록 결정했다. 예를 들어, 기억의 장소가 운동장 – 김밥가게 – 세탁소 – 편의점 – 고깃집 – 주유소로 진행된다면, (운동장 – 김밥가게) – (세탁소 – 편의점) – (고깃집 – 주유소)로 세 대의 휴대폰 잠금 패턴이 입력되는 것이다. 숫자가 여섯 자리라면 앞의 네 자리는 운동장에 입력하고 남은 두 자리는 김밥가게에 넣는 식이다. 또 잠금 패턴이 네 자리의 숫자로 구성되어 있다면 세탁소에는 네 자리 숫자를 전부 넣고, 편의점에는 넣을 이미지가 없기에 편의점이 폭파한다는 이야기로 나만의 표시를 해놓았다. 홀수 자릿수의 경우에는 휴대폰 패턴이 9개의 점으로 이루어져 1부터 9까지의 숫자를 부여했지만, 0은 쓰지 않았기에 남는 0을 뒤에 붙여 짝수 자릿수를 만들도록 하는 규칙을 마지막으로 만들었다.

이렇게 모든 휴대폰은 각 기계마다 두 개의 기억의 장소에 걸쳐 저장이 되었으며 일관성 있는 패턴에 의해 입력될 수 있었다. 이렇게 입력한

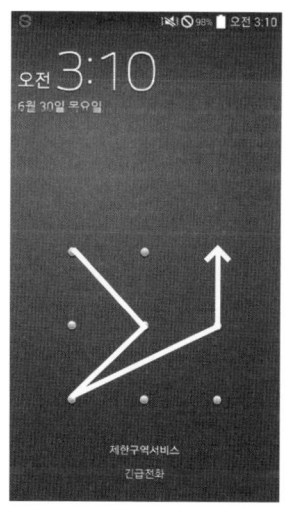

휴대폰 잠금 패턴. 이 같은 경우 75169 라는 숫자로 바꾸어 생각할 수 있다

뒤 다시 기억해야 할 때는 마치 암호를 해독하듯 장소 → 이미지 → 숫자 → 패턴 순으로 차근차근 거꾸로 풀어갔다. 내가 만들어낸 규칙을 갖고 나의 계산대로 모든 휴대폰들이 풀려나갈 때의 그 희열을 아직도 잊을 수가 없다.

한 해가 지났음에도 그 당시 상상했던 이미지 중 떠오르는 이미지가 하나 있다. 싱크대 위에서 아기가 낚시를 하는데 낚싯줄에 라면이 걸려 있는 모습이다. 살면서 다신 그 휴대폰을 접할 일이 없기에 빨리 잊어버리는 편이 좋겠지만, 새삼 인간의 시각적 기억력은 위대하다는 것을 새삼 느낀다.

정계원의 기억법 레슨 05

몸이 기억해야 하는 기억술의 문법들

: 변환의 기법들

1장 기억의 절대공식에서 말한 것처럼, 지식-관찰-결합에서 관찰의 단계는 원래 대상을 연상되는 이미지 혹은 의미로 '변환'하는 과정이다. 일반적인 변환의 방법들을 알아보자.

1. 발음을 활용한 변환

가장 대표적이며, 접근하기 쉬운 방법이다. 비슷한 발음을 가진 다른 단어 등을 떠올리는 것이다. 영어 단어를 외울 때, 사람 이름을 외울 때와 같은 상황을 비롯하여 무궁무진한 활용성을 갖고 있다. 전체 발음 중에서 일부만 주목하여 변환하기도 하며, 전부 다 변환하기도 한다. 또 비슷한 수준이 아니라 아예 같은 음을 가진 단어의 다른 뜻을 활용할 수도 있다. 예를 들어, bin이라는 영어단어의 뜻은 저장용 통 혹은 쓰레기통의 뜻을 가지고 있는데, 이를 '빈'이라는 발음을 통해 한국어 발음의 유사성을 이용하여 '비어있다'는 의미로 변환하는 것이다. 이렇게 되면 '비어있는 쓰레기통'이라는 이미지를 상상해볼 수 있다. 숫자 32(삼이)를 발음이 비슷한 '사미승'으로 변환하는 것도 이에 해당한다.

2. 형태를 이용한 변환

우리는 가끔 구름을 보며 혹은 어떤 화가의 추상적인 그림을 보며, 비슷한 혹은 연상되는 다른 형태를 떠올리는 경우가 있다. 이것이 바로 형태를 이용하

여 변환하는 방법을 쓴 것이라 할 수 있다. 숫자 '2'가 오리모양으로 생겼다고 관찰해내는 순간 형태 변환을 한 것이다. 발음을 활용한 변환에서도 완전 같은 발음이 아니더라도 조금 변형을 주는 식으로 변환을 할 수 있었던 것처럼, 형태도 마찬가지다. 어떤 형태나 이미지의 전체에 주목하지 않고 일부분을 통해 변환하거나, 뒤집었을 때, 좌우 대칭을 했을 때, 데칼코마니와 같은 모양을 이룰 때 어떤 모양일지 상상해보는 등 여러 가지 응용이 가능하다. 예를 들어, 숫자 7을 180도 돌려 골프채 같다고 생각할 수 있다.

3. 의미를 이용한 변환

의미를 이용한 변환은 그 자체가 내포하고 있는 의미를 활용하는 것으로, 1장의 '얼굴-이름 기억하기'에서 나의 이름을 의미를 통해서 이미지로 변환했던 것을 참고하면 좋다. 영어 단어를 외울 때 어원을 통해 뜻을 해석하는 경우도 이에 해당한다. 한자에서 부수의 의미로 관찰하는 것도 마찬가지다.

'23'을 '이삼'이라는 발음을 통해 '인삼'으로 변환하였다면 발음 변환에 해당하지만, 숫자 '23'이 갖고 있는 의미로 전 영국의 축구선수 데이비드 베컴(레알 마드리드 시절 그의 등번호는 23번이었다)을 떠올린다면 이는 의미 변환에 해당한다. 의미를 통한 변환은 내포되어 있는 뜻이나 관련된 역사적, 사회적 배경 지식 등을 많이 알고 있을수록 적용 범위가 넓어진다.

* 여러 방식을 중첩하여 더 강력하고 복합적인 변환 만들기

앞서 소개한 변환의 기법들을 중첩하여 사용하면 더 강력한 이미지, 이야기를 만들 수 있다. 예를 들어, 야마구치山口, やまぐち를 기억할 때 의미를 활용한 변환인 '산의 입구山口'를 상상하는 것과 동시에, 발음을 활용한 변환으로 '구찌' 가방을 떠올린다면, 산의 입구에서 구찌 가방을 들고 있는 일본인 야마구치라는 식의 상상해 볼 수 있다. 한자의 경우, 모양을 본떠서 만든 글자이기 때문에 그 자체로 형태를 이용한 변환이 녹아들어 있으며, 그들이 가진 의미를 조합해 새로운 글자들을 만

들었다는 점을 잘 알고 접근하면 기억하기가 더 쉬워질 것이다.

마찬가지로 앞선 23을 변환할 때 '인삼'을 팬으로부터 선물 받은 '데이비드 베컴'과 같이 발음과 의미를 함께 활용하여 이야기를 만든다면, 나중에 23을 떠올리기가 더 쉬울 것이다. 다른 방식을 중첩하여 변환하는 것이 생각보다 어렵다면, 처음에는 발음으로 변환하는 방식으로만 두세 개 쌓아 올리는 것도 좋다.

공부를 하다 보면 분명 이해를 해서 의미도 알고 있는데, 나중에 기억이 안 날 것 같은 불길한 예감이 드는 순간이 있다. 그리고 불길한 예감은 항상 틀린 적이 없다. 이런 경우에 안전장치로서 기억의 매듭을 한 가지 더 묶어준다면 튼튼한 기억을 가질 수 있다. 기억력 선수권 대회의 선수들도 1시간 동안 숫자를 기억하는 종목의 경우, 한 번만 보는 것이 아니라, 여러 번 반복하여 다시 보며 기억을 더 튼튼히 만들게 되는데, 반복하다가 불안한 지점을 발견할 때 이런 방식을 활용하고 있다. 이중, 삼중으로 변환하여 묶는 습관을 들이다 보면 어느새 기억의 고수가 되어있을 것이다.

도전) 배경지식과 어휘능력, 시각적 관찰력 등을 십분 발휘하여 아래 제시된 소재들을 통해 두뇌를 자극해보도록 하자.

60
1. 발음을 이용한 변환을 떠올려보자.
2. 형태를 이용한 변환을 떠올려보자.
3. 의미를 이용한 변환을 떠올려보자.
4. 중첩하여 만들어보자.

Cu (화학기호: 구리)

1. 발음을 이용한 변환을 떠올려보자.
2. 형태를 이용한 변환을 떠올려보자.
3. 의미를 이용한 변환을 떠올려보자.
4. 중첩하여 만들어보자.

advocate (공개적으로) 지지하다[옹호하다]

1. 발음을 이용한 변환을 떠올려보자.
2. 형태를 이용한 변환을 떠올려보자.
3. 의미를 이용한 변환을 떠올려보자. 어원은 다음과 같다. ad-(향하여) voc-(목소리) -ate
4. 중첩하여 만들어보자.

好 (좋을 호)

1. 발음을 이용한 변환을 떠올려보자.
2. 형태를 이용한 변환을 떠올려보자.
3. 의미를 이용한 변환을 떠올려보자. 女(여자), 子(남자)
4. 중첩하여 만들어보자.

04

지적유희를 권하지 않는 사회

생각하고 정리할 시간을 주지 않고 새로운 지식을 쉴 틈 없이 들이붓는 것은 마치
평생 발효시키지 않은 김치를 계속 만들어내고 있는 것과 같다. 왜 생각할 재료는 넘쳐흐르는데
그것을 써보거나 조합하여 새로운 것을 만들어볼 시간은 주지 않을까.

암기라는 이름의 거부감

기억과 암기는 다르다?

암기 때문에 스트레스 받아보지 않은 사람이 있을까? 언제부터 우리는 무언가를 외우는 것에 큰 거부감을 느끼게 되었을까? 한글 자음 모음을 처음 배웠을 때였을까? 너무나 오래되어 그때 당시의 감정을 정확히 기억해내기 어렵지만, 한글을 처음 배웠을 때의 감정이 훗날 학교에 다니며 역사와 영단어, 수학 공식 등을 외워야 했을 때처럼 부담스러운 감정은 아니었던 것 같다. 갓난아이였을 때는 기억이 나지 않는다고 해서 실망할 필요도 없고, '외우지 못하면 어쩌나' 하고 걱정할 이유도 없으니 말이다.

시간이 지나 부모님은 서서히 정답을 가르쳐주지 않고 아이에게 기억을 떠올리도록 유도한다. 답을 가르쳐주지 않았는데 '사과'를 '애플'로 읽었을 때, 아이에게 쏟아지는 엄청난 칭찬과 박수가 아이를 들뜨게 한다. 반면 틀렸을 때 아이는 부모에게서 오는 반응의 온도 차를 느끼게 된다. 사랑받기 위해선 더 많이 더 정확히 기억해내고, 우렁차게 외쳐야 한다. 만약 옆의 다른 아이가 잘 기억하는 것으로 칭찬과 사랑을 독차지한다면 아이는 엄청난 심리적 위협을 느낄 것이다. 기억해내지 못하면 사랑받지 못할 수도 있다는 불안이 그 중심에 있다.

크면서 외워야 할 도전과제들은 늘어만 간다. 한자에, 구구단에, 영어 단어에, 수학, 과학 공식까지. 학교에선 부모가 집에서 요구했던 것들의 확장판으로 더 많은 것들에 대한 암기를 요구하고 점수를 부여한다. 심지어 학원에서는 외우지 못하면 집에 보내지 않겠다며 엄포를 놓고 아이들에게 무서운 협박을 가하기도 한다. 이렇게 자란 아이들은 틀릴까 무서워, 아예 말을 하지 않는 모습을 보이기도 한다. 나중엔 무언가를 외워야 하는 상황 자체를 피하려 하고 시작조차 하지 않으려는 지경에 이른다. 외우는 것은 부담스럽고 힘이 들고 재미없다는 인식이 뿌리 깊이 자리 잡아 '외우는 것은 곧 지루하고 재미없는 것'이라는 조건 반사가 형성되는 것이다.

이렇듯 기존의 잘못된 주입식 교육방식으로 인해 사람들은 '암기'라는 단어에 대단히 거부감을 갖게 되었다. 이미 대한민국에서 '암기'라는 단어는 많은 이들에게 사전적 의미를 뛰어넘어 부정적 뉘앙스와 이미지를 함께 불러일으킨다. 게다가 이제 우리는 살아가는 내내 무언가를 외우고 떠올려야 하는 환경에서 벗어날 수 없게 되었다. 평생 배움의 시대인 지금, 우리는 끊임없이 새로운 개념과 용어를 소화해야만 먹고 살아갈 수 있다. 한 번 외워둔 것으로 평생 써먹는 시대는 지나간 지 오래다. 외워둔 것도 어느새 쓸모없어지는 순간이 온다. 학교만 졸업하면 끝날 줄 알았더니 계속해서 새로이 외워야 할 것들이 생겨난다. 누군가는 피할 수 없다면 즐기라고 하는데 애초에 외우는 것을 즐길 수 있을 것이란 희망과 기대는 사라진지 오래다.

나는 이 문제를 암기와 기억의 차이를 인지함으로써 해결할 수 있다고 생각한다. 누군가는 나를 '암기왕' 혹은 '암기천재'라고 부르기도 한다. 그러나 사실 이것은 내가 사용하는 기억의 원리에 대해 잘 모르고 하는 말이라고 할 수 있다. '암기'보다는 '기억'이라는 단어로 표현되는 것이 뉘앙스나 의미상 가장 잘 맞는다고 생각한다. '암기'와 '기억'의 사전적 의미는 다음과 같다.

암기暗記
외워 잊지 아니함.

외우다
말이나 글 따위를 잊지 않고 기억하여 두다.

기억記憶
이전의 인상이나 경험을 의식 속에 간직하거나 도로 생각해 냄.

주목해야 할 부분은 암기를 했다고 하는 것은 논리상 기억을 했다고 할 수는 있지만, 거꾸로 기억을 했다고 해서 반드시 암기를 했냐고 할 수는 없다는 것이다. '암기'는 '외우는 것'만을 뜻하고, '기억'은 더 넓은 범위인 '생각'을 뜻하고 있다. 사실 엄밀히 따져 무슨 차이가 있냐고 할 수도 있다. 그러나 일상생활에서 접하는 두 개념의 뉘앙스로 그 차이를 인지할 수 있다. 보통 무엇을 암기한다는 것은 의도적인 노력이 가미된 경우에, 기억했다는 것은 자연스럽게 어떤 것을 생각해낸 경우에 그 쓰임이 더 적합하다. 예를 들어, 지난번 만난 사람의 이름이 떠올랐을 때, 보통 그 이름이 기억났다고 하지 암기했다고 하진 않는다. 이 외에도 어떤 일이 자꾸 기억이 난다고 해서, 그것을 외운 것이라고 말하기엔 애매한 경우들이 많다.

　가만히 생각해보면 힘들게 외우지 않았는데도 기억하고 있는 것들이 우리에겐 의외로 많이 있다. 당일 아침에 먹은 식사의 메뉴를 떠올려보자. 고등어, 김치찌개, 콩나물 등 자신이 먹은 음식을 이야기할 수 있을 것이다. 당신은 이 메뉴 하나하나를 외우지 않았다. 다만 '기억해냈을 뿐' 이다. 아침 식탁의 이미지를 떠올려 자연스러운 생각의 흐름에 몸을 맡겼다. 우리 모두는 아침 식사 메뉴를 암기하지 않고도, 외우지 않고도, 기억해낼 수 있는 머리를 가지고 있다. 그런데 왜 이를 활용할 방법은 아무도 가르쳐주지 않는 것일까. 왜 쉽게, 강하게, 오래 기억할 수 있는 방법은 가르치려 하지 않고 무조건 외우고 암기하라고만 하는 것일까.

　기억력 스포츠를 하며 자주 들었던 생각은 좀 더 나이가 어렸을 때, 사고가 유연했을 때, 이를 시작했으면 좋았을 거라는 것이었다. 그리고 무언가를 머리에 저장하고 꺼내는 과정을 재미없고 고통스러운 행위라고 받아들이게 되는 전국의 아이들이 걱정되기 시작했다. 마치 많은 사람들에게 너무 오랜 시간 영어가 하나의 언어이기 이전에 공부의 대상으로만 강조되니, 흥미를 가져보기도 전에 학습동기가 생기지 않는 것과 비슷하다는 생각이 들었다. 실제 아이들을 가르쳐보면 저학년일수록 근거를 찾고 상상하고 이야기로 결합하여 새로운 기억의 연결 고리 만드는 것에 큰 즐거움을 느낀다. 그러나 중학생만 되어도, 몰입되어있을 때는 즐겁게 집중하지만 막상 그 시작을 두려워하는 경우가 많다.

　얼마 전 영재들을 다루는 TV 프로그램에서 수학 영재가 나온 적이 있다. 아이는 수학을 '사랑'하는 아이였는데, 미분과 적분을 주제로 수학에 관련된 시를 쓸 정도였다. 수학을 처음 접한 후 3년 만에 고등학교 수학 과정을 습득할 정도로 뛰어난 지능까지 갖추고 있었다. 그러나 아직 말과 행동이 또래에 비해 느리고 수학 경시대회같이 시간이 제약되어 있는 시험에서는 시간 내에 풀지 못해 좋은 성적을 받지 못하고 있었고, 아이의 부모는 이에 대해 자연스럽게 걱정을 하게 되었다. 그러나 전문가는 압박하는 것이 아니라 이 상태를 더 유지할 수 있도록, 평범한 아이들처럼 되지 않도록 지지해주어야 한다는 조언을 남겼다. 올림피아드 시험 제한시간에 맞추어 문제를 풀어야 한다고 아이를 닦달한다면, 아이가 갖고 있는 무궁무진한 사고력은 뻗어 나갈 수가 없다. 최악의 경우엔 영재성이 소멸될 수도 있다. 돌이켜보면 모두 어렸을 땐 호기심이 참 많았다. 그런데 어느 날부터 이유를 묻지도 따지지도 않고 일단 머릿속에 집어넣는 것이 습관이 되었다.

언젠가 우리도 이런 식으로 생각한 적이 있었다.
"왜 2차원에서 삼각형 내각의 합 180°일까?"
"왜 punctual은 '시간을 잘 지키는'이란 뜻일까?"

이에 대한 우리 교육의 대답은 항상 다음과 같았다.
"시간 없어! 그냥 빨리 외워. 할 게 얼마나 많은데!"

그리고 그 결과 우린 모두 이렇게 변했다.
'왜 이것은 또 이것일까? 에잇 그냥 외워야지… 외우는 거 싫다.'

따라서 어려서부터 기억에 대한 올바른 인식을 자리 잡게 하는 것이 중요하다. 기억 하나에 대한 태도만 바꾸어도 성적향상뿐 아니라 성공적인 인생으로의 한 걸음을 내디딜 수 있다. 먼저 기억이라는 행위가 사실은 놀이처럼 재미있다는 것을, 그림 그리기와 같은 창작의 즐거움이 있다는 것을 체험을 통해 받아들이게 해야 한다. 외운 결과만을 정확히 보여

달라고 아이에게 요구하는 것은 너무나 무책임한 일이다. 마인드맵의 창시자이자 세계 기억력 대회를 만든 토니 부잔은 두뇌 활용법이 선행되지 않은 채 교육이 이루어지는 전 세계 학교 현장에 대해 비판적인 견해를 밝혔다. 어떤 분야든 교육을 할 때 먼저 방법을 가르치고 시작함에도 불구하고 왜 공부에 있어서는 두뇌를 쓰는 방법에 대해서는 교육이 선행되지 않느냐는 것이다. 기억에 대한 인식의 전환만 일깨워줄 수 있어도, 공부에 흥미를 잃은 학생들에게 큰 도움을 줄 수 있을 것이다.

언어천재라 불리는 베스트셀러 작가 조승연 씨는 영어든 한자든 외우지 않고 기억하는 방법을 쓰는 사람이다. 그는 한 단어를 학습할 때 다양한 유래와 사용 예시, 그리고 관련된 이야기와 어원, 역사적, 사회적 배경까지 철저히 조사한다. 이런 과정을 거치면 그 단어가 왜 그 뜻일 수밖에 없는지에 대한 여러 가지 이유들이 만들어진다. 그는 이를 '그물망'이라고 표현한다. 반면 우리는 단어와 뜻만 나열해두고 한 번도 그 단어 속으로 들어가 본적도, 이유를 찾아본 적도 없었다. 게다가 이 기본을 누구도 가르쳐주지 않았다.

물론 여태 살아온 시간이 있는데, 습관이 들지 않은 상태에서 이 같은 방법을 그대로 따라 하는 것은 절대 쉬운 일이 아니다. 처음엔 하나의 연결고리를 만들어보는 것만으로도 족하다. 차근차근 습관을 들이다 보면 어느새 암기가 아닌 기억을 추구하는 자신을 발견할 수 있을 것이다. 그리곤 외쳐보자.

"너는 외우니? 나는 떠올릴 뿐이다!"

* 이 책에서 자연스러운 문장 표현을 위해 '암기', '외우다'라는 표현을 '기억하다'와 매번 엄격하게 구분해서 쓰지는 않으니 그 부분들은 문맥상 이해해주기 바란다.

기억력 스포츠에 회의를 느끼다

 대회를 마치고 돌아오는 비행기 안에선 항상 다음 대회를 향한 의욕이 불타오른다. 소기의 성과와 함께 아직 부족한 실력에 대한 한계를 느끼면, 누구나 앞으로 조금 더 열심히 훈련해야겠다는 마음가짐을 갖게 된다. 또 대회에서 새로 사귄 여러 나라의 친구들을 더 좋은 모습으로 당당히 만나기 위해 실력을 너욱 높여야겠다는 목표도 생긴다. 기억력 대회는 두뇌 활동을 극한으로 밀어붙여야 하는 환경이기에 체력적으로 힘들긴 하지만 어려운 만큼 성취감과 재미도 크다. 바둑이나 공부같이 난이도가 높은 두뇌 활동에 한 번 재미 붙여 빠져들기 시작하면 게임보다 더 큰 중독을 경험할 수 있다. 그러나 알다시피 난이도가 높은 것일수록 어느 정도 즐길 수 있는 궤도에 올라가는 일이 참 어렵다.

 한국식 교육의 관점에서 보았을 때 나는 정말 말 잘 듣는 우등생이었다. 하지만 안타깝게도 그 과정에서 나도 자연히 무언가를 기억해야 한다는 것에 대해 무의식적인 거부반응을 일으키는 성향을 갖게 되었다. 물론 나는 기본적으로 성실한 편에 속하는 학생이었기에, 더 '노력'하여 많은 시간을 투자하고 달달 외우는 것을 해낼 수만 있다면, 상대적으로 남들보다 더 좋은 성적을 얻을 수 있을 것이란 나름의 긍정적인 마음을 갖고 공부에 임했다. 결과적으로 긍정적인 생각을 했던 내 자신이 기특하긴 하지만, 그 과정에서 '기억'을 대하는 태도 자체는 이미 부정적인 쪽으로 고착화되고 있었다. 무언가를 기억해야 한다는 것이 '노력'과 '인내'를 반드시 수반해야 한다는 인식이 생긴 것이다. 기억은 절대 재미있을 수 없으며, 시험과 같은 어떤 성취를 위해 의무적으로 참아야 하는 시간과 에너지의 투자라는 생각이다.

 사실 한국뿐만 아니라 다른 국가들에서도 대부분 비슷한 방식의 주입식 교육이 이루어지고 있다. 그렇기에 웬만하면 많은 이들이 무언가를 기억해야 한다는 것에 일단 거부감을 표시한다. 어린아이들은 처음엔 호기심도 넘치고 새로운 걸 알아가며 외우는 것을 좋아하지만, 시간이 흐를수록 한 자리에 앉아 무작정 외우라고 하는 선생님의 강압에 점차 어떤 정보를 저장한다는 활동 자체를 싫어하게 된다. 나도 그런 인식을 가지고 성인이 된 사람이었기에 기억력 훈련을 시작한다는 것이 쉽지만은 않았다. 분명히 하고 나면 뿌듯하고 재미있는 활동임에도 막상 훈련을 시작하려는 순간 알 수 없는 거부감이 밀려왔다. 또 한국에서 대중적인 스포츠가 아니었기에 함께할 이들이 거의 없었고, 혼자 아무도 없는 피트니스 센터에서 운동하는 사람처럼 스스로 동기부여를 하며 훈련 스케줄을 지키기란 정말 힘들었다. 심지어 어떤 대회는 훈련을 하나도 하지 않고 이동하는 비행기 안에서 부랴부랴 이미지를 다시 정리한 적도 있었다. 기억력 스포츠의 황무지에서 아무도 알아주지 않는 훈련을 홀로 해나간다는 것은 대단히 외로운 싸움이었다. 중국과 몽골 선수들처럼 여럿이 같이 합숙하며 훈련할 수 있는 환경이 부러웠다. 한국에서 열리는 대회가 없어 꼭 해외로 나가야 한다는 것도 시간적으로, 경제적으로 많은 제약이 됐다. 대회에 나갈수록 처음과는 다르게 '내 시간과 돈을 이만큼 쓰면서 해외까지 나가는데 좋은 성과를 거둬야 하지 않을까' 하는 생각에 어느 순간 대회를 마음껏 즐기지 못하게 된 부분도 있었다.

점차 흥미를 잃어 매일 조금씩하던 카드 훈련과 숫자 훈련, 이미지 훈련 등을 차례로 그만두게 되었다. 한국인 최초의 기억력 마스터 타이틀을 달성하겠다는 초기의 목표는 갈수록 희미해져만 갔다. 해야 할 공부와 일이 있는 상태에서 현실적으로 혼자 아무도 하지 않는 것을 해나간다는 것은 정말 어려운 일이었다. 그렇게 몇 번의 대회를 치르고 서서히 기억력 스포츠계를 떠나게 되었다. 페이스북에 올라오는 세계 각지의 대회사진들도 이루지 못한 것에 대한 아쉬운 감정이 생길까봐 일부러 외면하였다.

사람들은 보통 나이가 들수록 술에 관대해진다. 건강을 위한 운동이나 두뇌와 관련된 자기계발에도 점차 게으른 모습을 보인다. 딱히 기억력이나 뇌의 활성화를 유지하기 위해 따로 하는 것도 없다. 그러면서 자신의 기억력이나 머리가 예전만큼 돌아가지 않는다며 씁쓸한 웃음을 짓는다. 모두들 기억력 감퇴가 막기 힘든 현상이라 생각하지만 그렇다고 해서 자연스러운 현상은 아니다. 머리에 좋지 않은 것들만 골라 하면서 자연스레 기억력이 감퇴되고 있다고 불평하는 것은 사실 핑계에 불과할 수 있다. 마인드맵 창시자이자 세계 기억력 대회를 만든 토니 부잔은 매일 같이 우리가 피트니스 센터에서 운동을 하는 것처럼 두뇌 운동을 위한 활동을 지속적으로 해야 한다고 말한다. 마치 근육처럼 기억력도 기억 운동을 통해 계속 관리해야 한다는 것이다. 그가 기억력 스포츠를 위해 피상적인 홍보 멘트를 했다고 가볍게 받아들일 수도 있지만 곰곰이 생각해볼 점이 있다. 피트니스 센터를 다니는 사람은 그렇지 않은 사람보다 건강을 위해 섭취하는 음식에 신경 쓸 확률이 당연히 더 높다. 기억력에 관한 부분도 기본적으로 기억력에 대한 지속적인 관심이 중요하다. 하루 이틀은 별 차이가 없지만, 관리하는 사람과 관리하지 않는 사람 사이의 격차는 10년 뒤 어마어마하게 벌어진다. 규칙적인 기억 운동이 이 관리를 가능하게 할 수 있을 것이다.

기억력 스포츠계를 떠나 훈련을 하지 않다 보니 자연스레 기억력 전반에 대한 관심이 낮아졌다. 기억의 원리를 알게 되었고 그 원리가 주는 좋은 가치들을 훈련을 지속하며 다시 각인시킬 수 있었는데, 그만두고 나서는 점차 예전 방식으로 생각하기 시작했다. 마치 다이어트를 하다가 한번 습관이 무너지며 시작된 요요현상 같았다. 포기한 다이어터가 될 대로 되라며 치킨, 피자를 마구 시켜먹는 것처럼, 생각을 재구성하고 편집하는 과정이 점점 귀찮아졌다. 좋은 기억을 만들기 위해 하나라도 더 생각을 연결하고 변형하려는 노력을 하지 않고, 1차원적으로 정보를 받아들이는 본래의 습관으로 금세 돌아갔다. 서 있으면 앉고 싶고, 앉으면 눕고 싶은 것처럼 점점 머리 쓰기에도 게으름을 피우기 시작했다.

그러던 어느 날 동네 친구와 가볍게 커피 한 잔을 마시며 이야기를 나눌 때 나는 몹시 신기한 경험을 했다. 우리는 사업 아이템에 대한 아이디어를 나누며 시시콜콜한 대화를 이어갔다. 지난번 만났을 때 했던 이야기의 내용을 친구는 구체적으로 떠올리지 못했다. "뭔가 하나 더 있었던 것 같은데"라는 찜찜한 말만 남긴 채 더는 말이 없었다. 하지만 나는 당시 기억의 궁전을 만들며 장소에 결합하는 훈련을 한참 할 때라 저장해놓은 정보가 아직 머릿속에 남아 있었다. 오랜만에 닫힌 장소들의 문을 열고 돌아다니며 기억을 찾으려 애썼다. 역시 장소는 시간이 지나도 쉽게 잊혀 지지 않는다. 마치 자욱한 안개를 하나하나 걷어내며 걸어가는 기분이었다.

'아, 여기 있었네.'

그 이미지가 의미하는 핵심 내용을 풀어서 친구에게 설명해주었다. 몇 개월 지난 이야기들을 기억할 수 있다는 사실에 친구는 매우 감탄했다. 천재가 아니냐는 친구의 질문에 "누구나 할 수 있어. 대신 아무 노력 없이 이룰 수 있는 마법처럼 생각하진 마."라는 대답을 남겼다. 친구의 반응에 신났던 나는 그날 나눈 대화도 핵심 요소들을 이미지로 바꾸어 이야기로 재구성한 뒤 장소에 입력하였다. 그리고는 집에 돌아와 입력한 정보들을 떠올리며 노트에 다시 옮겨 적었다.

어느 순간 내 경험들이 별로 특별하지 않은 것이라고 스스로 생각하고 있었다는 걸 깨달았다. 기억력 대회에서 선수들과 교류하는 경험을 몇 번 하다 보니 내가 해왔던 것들을 어느 순간 당연한 것으로 여겼던 것이다. 한 번도 이 체험을 해보지 않은 수많은 사람들에겐 두뇌에 새로운 자극을 줄 수 있는 썩 신선한 요소가 될 수 있고, 그들이 이 경험을 통해 새롭게 생각하는 방식을 얻어갈 수 있음에도 말이다. 또 아무리 기억력에 관심을 갖는 사람이 많다하여도 극단의 기억력 연습을 체험해본 사람은 정말 소수에 불과하다. (당시 우리나라에서 역대 기억력 대회에 한 번이라도 출전해본 경험이 있는 사람은 5명도 채 되지 않았다.) 우연의 일치인지 그런 타이밍에 한 공중파 방송국에서 전화가 왔다.

"계원 씨가 우리 방송에서 기억력이 얼마나 좋은지 좀 보여주실 수 있을까요? 한국에 이런 경험이 있는 사람이 없잖아요."

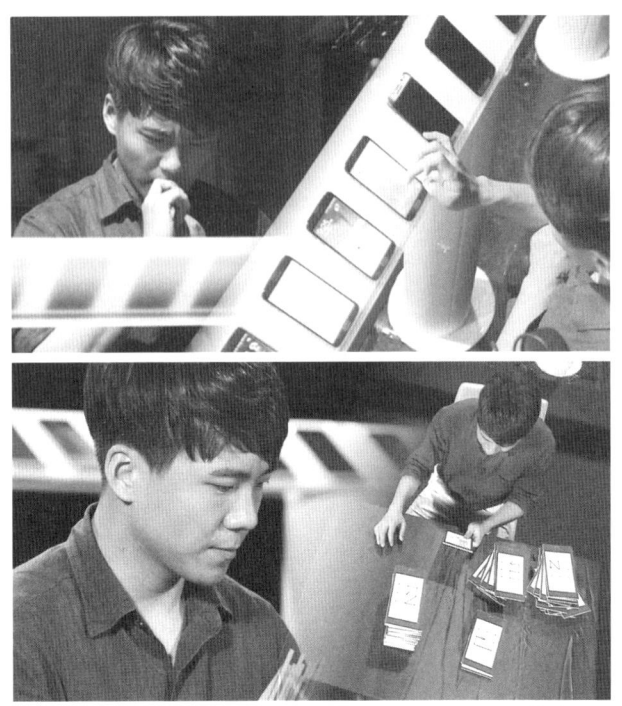

(출처 : SBS 영재발굴단)

다행히도 하루 이틀의 훈련만으로 예전 감각을 다시 찾을 수 있었고 촬영도 잘 마칠 수 있었다. 방송 출연 이후 생각보다 많은 사람들이 관심을 가져주었다. 온라인에서 누군가는 나에 대한 정보를 찾고 싶은데 정보가 없다며 아쉬워했고, 누군가는 머리는 타고 난다며 일반인과 나를 다른 사람으로 여겼다. 주변에서 가져주는 관심과 올바른 정보가 없어 잘못 이해하는 사람들을 위해 내가 할 수 있는 역할을 찾아봐야겠다는 생각을 했다. 올바른 방법으로 연습하면 누구나 할 수 있다는 것을 대회 참가를 통해 몸소 보여주고, 기억력 스포츠가 줄 수 있는 긍정적 가치들을 많은 이들에게 전달해주는 것이 가장 좋은 방향일 것이라는 결론을 내렸다.

우선 무엇이든 실행하려면 소문을 내야 한다고 한다. '남자한테 참 좋은데 어떻게 표현할 방법이 없네'로 유명한 천호식품 김영식 대표는 휴대폰 첫 화면에 목표를 적어놓고 만나는 사람마다 그것을 보여준 것이 성공 비결이라고 했다. 나도 마음만 먹지 말고 진짜 큰일을 이뤄보자는 생각에 방송 인터뷰 중 말을 뱉어버렸다.

"9월에 열릴 아시아 메모리 챔피언십에 참가하여 국가대표 자격을 취득하고, 12월 세계 기억력 대회에 참가할 것입니다."

전파를 타고 전국에 다짐을 했으니 하지 않을 수 없는 상황이 되었다. 때는 7월, 세계 대회까지는 5개월밖에 남지 않은 시점의 결정이었다.

지식의 허브를 만들자

세계 곳곳의 수많은 공항들 중에서도 '허브 공항'이라는 곳이 있다. 우리나라의 인천 공항이나 미국의 JFK 공항, 영국의 히드로 공항처럼 수많은 비행기들이 경유를 위해 거쳐 가는 공항을 뜻한다. 한 번의 테러로 전 세계에 엄청난 마비를 불러올 수 있기에 보안에 많은 인력이 투입된다.

허브 공항처럼 우리의 두뇌에도 허브가 되는 지식들이 존재한다. 컴퓨터 전문가는 세상의 새로운 지식을 컴퓨터 관련 전문지식이란 허브를 거쳐 접근할 수 있다. 자신의 전문분야를 통해 비유적으로 받아들이면 아무런 도움 없이 다가가는 것보다 훨씬 빠르고 쉽게 받아들일 수 있다. 마치 우리가 한 번의 비행으로 아프리카 오지에 가는 것이 어렵기에 허브공항을 활용하는 것과 같다.

사람은 뇌 과학적으로 듣지도 보지도 못한 것은 절대 상상할 수 없다. 따라서 새로운 지식의 탄생은 기존의 지식들이 어떻게 해석되고 결합되었느냐의 결과일 뿐이라고 말할 수 있다. 예를 들어, 외국어 학습에 있어 우리의 허브는 모국어인 한국어라 할 수 있다. 한국인은 처음 새로운 언어를 배울 때 한국어와 비슷한 발음, 문법, 표현 등을 통해 외국어를 받아들이려 한다. 그렇기에 외국어 공부를 하다 보면 한국어에는 없는 문법이나 표현이 나올 때가 가장 곤욕스럽다. 미묘한 점까지 한국어 활용 사례나 표현 혹은 대다수의 사람들이 알고 있는 상식을 통해 쉽게 풀어서 설명하는 강사가 인기 있는 이유가 여기에 있다. 만약 우리가 한국어만큼 익숙한 언어를 하나 더 구사할 수 있다면 어떨까? 허브가 두 개 있으니 지름길을 더 많이 확보할 수 있지 않을까?

언어에 있어 두 개의 허브를 갖고 있다면 하나를 갖고 있는 사람보다 더 다양한 방식으로 빠르게 새로운 언어를 습득할 수 있을 것이다. 스웨덴 국적의 얀자라는 여성 기억력 선수는 15분 만에 90명 이상의 얼굴과 이름을 기억할 수 있는 놀라운 능력을 가지고 있다. 처음 도쿄 대회에서 그녀를 만났을 땐 화려한 헤어스타일과 큰 키만이 그녀를 설명하는 핵심 요소였을 정도로 지금처럼 엄청난 실력의 소유자는 아니었다. 그러나 1년 만에 홍콩 대회에서 만난 그녀는 믿기지 않을 정도의 빠른 실력 향상을 보여주며 챔피언에 도전할 수 있을 정도의 점수를 기록하고 있었다. 그녀의 비결이 궁금하여 어떻게 처음 보는 얼굴과 이름을 그렇게 빨리 기억할 수 있었느냐고 물었을 때, 그녀는 그럴 수밖에 없는 이유를 들려주었다.

"저는 10개 국어 이상을 구사할 수 있고 그것들을 적극 활용한답니다."
"예를 들어 '야마모토'라는 이름을 기억해야 할 때 야마모토山本, やまもと라는 이름에서 야마やま가 산山을 뜻하기 때문에 그 사람의 얼굴과 산의 이미지를 결합할 수 있어요."
새로운 정보를 습득하는데 있어, 모국어가 아닌 일본어라는 언어가 허브 역할을 할 정도의 수준에 이른 것이다.

이건 마치 서울에서 아프리카 오지에 일찍 가기 시합을 하는데, 누군가는 허브 공항을 한 곳만을, 누군가는 열 곳 이상을 선택하여 갈 수 있는 상황과 같은 것이다. 그녀가 10개 국어 이상을 익힐 수 있었던 것도 영어, 스페인어, 독일어, 일본어, 몽골어 등 이미 가지고 있었던 언어 지식의 허브들이 도움을 줬기에 가능했을 것이다. 새로운 언어를 배울 때, 이 허브들과의 거미줄 같은 연결이 쉽게 잊히지 않는 기억을 만들 수 있었을 것이다. 기억의 빈익빈 부익부 현상이라 할 수 있다. 그녀의 열정이 식지 않는 한 그녀가 갖고 있는 지적 자본은 더 빠른 속도로 늘어나 갈수록 많은 양을 담아낼 수 있을 것이다.

우리가 주목해야 할 점은 참새가 이제 막 짓기 시작한 둥지에 머물 수 없는 것처럼, 그녀도 처음엔 일본어를 익히기 위해 다른 지식의 허브를 활용했을 것이란 사실이다. 그러나 반복된 학습으로 나중엔 그 자체가 튼튼한 하나의 둥지가 되었다. **이처럼 하나의 지식이 다른 지식의 습득을 위한 해석의 도구, 즉 연결의 허브가 되려면 어느 정도 깊이를 갖추어야 가능하다.** 한 분야의 대가들은 공통적으로 자신의 분야를 두고 "OOO은 인생이다."라는 말을 한다. 그들은 자신의 분야로 세상을 해석할 수 있게 되었기 때문이다. 지식의 허브가 하나만 더 추가되어도 세상을 다른 측면에서 다채롭게 바라볼 수 있다. 허브를 통해 기억의 자본가가 되어보는 것은 어떨까? 기억력에 금수저는 없다.

지적유희를 권하지 않는 사회

표면적으로는 창의력, 사고력을 가장 중시하면서 정작 그것을 위한 지적 유희는 권장하지 않는 나라가 우리나라가 아닌가 싶다. 게다가 자신의 생각을 정리하고 분류하고 엮어보는 시간이 최근 스마트폰의 대중화로 더욱 줄어들고 있다. 갈수록 생각할 시간에 대한 확보는 점점 더 어려워질 것으로 보인다. 기억력 스포츠는 의미부여하는 두뇌 활동을 적극적으로 행함으로써 전반적인 기억능력의 향상과 함께 창의력, 사고력, 메타적 사고의 발달을 가져올 수 있다. 그러나 우리나라 사람들은 '지금 당장 어디에 써먹을 수 있는지'에만 온통 초점이 맞춰져 있다. **모든 스포츠는 효용성 이전에 그 활동 자체의 즐거움이 목적이 되어야 한다.** 이는 마치 야구선수에게 왜 방망이로 공을 맞춰야 하냐고 묻는 것에 대한 대답과 같다. 물론 효용 측면에서도 기억력 스포츠의 활동이 학업 능력 전반에 도움을 줄 수 있기 때문에 의미가 있지만 말이다.

사회의 지나친 경쟁 분위기와 속도에 대한 압박감은 아이들을 통해 고

스란히 드러난다. 기억법과 관련된 교육을 하고 계시는 분과 함께 기억력 대회에 다녀온 적이 있다. 그분이 대회에서 돌아오자 가르치는 초등학교 학생이 그분을 보고 처음 했던 말은 다음과 같았다고 한다.

"선생님, 몇 등 했어요?"

그리곤 재미있으니 같이 가자는 말에 학생은 이런 말을 남겼다고 한다.

"저는 못해서 안 돼요."

사실 정작 대회에 참가한 사람들 다수는 등수보다 대회 참가를 통해 얻을 수 있었던 재미와 경험 그리고 친구들을 더 중요하게 생각했는데 말이다. "재미있었어?", "준비한 만큼 잘 했니?"가 아닌 "몇 점 맞았니?", "몇 등 했어?"라는 질문을 여태 어른들로부터 들어왔기 때문은 아닐까. **항상 성과를 내야 한다는 마음은 조급함을 불러오고 조급함은 시야를 좁아지게 한다.** 이런 상황에서 생각할 여유, 지적 유희 따위는 배부른 소리다. 새로운 생각이 나올 틈이 없다.

자유로운 생각을 체험할 수 있는 시간을 확보하지 못한다는 것은 사회적으로도 엄청난 경쟁력 악화를 초래할 수 있다. 우리나라엔 초등학교 저학년 아이들 중에도 학교를 마치고 밤늦게까지 여러 개의 학원을 다니는 경우를 심심찮게 볼 수 있다. 그 중 한 시간만이라도 차라리 일명 '멍 때리기' 시간을 주는 것이 장기적으로 아이에게 더 좋을 수 있다고 생각한다. 생각하고 정리할 시간을 주지 않고 새로운 지식을 쉴 틈 없이 들이 붓는 것은 마치 평생 발효시키지 않은 김치를 계속 만들어내고 있는 것과 같다. 왜 생각할 재료는 넘쳐흐르는데 그것을 써보거나 조합하여 새로운 것을 만들어볼 시간은 주지 않을까. 이것이야말로 '써먹지 못하는' 무의미한 활동의 연속이 아닌가 싶다. OECD 통계에 따르면 한국 학생들의 공부시간은 타 국가들에 비해 압도적으로 가장 많다. 반면 전체 공부 시간이 2배 이상 많음에도 숙제를 하는 시간은 미국이나 북유럽 국가들에 비해 오히려 적다는 사실을 알 수 있다. 이는 우리 환경이 스스로 생각할 시간을 전혀 주지 않고 있음을 의미한다.

창의적 사고, 메타 인지, 분류, 기억의 시스템 만들기, 이미지화 등의 단어들이 실체 없는 무의미한 '지적 유희'라고 비판하는 사람도 있을 것이다. 그러나 실제적으로 상위 0.1%의 성적을 거두는 학생들은 자신이 모르는 것이 무엇인지를 알고(메타인지), 배운 내용들 간의 비교 대조를 통해 개념 간에 연결고리를 만들고 이를 통해 분류하는 것에 익숙했다는 공통점을 보면, 무엇보다 스스로 생각하는 능력을 기르기 위한 시간 확보가 공부에서도 가장 중요함을 알 수 있다. 애플사의 스티브 잡스는 생전에 **'흩어진 점들을 연결하기**|connecting the dots**'**를 역설했다. 그는 대학생 때 들었던 타이포그래피typography 수업에서 배운 지식을 훗날 애플 컴퓨터의 아름다운 폰트로 연결시킬 수 있었다. 창조적인 발견은 관찰과 결합 그리고 이를 위한 재료들이 있어야 가능하다. **재료를 확보하는 시간만큼이나 그것을 가지고 놀 수 있는 시간도 중요**하다.

기억의 핵심은 이유를 찾아 연결고리를 만드는 것인데 이를 위해서는 당연히 생각하는 시간이 필요하다. 처음엔 영단어를 한 시간에 한 개 밖에 외우지 못해도 상관없다. 스스로 이유를 만들어가는 시간을 갖게 되면 훨씬 오래 기억된다. 그러나 현실은 짧은 시간에 수백 가지의 단어 암기를 요구하니 이런저런 생각 활동을 해볼 여유가 전혀 없다. 기억의 원리를 스스로 적용할 줄 알게 되면, 짧은 시간에 수백 가지의 단어를 효과적으로 기억해낼 수 있음에도 말이다. 많은 이들이 기억력 연습을 통해 마음껏 자유로이 상상하고 생각하는 시간들을 마련했으면 좋겠다. 두뇌의 굳어있는 부분을 말랑말랑하게 스트레칭할 수 있는 시간을 갖는 것은 주말에 종교행사에 참여하는 것만큼이나 인생에서 매우 중요한 일이다.

기억할만한 인생을 살자

 기억력 스포츠계로 복귀하자 많은 친구들이 환영의 뜻을 표했다. 한국에 놀러온 아오키 타케루는 모든 종목에 대한 전략을 마련하지 못한 나를 위해 카페에서 특별 과외를 해주기도 했다. 목표는 다섯 달 뒤에 있을 세계 대회에서 처음 품었던 목표인 '한국인 최초의 국제 기억력 마스터' 타이틀을 달성하는 것이었다. 그러나 타케루도 3년간 세계 대회에 출전했음에도 이루지 못한 타이틀을 겨우 다섯 달의 준비기간으로 해내야 한다는 것은 불가능처럼 보였다. 게다가 다른 일을 하고 있던 터라 연습을 위한 시간을 내는 것도 여간 쉬운 일이 아니었다. 하지만 목표를 꼭 이루어서 사람들에게 보여주고 싶은 것이 하나 있었다. 남들과 같은 시간과 에너지를 쓰고 있음에도 그들과는 다르게 나는 기억할만한 이야기를 만들어낸다는 것을 보여주고 싶었다.
 대한민국 청년들은 현재 '스펙 사회'에 살고 있다. 갖춰야 할 자격증, 시험 점수를 비롯해 봉사활동까지, 해야 할 것들이 너무나 많다. 누군가는 좋아하는 일만 하면 성공할 수 있다고, 혹은 노력만 하면 해낼 수 있다는 말로 위로 같지 않은 위로를 한다. 요즘과 같은 무한 경쟁 사회에서 한 번 잘못된 선택을 했다간 남들에게 영원히 뒤처질 수 있다는 불안이 팽배하다는 사실을 모르고 하는 말이다. 그래서 어쩔 수 없이 수많은 청년들이 계속해서 학원, 자격증 준비 등에 매달리며 스펙을 쌓기 위해 밤낮으로 동분서주하고 있다. 더욱 참담한 현실은 그 결과 대다수가 큰 틀에서 비슷한 스펙을 갖게 되어 역설적으로 스펙의 의미가 없어지고 있다는 것이다. 완벽한 스펙을 갖춘 자는 다른 말로 완벽한 표준이 되었다고 말할 수 있고, 이는 남들과 다르게 그 사람만이 가지고 있는 차별점은 없다는 것을 뜻한다.

취미 생활로 기억력 대회를 다녀오곤 한다는 말에 취업을 준비하던 누군가에게 들었던 말이 있다.

"자기소개서에 써먹기 정말 좋겠네요."

이 말을 듣고 참 슬픈 세상이라는 생각이 들었다. 주객이 전도되었다는 표현이 머릿속에 스쳐갔다. 활동을 위한 활동은 나를 설명해줄 수 없다. 활동의 다양성에 제약이 따를 수밖에 없기에 누구나 다 아는 시시콜콜한 이야기가 나올 수밖에 없다. 반대로 어떤 활동을 주체적으로 하다 보면 결과적으로 그것이 나를 설명할 수 있는 요소가 된다. 같은 활동에서도 태도가 다르기에 경험에서 나오는 이야기가 다르다.

스펙의 본질은 무엇일까. '이야기'가 아닐까? 우리는 이 세상에 하나뿐인 나를 다양한 이야기로 설명할 수 있어야 한다. 현재 우리나라는 스펙 사회에 매몰되어 있지만 정작 그 속에 다채로운 이야기는 없다. 같은 환경과 같은 에너지를 소비함에도 누군가는 '이야기'를 남기고 누군가는 '자격증'을 남긴다. 몇 개의 변변찮은 자격증 여러 개보다 남다른 이야기를 하나 가지고 있는 사람이 상대방의 기억에 훨씬 오래 남는다. 자기소개는 유치원에 들어가서부터 해왔던 것인데 아직도 어렵다는 것은 참으로 심각한 문제다. 지금 이 책을 읽는 학생들은 지금부터라도 본인을 어떻게 설명할 수 있을지에 대한 고민을 시작해보길 권한다.

기억력 스포츠를 하며 나의 삶에서 이토록 살아있음을 느낀 적은 없었다. 경쟁상대도 등수도 신경 쓸 필요가 없었다. 남과 비교할 일도 없었다. 남들보다 갖추지 못한 것 때문에 불안해할 이유가 없었다. 매일 훗날 멋지게 기억될 내 젊은 날 도전기를 한 장씩 채워가는 느낌이었다.

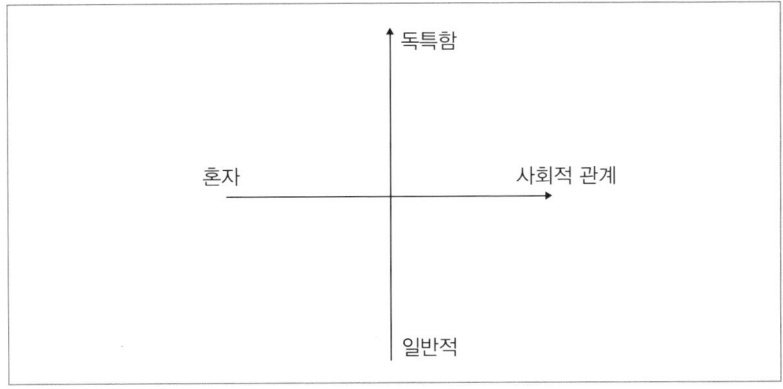

정계원의 스토리텔링 내러티브 매트릭스 story-telling narrative matrix

나는 위와 같이 스토리를 분류한다. 개인적으로는 웬만하면 독특하되 사회적인 관계도 함께 동반하는 활동이 가장 사람들의 기억에 잘 남고 멋들어진 스토리라고 생각한다. 독자 여러분도 자신이 해온 활동이 어느 부분에 속하는지 분류해보면 자신을 돌아보는 좋은 계기가 되지 않을까 싶다. 누구나 일반적으로 하는 활동이면서 다른 사람과의 관계로의 확장성이 없고 혼자 하는 활동이라면 자기를 소개할 수 있는 요소가 되기 어렵다. 쉽게 말해 매력적이지 않다. 공부로 치면 토익, 취미로 말하자면 영화감상 등이라고 말하는 것과 같다. 일반적이면서 사회적인 요소를 가지고 있는 스토리는 학급 반장, 과대표 활동 정도가 될 수 있겠다. 또 특이하다고 해서 매력적인 것만은 아니다. 극단적으로 특이하되 혼자만 즐기는 활동은 이상하게 받아들여질 수 있다.

많은 이들이 일반적인 활동이라 생각하는 것에서도 독특한 이야기를 만들어낼 수 있다. 또 누군가는 혼자만 하는 활동을 사회적으로 풀어나가 매력 있는 모습을 보여주기도 한다. 골방에 앉아 카드를 기억하며 기억력 훈련을 매일 했다는 것은 매력이 없지만 그것을 통해 여러 사람들과 함께 정보를 공유하고 팀을 만들어 국제 대회에 나갔다는 스토리가 첨가되는 순간 대단히 매력 있는 이야기가 될 수 있다.

기억은 스토리다. 기억에 남는 사람이 되고 싶다면 스토리가 있는 사람이 되어야하지 않을까. 물론 이 모든 것 이전에 어떤 스토리든 자신의 주체적 선택이 시작의 계기가 되었느냐가 가장 중요할 것이다.

정계원의 기억법 레슨 06
기억할 만한
인생이야기 쓰기

'독특하되 사회적인 관계도 함께 동반하는 활동'으로 이루어진 내용이 매력적이라는 것을 명심하며, 아래의 스토리텔링 내러티브 매트릭스를 이용하여 자신만의 독특한 이야기를 만들어보자.

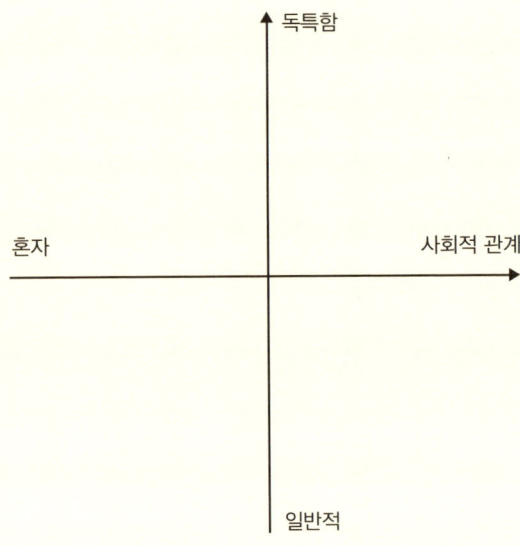

정계원의 기억법 레슨 07

기억력 마스터 기준 정리

세계 기억력 협회는 기억력 마스터라는 기준을 두어 참가자들의 의욕을 고취시키고 목표설정을 하는 데 도움을 주고 있다. 기억력 마스터 타이틀은 대회에 참가한다고 해서 그냥 얻을 수 있는 것이 아니라 협회가 정해놓은 일정 기준을 달성해야 받을 수 있다.

기억력 마스터 자격은 현재 총 네 가지 레벨로 분류되고 있는데, 네 가지 모두 1년에 한번 열리는 '세계 대회'에서만 획득할 수 있다. 매년 한 번의 기회가 있는 것이다. 2016년 현재 일본에서도 단 두 명만이 기억력 마스터 자격을 가지고 있을 정도로 선수들에게 상당히 어려운 도전과제라고 할 수 있다. 네 가지 타이틀과 달성 기준은 다음과 같다.

1. IMM(International Master of Memory, 국제 기억력 마스터)
- One Hour Numbers (한 시간 동안 숫자 기억하기) 종목에서 1000자리 이상의 숫자를 기억한 기록을 보유하고 있어야 한다.
- One Hour Cards (한 시간 동안 트럼프 카드 기억하기) 종목에서 10덱(520장) 이상의 카드를 기억한 기록을 보유하고 있어야 한다.
- Speed Card (카드 한 덱 빨리 기억하기) 종목에서 카드 한 벌(52장)을 2분(120초) 내에 기억한 기록을 보유하고 있어야 한다.

(1) 이 세 가지 기록들을 모두 보유하고 있으며, (2) 그 해 세계 기억력 대회에서

총점 3000점 이상을 달성하면 국제 기억력 마스터로 인정받을 수 있다. 위의 세 가지 기록 조건은 꼭 그해에 달성한 것은 아니어도 된다. 또한 세계 대회가 아니더라도 협회가 인정하는 국내 혹은 국제 대회에서 달성한 것이라면 문제없이 인정된다. 예를 들어, 이전에 어느 대회에서든지 스피드 카드의 2분 내 기록을 달성한 적이 한 번이라도 있다면, 그해 세계 대회에서는 실패해도 이미 기록을 보유하고 있기 때문에 해당 기준에 있어서는 문제가 없다. 다만 One Hour Numbers와 One Hour Cards는 세계 대회에만 있는 종목이기에 세계 대회에 한 번도 참가하지 않고는 타이틀을 얻는 것이 불가능하다.

2. GMM(Grand Master of Memory, 기억력 그랜드 마스터)

기억력 그랜드 마스터는 IMM의 기준을 모두 충족하는 동시에 총점 5000점을 넘어야 한다. 기억력 스포츠에서 5천점의 점수를 넘는 것은 수능에서 모두 1등급을 맞는 것만큼이나 어려운 일이다. 10가지 종목에서 모두 상위권을 유지해야 가능한 점수다.

3. IGM(International Grand Master of Memory, 기억력 국제 그랜드 마스터)

IMM의 기준을 모두 충족하는 동시에 총점 6000점을 넘어야 한다. 사실상 이 정도 실력을 가지고 있다면 단순 '취미 기억인(?)'을 넘어 '프로 기억인' 수준이라 할 수 있다. GMM 이상의 실력을 가지고 있으면 사실상 마스터 타이틀은 별 의미가 없다. 이미 선수들 사이에서는 실력으로 유명한 사람이기 때문이다. 이들은 챔피언을 노리거나 메달, 상금 등을 기대할 수 있을 정도로 놀라운 실력을 갖춘 선수들이다.

4. World Memory Champion (세계 기억력 챔피언)

세계 기억력 대회에서 참가한 모든 선수들 중 종합 점수 1위를 차지한 사람에게 주어지는 타이틀이다.

사실 위 기준들은 협회가 선수들의 의욕과 동기부여를 위하여 임의적으로 만드는 것이니, 타이틀의 이름이나 기준이 선수들의 전반적인 실력 향상에 따라 달라지기도 한다. 예전에는 IMM이란 명칭은 없었고 GMM이 현재 IMM 수준의 선수에게 부여되는 명칭이었다. 어느 순간 중국인들을 중심으로 너무 많은 GMM 달성자들이 나오자 기준을 재조정하게 되었다. 기억력 스포츠를 시작하게 되면 타이틀이 욕심나는 것은 어쩔 수 없다. 누군가는 명함에 기억력 그랜드 마스터라는 명칭을 넣을 정도로 참 매력 있는 이름이다.

국제 기억력 마스터 증서

정계원의 기억법 레슨 08

장소를 꼭 만들어두고 있어야 하나요?

▩ 장소는 앞서 말했지만, '장소'라는 이름을 쓰는 것은 보통 실제 장소를 쓰기 때문이고, 사실은 '의미단위'로 받아들여야 한다고 했다. '원숭이 엉덩이는 빨개~' 노래와 같은 경우 단어가 연쇄적으로 계속 엮여 이어지는 형태를 보인다. '원숭이 엉덩이-사과-바나나-기차' 의 경우 원숭이 엉덩이가 곧 사과를 떠올리기 위한 장소가 되고, 사과는 바나나를 떠올리기 위한 장소가 된 것과 마찬가지다. 따라서 꼭 장소를 만들어둘 필요는 없으며 의미단위만 있으면 충분하다. 더불어 순서를 지키며 기억해야 한다면 '순서가 있는' 의미단위들을 활용하면 된다.

▩ 장소를 따로 만들어두지 않고 즉석에서 장소를 만들어 활용하는 경우도 있다. 대만 대회에서 몽골 팀의 한 청소년이 나에게 자신의 테이블 밑에 놓여있는 가방과 책상 위 놓여있는 볼펜, 필통, 대회장 앞의 연단 등을 가리키며 당장 있을 다음 종목인 스포큰 넘버 (불러주는 숫자 기억하기) 종목의 장소가 될 것이라고 설명했다. 어차피 본인은 스포큰 넘버에서 잘하지 못하니 눈앞에 보이는 사물을 보며 들리는 숫자를 이미지로 바꾸어 결합하겠다는 것이다.

이처럼, 만약 시험 직전의 상황에서 혹은 당장 빨리 저장해야 하는 정보가 있을 때, 당장 저장할 장소가 없다면 현재 자신이 있는 장소에서 포인트들을 잡아 해결하는 것도 좋은 방법이다. 예를 들어, 보통 내신 시험에서 예체능과 같은 과목들은 시험 보기 전날에만 외워두는 경우가 많은데, 그중에서도 잘 기억이 안 날 것 같은 것들은 정리해두어 이처럼 시험 직전 장소에 결합해보는 것도 하나의 요령

이 될 수 있다. 또한 장소가 아니더라도 연쇄 결합하는 방법을 사용하여 꼬리에 꼬리를 물고 이야기를 만든다거나 해당 내용의 핵심 키워드들을 이미지로 변환하여 한 장의 그림 혹은 도표나 마인드맵으로 표현해보는 것도 좋은 방법이다.

도전) 연습용 단어 나열 (7개)

개구리, 생맥주, 당구, 화성, 백지장, 돈, 홍삼

위의 연습용 단어 나열을 아래의 방법들을 차례로 적용하여 처리한 후 기억을 떠올려보며, 각 방법의 차이에 대해 느껴보도록 하자.

1. 연쇄 결합

2. 장소 결합 (즉석에서 만든 장소)

3. 장소 결합 (이전에 만들어 놓은 장소)

4. 송이 한 장 분량의 그림, 도표 혹은 마인드맵 정리하여 표현해보기

* 평소 보는 책의 문단을 요약하여 키워드 나열로 만들고 위의 방법을 적용하여 기억해보자.

05

기억의 궁전
재개발계획

기억의 장소를 활용하는 것은 보다 효율적인 기억을 가능하게 한다.
이는 마치 언제든지 보관해두었다가 꺼내면 되는 보석함을 갖고 있는 것과 같다.

발등에 불 떨어지다

덜컥 겁이 났다. 우선 5개월, 약 150일밖에 남지 않은 시간이 문제였다. 약 1년 전 홍콩 대회를 마지막으로 기억력 훈련을 제대로 한 적이 없었기 때문에 실력이 많이 떨어져 있는 상태였다. 더 심각한 문제는 여태 내가 대회에서 써오던 숫자 시스템과 카드 시스템이 현실적으로 국제 기억력 마스터가 되기 힘든 체계를 갖추고 있다는 것이었다. 입문 단계로 대회에 경험상 참가하기 위해선 무리 없는 체계였지만, 좋은 성적을 내기 위해선 숫자와 카드 시스템 그리고 다른 여타 종목들까지 전략을 다시 세워야했다. 기억력 스포츠에서 새로운 시스템을 장착한다는 것은 야구 선수가 타격 폼을 바꾸거나 가수가 발성법을 바꾸는 것만큼이나 어려운 일이다. 시스템(패턴해석의 도구)은 관찰을 도와주는 지식이라고 앞서 말했다. 기억 활동은 일련의 과정으로 의미부여를 하는 두뇌 활동이라고 할 수 있는데, 관찰하는 방식이 달라지면 같은 대상에서 얻을 수 있는 의미도 당연히 바뀌게 된다고 할 수 있다.

새로운 방식에 익숙해지기 위해선 시간이 필요하다. 왜냐하면 새로운 시스템도 처음엔 기억해야 할 대상이기 때문이다. 시스템을 지식의 단계로, 완전히 내 것으로 만들기 위해선 시간을 갖고 반복하는 노력을 해야 하는 것은 불가피하다. 대략 시스템을 새로 구축하는 데에만 한 달, 익숙해지는 과정을 위해 또 한 달, 완전히 내 것으로 체화시키는데 또 한 달은 필요하다는 나름의 계산이 나왔다. 그리고 나서야 제대로 된 이미지 변환 및 결합 훈련이 가능할 것이라는 생각에 눈앞이 캄캄해졌다. 게다가 나는 창업 멤버로서 시작한 회사에서 개발을 담당하고 있었는데, 회사의 어플리케이션을 런칭하면서 어느 때보다 바쁜 시간을 보내고 있었다.

해외 선수들은 세계적인 기록을 세우기 위해 몇 달 전부터 합숙을 하거나, 밥만 먹고 기억력 훈련에만 매진한다고 하는데, 다른 일을 하면서 대회 준비를 해야 한다는 것은 불가능하다는 생각이 자꾸만 들었다. 일이 끝나고 녹초가 되어 집에 돌아오면 저녁밥을 먹고 난 뒤에야 훈련을 할 수 있는 시간을 겨우 낼 수 있었다. 그러나 하루 종일 컴퓨터 코딩을 하며 지력을 소비하였기에 훈련을 위한 에너지가 항상 남아나질 않았고, 퇴근 후 혼자 집에서 항공용 귀마개를 끼고 최소 2시간 이상 집중하며 앉아있어야 한다는 사실도 대단한 의지가 아니면 불가능한 일이었다. 무엇보다 혼자서 한다는 점이 가장 힘들었다. 훗날 만약 고시공부를 할 일이 있다면 절대 고시원에서 독학은 안 하리라 결심했다.

아무튼 방송에서 멋들어지게 다짐을 했고, 주변 사람들에게 말하고 다녔으니, 안 할 수는 없는 노릇이었다. 앞으로 달성해야 할 기록들을 명확히 정하고 그에 맞는 계획을 세우기 위해 세계 협회의 점수 계산 사이트에 접속했다. 국제 기억력 마스터를 달성하기 위해서는 기본적으로 1시간 숫자 종목에서 1,000자리 이상의 무작위 숫자, 그리고 1시간 카드 종목에서 열 벌 이상의 카드를 기억할 수 있어야 한다. 또 스피드 카드에서 2분 안에 한 벌의 트럼프 카드를 기억할 수 있어야 하며 10종목의 종합 점수가 3,000점이 넘어야 한다. 나는 아직 단 하나의 기준도 충족시킨 적이 없는 상태였다. 마지막으로 참석했던 홍콩 대회에서 기록한 1743점이 개인 기록으로는 최선이었다.

보통 국제 기억력 마스터 타이틀을 목표로 하고 계획을 세울 때, 참가자들이 총점은 고려하지 않는 경향이 많다. 사실 총점 3000점이 가장 달성하기 힘든 과제다. 1시간 숫자 종목에서 숫자 1,000자리를 달성할 수 있다 가정하여도 1,000자리면 약 309점의 점수를 얻을 수 있을 뿐이다. (점수 계산 방식은 세계 협회의 공식에 따라 종목마다 1,000점 만점을 기준으로 상대적 점수가 결정된다.) 다른 9가지의 종목에서도 모두 평균적으로 300점을 넘어야 한다는 말인데 이는 정말 쉽지 않다. 스피드 넘버 (5분간 숫자 기억하기)의 경우 160자리를 기억하여도 300점이 채 안 된다. 따라서 많은 기억력 스포츠 선수들이 조건에서 하나씩 충족을 못시키거나 총점을 확보하지 못해 다음 해를 기약하며 집으로 돌아가는 경우가 많다.

대회는 경험이 절반이라 할 수 있을 정도로, 참가해본 자와 안 해본 자 사이에는 상당한 차이가 있다. 또한 국제 대회 기준의 30분 종목과 세계 대회에서의 1시간 종목은 체력적으로나 전략적으로나 많은 차이가 있기에 경험이 없으면 처음부터 잘해내기가 매우 어렵다. 더군다나 세계 대회 기준은 1년에 한 번만 경험할 수 있기에 더욱 그렇다. 나는 한 번도 세계 대회에 참가해본 적이 없었다는 것이 또 하나의 치명적인 아킬레스건이었다.

7월부터 12월 세계대회까지 앞으로 남은 다섯 달을 최대한 전략적으로 보내지 못한다면 필히 목표 달성에 실패할 상황이었다. 실패할 경우 마치 수능에서 목표달성에 실패한 재수생처럼 또 한 번 1년간 준비를 해야 하는데 성격상 다시 도전할 것이 분명하기에 되도록 한 번에 마무리하고 싶었다. 앞으로 다섯 달 동안 새로운 시스템을 만들고 10가지 종목별로 모의 훈련을 하며 최선의 점수 전략을 세우고 컨디션을 끌어올리기 위해 세계 대회 전 다른 대회들에 먼저 참가해보기로 했다.

  8월 말 홍콩에서 열리는 '아시아 메모리 챔피언십'과 10월 말에 열리도록 예정되어 있었던 '타이완 메모리 챔피언십'이 위치상 다녀오기 편한 대회였다. 비행기표에 숙박까지 전부 자비로 해결해야 하다 보니 개인적으로 금액이 부담되기도 했지만, 마지막 기회라고 생각하고 과감히 투자했다. (훗날 한국에서 기억력 스포츠가 잘 자리 잡아, 후배 선수들은 국제대회에 참가할 때 비용을 지원받을 수 있는 환경이 마련되었으면 하는 바람이다.)

  시험에 비유하자면 모의고사 두 번은 치르고 본시험을 볼 수 있는 상황이었다. 다른 나라의 기억력 선수들이 대부분 쉽지 않을 것이라 말했다. 하지만 수능 시험이라는 고도화된 표준화 시험을 위해 오랜 세월 공부해본 경험이 있는 한국인으로서, 엄청난 분석력과 집중력을 발휘해 단기간 내에 모두를 놀라게 하겠다는 오기가 도리어 내 가슴에 불을 지폈다.

기억의 궁전을 달리다

5개월간 준비해야 하는 것들 중 가장 신경 쓰였던 부분 중 하나가 바로 기억의 궁전으로 불리는 머릿속 기억 저장소였다. 일상생활이나 공부를 위해서 혹은 단순히 두뇌 운동을 위해 필요한 기억 저장소는 천천히 자신의 진도에 맞게 늘려나가도 된다. 게다가 꼭 실제 물리적인 장소가 아니어도 상관이 없다. 그러나 대회를 위해서는 장소의 규모가 엄청나게 커야했고 또 많아야 했다. 보통 니모닉스mnemonics, 기억술를 가르칠 때 장소기억법에 대한 교육은 실제 장소가 아닌 장소를 표현한 그림을 보며 진행하는 경우가 많다. 교육자와 피교육자가 같은 장소 그림을 볼 수 있어, 서로의 상상을 공유하고 비교하는 체험이 가능하기 때문이다. 그러나 머릿속에서 마치 날아다니듯 가장 빠르게 장소를 돌아다닐 수 있고, 구체적으로 상상하기 좋은 것은 당연히 실제 장소이다. 이런 이유에서, 1분 1초가 아까운 기억력 대회에서는 실제 장소로 구성된 기억의 궁전을 준비하는 편이 좋다.

05
기억의
궁전
재개발 계획

세계 대회는 3일간 진행되며 각 종목의 시간이 긴 만큼 저장을 위해 필요한 장소도 꽤나 많이 준비해야했다. 장소를 쓰지 않고 기억하는 종목들도 있었지만, 국제 기억력 마스터를 준비하는 입장에서 최소 500개 이상의 장소는 만들어야겠다는 계산이 나왔다. 예전에 만들어두었던 장소로는 너무 부족했다. 밥 먹고 기억력 훈련만 하는 사람은 아니었기에, 틈나는 대로 장소를 정리해야겠다는 생각이 들었다. 출근길 지하철, 친구와의 약속을 위해 오고 갔던 장소들 등을 바로바로 메모하고 사진 찍어 엑셀에 정리해두었다. 하지만 장소를 위해 한가하게 여기저기 돌아다닐 시간은 많지 않았기 때문에 장소를 기하급수적으로 늘리는 데 한계가 있었다.

기억력 스포츠를 하며 늘어난 창의력 때문인지 순간 번뜩이는 아이디어가 생각났다. 당시 내가 틈날 때 즐기는 컴퓨터 게임이 있었다. 이 게임은 일명 오픈 월드 open world 게임으로 플레이어가 게임 속 장소들을 실제 세상처럼 자유롭게 돌아다닐 수 있었는데, 그래픽이 너무도 실제와 비슷하여 얼핏 보면 실제 세계를 찍어놓은 동영상이라고 사람들이 착각할 정도였다. 게다가 실제 미국에 있는 도시를 본 따서 만든 게임 속 세상이었기에 플레이할 수 있는 공간들이 상당했다.

'이 게임 속 장소를 내 기억의 장소로 만들어버리면 어떨까? 이를 영상으로 사람들과 공유할 수 있다면 많은 이들이 서로 분담해서 장소를 만들 수 있지 않을까?'

게임 속 가상의 장소이기에 언제 어디서나 같은 곳에 접속할 수 있고, 대회장에서도 종목 시작 전 쉬는 시간에 장소를 정리하는 용으로 볼 수 있겠다는 생각이 들었다. 순간 내가 천재가 된 것 같았다. 새벽에 홀로 방송국 PD처럼 컴퓨터 앞에 앉아 매일 게임 영상을 편집했다. 이로써 엄청난 양의 장소를 추가할 수 있었다. 게임 속에서만 단기간에 200개에서

300개의 장소를 만들었다. 직접 장소를 만들기 위해 이곳저곳 돌아다니지 않아도 되어 편리했고, 유튜브YouTube에 올려 언제든지 그 장소에 가볼 수 있어 좋았다. 물론 이 작업에도 대단히 많은 노력이 필요했다. 게임 속 캐릭터가 보는 시선에 따라 장소를 획획 날아다니며 번호를 매기는 것까지 영상으로 편집한다는 것이 말처럼 쉬운 것이 아니었다.

게임 속 캐릭터 집의 침실. *큐알코드를 찍으면 영상으로 연결됩니다.

실제 장소들은 주로 동네에 있는 곳들을 확장시켜나가는 식으로 접근했다. 조깅을 할 때면 일부러 기억의 장소로 정해 놓은 곳들에 순서를 맞추어 뛰곤 했다. 그렇게 기억의 궁전을 달렸다. 달리는 동시에 장소들을 다시 확인하며, 연습할 때 잘 떠오르지 않았던 장소들을 유심히 관찰하여 더 정교한 이미지와 느낌들을 추가했다. 명절 때 친척 집에 놀러가거나 새로운 장소에 갈 일이 있으면 그곳들은 나에게 장소 '노다지'였다. 사진을 찍고 장소의 흐름을 짜고 번호를 매기며 엑셀에 정리했다. 대회 참가를 위해 오갔던 호텔, 카페, 공항 등도 곧바로 장소로 추가했다. 나중에는 장소가 1,000개 이상이 되었다. 지하철 안에서는 게임으로 만든 장소의 동영상을 2배속으로 재생시켜보거나, 눈을 감고 실제 장소들을 돌아다니며 장소들에 익숙해지기 위해 노력했다. 정말 기억의 궁전이란 표현에 걸맞게 내가 그 장소에서 드론이 된 것처럼 휙휙 날아다니는 느낌이었다. 퇴근 후 연습을 할 때는 이 장소들에 기억해야 할 숫자와 카드 등을 이미지로 바꾸어 각 장소에 이야기를 만들어봄으로써 실전 훈련을 해나갔다. 하루의 절반은 현실세계에서 하루의 절반은 기억의 궁전에서 보내는 느낌이었다. 마치 자각몽(수면자 스스로 꿈을 꾸고 있다는 사실을 자각한 채로 꿈을 꾸는 현상)을 꾸고 있는 사람처럼 마인드 팰리스 속 세상에선 모든 것이 내 마음대로였다. 아름다움, 감동, 잔인함, 즐거움, 슬픔, 야한 상상 등 온갖 심상의 도가니였다. 정말 몰입하여 훈련했던 날에는 그날 밤 실제 꿈속에서 기억 속 장소들이 펼쳐지곤 했다.

장소 기억법을 사용했을 때가 그렇지 않은 경우보다 기억을 쉽게 떠올릴 수 있다는 것을 검증한 심리학 실험이 있다. 실험에서 142명의 참가자들은 단어를 기억하기 전 컴퓨터를 통해 아파트, 학교, 창고 등의 가상 환경을 5분간 돌아다녔다. 실험자는 참가자 중 3분의 2에게 장소 기억법을 이용하여 단어를 외우라는 지시를 내렸다. 또 이들 중 몇 명에게는 집과 같이 자신에게 익숙한 장소를 사용해서 외워보라는 주문을 했다. 그리고 나머지 3분의 1에게는 별다른 요구를 하지 않고 외우게 시켰다. 참가자들은 11개의 무작위 단어가 포함된 10개의 리스트를 외워야 했다. 실험의 결과는 장소 기억법을 활용한 집단이 그렇지 않은 집단에 비해 10~16% 더 정확히 기억했다는 것을 보여주었다.

여기서 주목할 점은 컴퓨터를 통해 보았던 가상 환경을 이용해 장소 기억법을 적용한 참가자나 익숙한 환경을 이용한 참가자나 점수가 비슷했다는 점이다. 심지어 가상 환경을 사용한 참가자가 그렇지 않은 참가자보다 장소 기억법을 더 잘 활용했으며, 가상의 장소가 어떤 것이었는지는 중요하지 않았다고 한다. 내 생각엔 가상 환경을 이용했던 집단은 실험

직전에 선명하게 본 영상을 활용했기 때문이 아닌가 싶다. 개인적인 경험으론 같은 조건일 때 실제 장소가 가상 장소보다 유리하다. 그 장소에 담겨있는 의미나 특징적인 이야기들을 더 잘 알고 있기에 자신의 심상을 많은 부분 활용할 수 있다는 점에서 그렇다. 위 실험을 일반 참가자가 아닌 장소 기억법에 특화된 기억력 선수들을 대상으로 하면 어떤 결과가 나올지 궁금하다.

기억의 궁전에 대한 건축학 개론

마인드 팰리스, 메모리 팰리스^{memory palace}라고도 불리는 기억의 장소를 활용하는 것은 실험 결과에서도 밝혀졌듯이 보다 효율적인 기억을 가능하게 한다. 이는 크게 두 가지 원리를 품고 있기 때문인데 먼저 시각적인 정보를 활용한다는 차원에서 그렇다. 사람의 뇌는 이미지에 친숙하고 정보를 받아들일 때 시각정보가 가장 큰 부분을 차지한다. 두 번째로 자신에게 익숙하고 친숙한 장소라는 장기기억을 활용한다는 점에서 효율적이다. 이는 마치 잊어버리지 않는 보석함을 갖고 있는 것과 같다. 언제든지 보관해두었다가 꺼내면 된다. 보석함 자체를 잃어버린다면 곤란해지지만, 익숙한 장소는 그럴 확률이 매우 적기에 효과적인 것이다. 미국에 있어도 우리 집을 떠올릴 수 있듯이 장소는 언제 어디서나 떠올릴 수 있는 장기기억이다. 자신의 집에 기억의 장소를 만들고 장소를 순서대로 떠올리는 것은 누구나 5분 정도면 쉽게 할 수 있다.

기억의 궁전을 만드는 법은 다음과 같은 네 가지 단계로 정리할 수 있다. 필자가 훈련을 하며 얻은 노하우를 공개한다.

1) 큰 부분으로 나누기

우선 자신이 기억의 궁전으로 만들고 싶은 실제 장소를 선택한다. 자신의 집, 동네 혹은 출근길, 학교, 도서관, 사무실 등이 될 수 있다. 그다음, 세부적인 작업에 들어가기 전 선택한 장소를 크게 분류해보는 것이 좋다. 예를 들어 자신의 집으로 장소를 구성하려 한다면 큰 방, 작은 방, 거실, 베란다, 화장실 등 큰 부분으로 조각을 나누어야 한다.

Designed by Freepik

2) 흐름flow 만들기

큰 부분으로 나누고 난 후에는 머릿속에서 어떤 '순서대로' 돌아다닐 것인지 정하는 것이 매우 중요하다. 장소는 기본적으로 군데군데 떠오르는 것이 아니라 연속적으로 연결되어 있는 공간이기 때문에 흐름을 짜놓으면 쉽게 그 흐름을 타고 갈 수 있다. 이를 만들 때 고려해야 할 중요한 점은 시작점과 출구가 있어야 한다는 점이다.

예를 들어, 집에 장소를 만든다면 베란다에서 출발하여 거실을 거치고 부엌으로 향한 후 작은 방, 큰 방을 거쳐 신발장을 통해 현관으로 나가는 흐름을 구성할 수 있다. (흐름의 예시: 베란다(시작점)-거실-부엌-작은 방-큰 방-신발장-현관(출구)) 그리고 이 출구가 다음 거점 장소의 시작점과 자연스럽게 연결될 수 있으면 더 좋다. 만약 동네에도 장소를 만들었는데, 그 출발점이 집에서 끝났던 부분과 너무 멀리 떨어져 있다면 장소간 이동하는데 시간이 지연될 수 있기 때문이다. 물론 기억력 대회에 나갈 것이 아니라 시간적 여유가 있다면 크게 상관은 없다.

3) 장소 포인트point를 번호로 정리하기

이제 1번에서 나누었던 큰 부분들 하나하나에 들어가 세밀한 작업을 해야 한다. 장소 포인트를 잡아야 한다. 주로 일상적인 소품이나 특징이 있는 물건이 포인트가 된다. 예를 들어, 작은 방의 침대, 기타, 피아노, 책상 위의 곰 인형, CD, 액자 등 각 부분들에 세부적인 장소 역할을 부여한다. 이들 사이에서도 흐름flow을 만들어 자연스러운 이동이 가능하도록 해야 한다. 방에 들어가면 어떻게 나갈 것인지 혹은 꼭 나가지 않더라도 어떤 점이 끝이 되어 다른 방으로 이동할 것인지 잘 생각해보아야 한다. 시계방향으로만 진행할 것인지, 반시계방향으로만 진행할 것인지 등도 정하며 자신만의 규칙을 만들 수 있다.

또한 포인트의 개수에도 일관성 있는 규칙을 정해 장소를 만드는 편이 좋다. 10개 단위로만 정한다거나 이 10개에서도 4개, 3개, 3개로 나누어 서로를 가깝게 배치하는 등 일정 규칙에 따라 설계를 하는 것이다. 이렇게 되면 엑셀과 같은 스프레드시트에 정리할 때도 편하고, 장소의 개수를 파악하는 것도 수월해지기 때문에 추천하는 방법이다. 마치 정부에서 전국 도로명 주소를 일정 규칙에 따라 만들었듯이 우리가 만든 기억의 궁전에 주소를 할당하는 과정이라 생각하면 된다. 이렇게 되면 순서대로 어떤 정보를 처리할 때 굉장히 유용하다. 예를 들어 베란다에 10개, 거실에 10개, 부엌에 10개의 장소 포인트가 있다고 치자. 23번째 기억을 떠올려야한다면 처음부터 일일이 이동하며 23번째 장소로 가는 것이 아니라, 부엌의 3번째 장소로 가면 간단히 해결될 것이다.

4) 장소에 감정담기

기본적인 설계와 작업이 끝나면 이제 눈을 감고 장소를 시나리오대로 돌아다닐 수 있는지 확인해보는 과정이 필요하다. 서너 번 정도 해보면 곧바로 감이 온다. 이를 반복할수록 장소를 한 번 쓱 훑어보는 과정이 점점 빨라짐을 느낄 수 있다. 그러나 반복의 결과 잘 떠오르는 장소 포인트들이 있는 반면 시나리오대로 가지 않고 중간에 건너뛰게 되는 지점들이 있다는 것을 알게 된다. 이는 그 이미지가 강하지 않거나 이전, 이후 장소의 포인트들과 연결이 잘 안 되어 있는 경우, 혹은 너무나 가깝게 위치했거나 너무 멀리 위치한 경우에 발생하는 문제다. 이런 문제를 해결하기 위해선 그 장소를 더 자세히 관찰하여 그 장소 포인트만의 특징에 대해 고민해보는 과정을 거쳐야 한다.

내가 경험했던 예를 들어주겠다. 나는 부엌에서 전기밥솥이라는 물건을 하나의 장소로 지정했었는데, 유독 밥솥에 어떤 이미지를 결합하면 잘 떠오르지 않는 경향이 있었다. 그래서 추가적인 작업을 했다. 밥솥에 방금 밥이 되어 밥솥을 열었을 때 올라오는 연기와 소리 등을 상상하며 해당 장소에 대해 좀 더 '정교화'하는 과정을 거쳤다. 밥이 질게 되었을 때의 그 끈적끈적함도 상상하며 장소에 감정을 담고 이야기를 미리 만들어 놓았더니, 이후 그 장소에 저장한 기억을 인출하는 데 놀라운 개선을 이룰 수 있었다.

대회를 준비하며 때론 아쉽지만 몇 가지 장소는 없애버렸던 경우도 있었다. 가장 나에게 잘 맞는 장소만 추려 최선의 효과를 내고 싶었기 때문이다. 나에게 잘 안 맞는 장소를 계속해서 가져갈 의무는 없다.

처음에는 자신의 집에서 20개만 만들어보도록 하자. 장소를 만들어만 놓는 것은 아무 효용이 없으니 쇼핑을 할 일이 있을 때 혹은 시험 전날 각 장소에 기억해야 할 것을 이미지로 바꾸어 결합해보는 연습을 해보자. 장소에 잘 결합해 놓으면, 장소만 돌아다녀도 해당 장소에 저장했던 이미지들이 툭툭 튀어나온다. 이 과정을 하루 뒤, 일주일 뒤 같은 식으로 마치 공부에서 복습을 하듯이 짧게는 1~2분 정도 시간을 투자하면 상당히 오랜 기간 기억에 남길 수 있다.

정계원의 기억법 레슨 09

기억의 궁전을
청소하는 법

시간이 흘러 저장해둔 정보가 의미가 없어졌거나 혹은 장소가 부족해졌을 때, 장소를 비워야 하는 상황을 맞이할 수 있다. 다른 정보를 저장하고 싶은데 이전에 넣어두었던 정보가 떠오를 수 있기 때문이다. 기억의 궁전을 청소하는 법을 소개한다.

1. 기억의 궁전에 저장된 정보를 지우는 간단한 방법은 오랜 시간 그것에 대해 떠올리지 않는 것이다. 일명 복습을 하지 않고 놔두면 자연히 짧으면 3일, 아무리 길어도 한 달이 지나면 사라져 있을 것이다.

2. 해당 정보에 관련된 이미지를 지우개로 지우듯 없애는 상상을 하거나 연기가 되어 사라지는 상상을 하는 것이다. 그리고는 장소에만 집중하여 한 바퀴 훑어보는 시간을 갖는다면 그 장소들에 결합해 두었던 이미지를 지우는 데 도움이 될 것이다.

정계원의 기억법 레슨 10
장소를 구하는 여러 가지 방법

1. 온라인 지도 서비스
친분이 있는 지인이자 한국 기억력 스포츠 선수인 애니메이션 감독 조주상 님은 온라인 지도 서비스인 네이버/다음 지도, 구글 스트리트 뷰 등을 활용해 장소를 만드는 데 도움을 받는다고 한다. 온라인 지도 서비스는 보통 한쪽에는 전체 지도에서 내가 어디에 있는지를 보여줌과 동시에, 키보드 방향키로 마치 걸어 다니듯 장소들을 훑어볼 수 있게 해주는 시스템을 갖추고 있어 체계적인 장소 선정이 가능하다. 또 예전에 살았던 집이나, 학교, 동네 등 뿔뿔이 흩어져 있는 장소들에 시공간의 제약 없이 갈 수 있다는 장점이 있다.

2. 여행
여행을 갔을 때 사진을 많이 찍어두자. 한국으로 돌아오는 비행기에서 그동안 돌아다녔던 장소들을 기억의 궁전으로 짓는 시간을 갖는다면, 같은 여행을 하고도 시간이 지나 기억할 수 있는 장소와 사건들이 더 많을 것이다. 사람은 최근에 가봤던 장소는 정말 쉽게 떠올릴 수 있고, 의식해서 정리해둔 장소들을 정말 오래도록 기억할 수 있다. 그리고 그 장소들은 당시 추억들까지 함께 불러일으킬 것이다.

3. 게임
자신이 좋아하는 게임을 통해 기억의 장소를 만들 수 있다는 것은 참 매력적

인 일이다. 온라인 지도 서비스처럼 시간과 공간의 제약을 받지 않아 제작 효율이 상당히 좋다는 장점이 있다. 다만 게임이라는 특성 때문에 장소나 사물의 정교함이 떨어질 수 있어, 되도록 그래픽이 좋은 게임을 활용하는 것을 추천한다. 또한 유저가 게임 속 세상에서 마음대로 돌아다닐 수 있는 오픈 월드 open world 스타일의 게임을 이용하는 편이 좋다. 영상을 찍어 편집하는 데 시간이 오래 걸린다는 점, 정작 장소는 만들지 않고 그냥 게임을 하게 된다는 단점이 있다.

4. 그림

기억의 궁전은 실제 장소가 아니어도 상관없기에 가상의 공간 혹은 캐릭터, 사물들을 그림으로 그려 배치하는 방법을 쓸 수 있다. 그림의 경우, 교육적 의도나 자신의 일관적인 규칙을 적용하여 입맛대로 만들 수 있다는 점에서 유용한 측면이 있다. 공책을 펼쳐놓고 그림을 그려 그곳에 자신만의 세계를 창조할 수 있다. 스스로 그린 그림인 만큼 시간과 노력이 들어가 더욱 잘 기억나는 장점이 있으나, 공간감을 넣기 힘들다는 단점이 있다.

이야기 자판기가 되다
파오 PAO 시스템

한여름의 더위가 모두를 지치게 하고 있을 때, 일본의 기억력 스포츠 선수이자 절친한 친구인 타케루가 한국에 놀러왔다. 오랜만에 만난 우리는 서촌의 삼계탕 맛집을 찾아가 배를 가득 채우고 시원한 카페에 들어가 근황을 물으며 이야기를 나눴다. 타케루는 세계 기억력 스포츠 협회의 동향과 앞으로 있을 대회들의 정보에 대해 많은 부분을 공유해주었다. 또한 향후 한국에서 기억력 스포츠를 활성화 시킬 수 있는 방안과 한국에서 대회를 여는 것에 대한 가능성도 가늠해보았다.

우선 급한 것은 세계 대회에서 목표한 바를 이뤄내는 것이었기에 이야기는 자연히 국제 기억력 마스터를 달성하기 위한 기억 전략과 연습법으로 이어졌다. 타케루는 2011년부터 기억력 스포츠에 입문하여 경험도 많았고, 호주 오픈 메모리 챔피언쉽에서 2위를 차지하는 등 실력도 뛰어난 플레이어였다. 그러나 그런 그도 아직까지 마스터 타이틀은 획득하지 못하고 있었기에 나처럼 다가오는 세계 대회를 노리고 있었다. 경험 많은 그로부터 좋은 기법과 훈련 방법에 관련하여 최대한 많은 정보를 수집하는 것이 시급했다. 카페에서 기억력 스포츠 상담과 과외가 진행되었다.

나는 아직 트럼프 카드를 이미지로 변환하기 위해 원 카드 시스템을 쓰고 있다고 이야기하자 그가 말했다.

"음 아마 힘들다고 생각해. 나도 처음에 그렇게 했고, 나중에는 이미지가 똑같은 것이 계속 나왔고, 많은 덱을 기억하는 것이 힘들었어."

그가 완벽한 한국말을 구사하는 것은 아니었기에 최대한 쉬운 어휘로 천천히 물어보며 대답을 기다렸다.

"파오PAO시스템이라고 알아?, 파슨(사람), 액숀(행동), 오브젝또(대상)의 의미야. 계원은 파오 시스템을 쓰는 편이 좋다고 생각해."

파오PAO, Person-Action-Object 시스템은 앤디 벨Andi Bell이라는 사람이 만들었던 기억 시스템으로 우리 문법으로 해석하면 '주어 - 동사 - 목적어 시스템'이라고 할 수 있다. 아무리 사람이 창의적인 이야기를 다양하게 만들어도, 결국 기본 구조는 주어 - 동사 - 목적어에서 벗어나기 힘들다는 점에 주목하여 이를 아예 패턴화한 것이다. 기억력 스포츠에서는 자유로운 이야기를 만들어내고 그것을 이미지로 상상하여 기억하는 능력이 중요하나. 하지만 스포츠는 경쟁이기에 빠른 속도 또한 중요하다. 따라서 그때그때 주어진 과제물을 이미지로 변환하고 이들을 장소와 엮어 새로운 이야기와 이미지를 만드는 것을 빠르게 할 수 있어야 하는데, 이를 편하게 만들기 위해 '이야기 제작의 자동화 시스템'을 만든 것이라 할 수 있다. 물론 이 방법은 큰 틀만 잡아줄 뿐이지만, 매번 아무런 도움을 받지 않고 혼자 즉흥적인 상상을 하는 것보다, 많은 지력을 아낄 수 있게 해주어 결과적으로 단시간에 많은 양을 기억할 수 있게 해준다.

대표적인 PAO시스템 고수는 2013, 2014년 세계 대회에서 두 번 연속 챔피언을 차지했던 스웨덴의 요나스 본 에센Jonas von Essen이 있다. 그는 각 종목에서 최고의 성적을 내지는 않았지만, 탄탄한 PAO시스템을 갖고 있어 모든 종목에서 기복이 없는 플레이를 펼쳤고 결국 총점에서 챔피언을 차지했다.

원리는 이렇다. 카드를 예로 들면 ♥Q의 이미지는 나에게 원 카드 시스템에서 박지성이었다. 그러나 이를 PAO 시스템으로 확장시키면 ♥Q라는 카드는 세 가지 경우의 수(주어/동사/목적어)를 갖게 된다. 박지성(P), 박치기 하다(A), 바나나(O)와 같이 주어, 동사, 목적어의 각 경우에 따라 어떻게 쓰일지를 미리 정해놓는 것이다. 이렇게 되면 카드가 무작위로 배열되었을 때 ♥A - ♥Q - ♣9 로 나열된 카드는 ♥A(아이유) - ♥Q(박치기하다) - ♣9(곰)과 같이 해석되는 것이다. 반대로 ♥A의 Action이 '안다'라고 할 때, ♥Q(박지성) - ♥A(안다) - ♣9(곰)의 배열을 통해 박지성이 곰을 꼭 안고 있는 이미지를 곧바로 만들 수 있는 것이다. 파오 시스템은 비단 카드에만 쓰이는 것이 아니라 숫자 및 다른 종목들에도 무궁무진하게 활용되고 있다.

* ♥A (아이유 - 안다 - 알), ♣9 (고모 - 곤장 때리다 - 고등어)처럼 한글 자모음에 따라 P - A - O를 만들 수 있다.

PAO를 만들고 활용하는데 주의해야 할 점들 또한 타케루의 경험적 조언을 통해 알 수 있었다.
"타케루, 나는 ♣5의 Person 이미지가 '도라에몽'인데 상관없어?"
"안 돼. 사람이 아니잖아."
도라에몽은 사람이 아니긴 하지만 크게 상관이 있을까 싶었다. 한국말을 잘 알아듣지 못한 것인가. 만화 캐릭터라서 그런 걸까.

"그럼 ♣K 코난인데 괜찮아?"

"응. 사람이잖아."

왜 꼭 사람이어야만 하냐는 물음에, 그는 Person 이미지가 사람이어야만 나중에 카드 종목에서 10덱 이상씩 도전할 때 Person인지 Object인지 헷갈리는 실수를 방지할 수 있다고 말해주었다. 이 사실을 나중에 알았더라면 큰일 날 뻔했다. 이 조언 이후 나는 모든 이미지들을 최대한 규칙에 맞게 만들기 위해 노력했다. PAO를 익히고 나자 마치 상상력 자판기가 된 것 같았다. 수많은 경우의 수로 만들어진 재미있는 이야기들이 우연한 조합을 통해 뽑혀져 나왔다.

사실 파오 시스템도 하나의 시스템일 뿐 모두가 이 방법을 쓰는 것은 아니다. 완전히 자유로운 상상과 연상을 좋아하는 선수들은 PAO가 아니라 대표 이미지 두 개, 세 개를 엮어 즉석에서 상상하는 방법을 쓰기도 한다. 예를 들어, 박지성과 아이유가 함께 있다면 벌어질 수 있는 일들을 틀 없이 자유롭게 상상하는 식이다. 반면 어떤 이들은 PAO에 주변 환경, 날씨, 주인공의 감성(슬픔, 분노, 기쁨 등), 주인공이 입고 있는 옷까지 만들어서 ECPAO(Environment + Clothing + PAO) 등의 확장된 버전을 만들기도 한다.

PAO는 이야기의 함수라고 할 수 있지만, 그렇다고 상상을 제약하는 것은 아니다. 같은 행동이라도 누가 했는지, 또 그 행동의 영향을 받은 대상은 무엇이었는지 등을 선명하게 기억하기 위해선 추가적인 연결 작업이 필요하다. 따라서 PAO 시스템을 읽히는 대로만 접근했다가 리콜에서 어려움을 겪는 사람들도 더러 있다.

주어/동사/목적어인가, 주어/목적어/동사인가

한 가지 고민이 생겼다. PAO 시스템을 적용하여 이야기를 만들어나가는데 자꾸 한국어의 어순으로 문장을 다시 바꿔서 그림을 상상하는 내 자신을 발견한 것이다. 예를 들어, 오바마, 치다, 두부라는 PAO의 해석이 나왔을 때, 영어의 어순으로는 'Obama hits tofu'로 자연스럽게 이어지는데 다시 한국어 어순으로 '오바마가 두부를 치다'라는 식으로 바꾸는 과정에서 시간이 지체되는 현상이 있었다. 한국어 어순에 맞게 PAO를 POA로 순서를 바꾸어 사용해야겠다는 생각을 하다가 PAO를 쓰는 데는 어떤 이유가 있지 않을까 하는 생각이 들었다.

기본적으로 동양인들은 자아의 상호 의존성에 더 초점을 두고 전체를 통해 현상을 자각하는 반면 서양인들은 자아의 독립성에 바탕을 두고 부분적인 현상에 더욱 초점을 맞춘다고 한다. 그림도 서양인들은 전체와 중심 사물을 분리해서 보는 반면, 동양인들은 그림 전체를 하나의 물체로 인식하는 경향을 보이는데, 이는 서양의 분석적인 경향과 동양의 직관성을 잘 보여준다고 할 수 있다. 또 서양인들은 자신의 감정이 중요하기 때문에 자신의 감정을 통해 세상을 바라보지만, 동양인은 타인의 관점을 보다 더 중요시하게 생각하는 경향이 있다. 즉 서양은 1인칭 관점에서 바라본다고 하면, 동양은 무의식적으로 3인칭 관점에서 전체를 조망하는 시선을 가지고 있다고 할 수 있다. 물론 전부를 일반화일 수 없지만 이처럼 문화적인 배경에 따라 사고방식도 다르다.

영어와 한국어 문장을 비교해보면 영어는 주인공인 주어에서부터 출발하여 순서대로 나아가는 방향을 가지고 있는데 한국어는 주어가 하는 행동, 즉 동사가 다른 사람 혹은 사물과의 관계 설정 이후 나오는 구조임을 알 수 있다.

'**나는** 철수가 던진 공을 **쳐 냈다.**'

가만히 생각해보니 우리말 어순으로 이야기의 이미지를 그릴 경우 같은 행동임에도 한 번 더 생각해야 한다는 점이 마음에 걸렸다. 이를테면 '나', '공', '치다'를 가지고 스토리에 따른 이미지를 만들어야 할 때, 순서대로 '나', '공'이 나온다면 우선 둘을 가지고는 어떤 일이 일어나는 상황인지 알 수가 없다. 기다려야 한다. '치다'라는 행동이 주어져야만 비로소 관계 정립이 이루어진다. 그러나 영어의 어순으로 했을 때는 일단 내가 먼저 치고 있다. 치고 있는데 그게 공일 수도 있고 수박일 수도 있는 것이다. 주인공이 행동하는 흐름을 자연스럽게 따라갈 수 있다는 점이 마음에 들었다. 따라서 이미지를 상상하며 그릴 때는 PAO가 POA보다 조금이나마 더 빠르지 않을까 하는 생각이 들었다.

그러나 처음 말했듯이 한국인인지라 PAO 시스템을 자꾸 한국어의 어순으로 다시 바꿔서 이해하려는 나를 발견했고 이를 해결하기 위해 고심했다. 결론은 무조건 이미지로만 생각하는 것이었다. 쉽게 말해 카드 배열을 문장으로 '번역'하고 받아들이려 하니 이런 문제가 발생하는 것이라 생각했다. 언어적으로 받아들이지 않고 곧바로 이미지로 그려나가려 노력하며 반복된 훈련을 진행했다. 그랬더니 어느 순간부터는 카드를 넘기는 대로 자연스럽게 이미지를 그릴 수 있게 되었다. 영어 어순대로 하다 보니 영어공부가 아닌데도 서양인의 사고방식을 조금은 이해할 수 있게 된 것 같았다. 이를 통해 영어는 주어 중심의 이미지 전개로 이해하는 것이 좋다는 사실을 간접적으로나마 체험하며 알게 되었다. 마치 그림을 순서대로 그리듯 말이다.

사실 우리나라와 어순이 같은 몽골 출신의 엥크무흐(Enkhmunkh Erdenebatkhaan)라는 세계 주니어 챔피언은 주어 – 목적어 – 동사 순으로 이야기를 만든다고 하니 어떤 방식이든 숙달되면 별 차이는 없는 것 같다. 동양인 특유의 전체 환경과 관계에서 의미를 찾아내는 특성과 직관력이 오히려 다양하고 미묘한 의미부여에 강점을 나타낼 수도 있다.

서번트로 살아보기
디테일의 힘,
정교화

서번트 증후군 Savant syndrome

사회성이 떨어지고 의사소통 능력이 낮으며 반복적인 행동 등을 보이는 여러 뇌 기능 장애를 가지고 있으나 기억, 암산, 퍼즐이나 음악적인 부분 등 특정한 부분에서 우수한 능력을 가지는 증후군.

(출처: 서울대학교병원 의학정보, 서울대학교병원)

앞서 서번트 증후군을 가진 기억력 천재들의 특징을 살펴본 바 있다. 그들은 엄청난 능력을 가지고 있었지만 안타깝게도 일종의 장애로 그 능력만이 시작이자 끝인 경우가 많았다. 종합적인 사고와 일반적인 맥락 파악에 어려움을 갖고 있었기에 자신의 특수한 능력을 사회적으로 유의미하게 발현하게 하는 것이 쉽지 않았다. 기본적으로 자폐증과 비슷한 증상을 갖고 있기 때문에, 이들의 능력이 의미 있게 쓰이기 위해서는 주변의 많은 도움이 필요하다.

서번트 증후군을 가진 자들 중 놀라운 기억 능력을 가진 사람들은, 극단적이라 할 수 있을 정도로 구체적이고 선명한 이미지로 사고하는 특징을 지니고 있었다. 이런 사고방식에서 얻을 수 있는 교훈이 있지 않을까. 우리들은 대부분의 능력에서 일반인의 범주에 속하는 대신 '의식적으로' 우리 자신을 어느 정도 통제하고 다른 방식을 흉내 내볼 수 있다는 장점을 갖고 있다. 기억력 서번트들은 기본적으로 우리가 보는 것들을 같은 방식으로 보지 않는다. 그들은 기본적으로 모든 것을 개별적이고 구체적인 것으로 인식한다. 따라서 추상적인 개념으로 묶는 것이 힘들다. 예를 들어 설명하자면, 울타리에 여러 마리의 토끼가 있다면 우리는 정말 특이한 토끼가 아닌 이상 다 비슷하고 같은 토끼로 인식한다. 그러나 서번트들에게는 모든 토끼가 하나하나 다른 특이한 토끼들인 것이다. 일반인들이 느끼기 힘든 미묘한 차이를 예민하게 느낄 수 있다. 심지어 약간의 색감 차이에 따라 느끼는 감정의 차이도 크다고 하니 기억이 안 나려야 안 날수가 없다.

하지만 가만히 생각해보면 우리도 서번트처럼 생각한 경험이 있다. 어떤 작품을 보다보면 대부분의 사람들이 무심코 지나치는 것들임에도 유독 본인만 그 작품에 '필feel'이 꽂혀 잊혀 지지 않는 것들이 있다. 또 아는 만큼 보인다는 말처럼, 본인이 관심 있는 분야에서는 다른 이들에 비해 상당히 세밀한 부분까지 기억하는 경향이 있다. 자동차에 관심이 많은 남자는 지나가는 차를 힐끗 보는 것만으로도 차종이 무엇인지 구분해 기억할 수 있다. 가방에 관심이 많은 여자는 같은 행사에 있었던 다른 여성들의 가방을 구분해 기억할 수 있을 것이다. 반면에 행사에 참석한 여성들의 가방을 기억할 수 있는 남자가 몇이나 있을까. 의식하고 봐도 잘 모를 것이다. 어찌 보면 이런 상황에선 서로가 서로에게 기억력 서번트라 생각될 수도 있을 것 같다. 본인들이 보기엔 다 똑같은 것들인데 상대방은 그것을 다 다른 것으로 기억해낼 수 있으니 말이다.

일반적인 기억력을 타고난 우리도 의도적으로 특정 분야에서 서번트처럼 생각하는 연습을 하면 그 분야에서만큼은 기억 능력을 극도로 향상 시킬 수 있는 것 아닐까?

기억력 대회 준비 과정에서 가장 힘들었던 점은 각 숫자와 카드가 '독립된' 이미지를 갖도록 만드는 작업이었다. PAO에서 Action도 비슷한 행동이라 생각되는 것이 있으면 구분이 되지 않아 리콜타임에 혼동이 왔다. Person 이미지들에서도 마찬가지였다. 리콜 시 비슷한 직업을 갖고 있거나 비슷한 느낌을 가진 다른 Person 이미지가 같이 떠오르면, 무엇이 내가 처음 처리했던 이미지였는지 확신할 수가 없었다. 이는 모든 종목에서 마찬가지였다. 추상적 이미지도 얼굴/이름 종목도 결국 기억이 잘 나지 않는 것은 그것만의 특별한 성질이 없을 때 벌어지는 일이라는 것을 깨달았다.

정교화 Elaboration

어떤 정보에 조작을 가하여 정보가 갖는 의미의 깊이와 폭을 더욱 심화, 확장시키는 사고전략이다. 조작은 인지적인 면과 정서적인 면에서 이루어질 수 있다. 예를 들면, '진돗개'라는 이름과 함께 '진돗개의 원산지와 모습, 성질, 주인에 대한 충성심'을 배우고(인지적인 면), '진돗개를 자랑스러워하고 보존해야겠다는 마음'을 갖게 되면(정서적인 면), 진돗개에 관한 정보는 더욱 정교화됨과 동시에 진돗개라는 이름은 더욱 강하고 오래 기억된다.

(출처: 교육심리학용어사전, 2000. 1. 10. 학지사)

'서번트처럼 생각하기'는 다름이 아닌 하나 더 구체적인 특징을 추가하는 과정, 어떤 대상이 가지는 특징을 '정교화'하는 과정이라 할 수 있다. 서번트처럼 다양한 감각과 의미가 곧바로 한 번에 다가오지 않지만, 의식적으로 이 정교화 과정을 수행함으로써 이 세상에 하나밖에 없는, 그 어느 것과도 같지 않은 무엇을 만들 수 있다. 그리고 이는 오래 기억된다.

나는 모든 이미지들에 대해 추상적인 요소를 제거하려고 노력했다. 예를 들어, 숫자 이미지 중 '사모님'이라는 이미지를 상상할 때 처음에는 그냥 일반적으로 떠오르는 사모님의 모습을 떠올렸다. 귀걸이를 하고, 핸드백을 들고, 약간은 통통하면서 카트를 끌고 있는. 그러나 반복되는 훈련 속에서 좀 더 선명한 이미지의 필요성을 느꼈다. 그냥 사모님이 아니라 구체적으로 어떤 모습을 하고 있으며, 어떤 삶을 살아왔고, 어떤 성격을 가지고 있으며, 어떤 옷을 입고 있는지, 어떤 식의 화장을 주로 하는지 등을 추가해갔다. 그리고 나중에는 배우 김성령 씨가 드라마 〈상속자들〉에서 연기했던 부잣집 둘째 사모님 캐릭터를 사모님의 이미지로 구체화했다. 이렇게 구체적인 이미지가 되자 다른 이미지들과 전혀 헷갈리지 않았고, 떠올리기도 수월했다. 마치 게임 기획자가 된 듯, 캐릭터에 스토리, 성격, 특정 행동, 생김새 이미지까지 하나하나 만들어나갔다. 나만의 보드게임을 만들 듯 이 재미에 푹 빠져 헤어 나올 수 없었다.

이런 식으로 모든 이미지들을 지속적으로 점검하며 '하나 더', '하나 더' 의미와 감각, 이야기를 추가하려 노력했다. 관련된 심화 정보를 얻기 위해 인터넷 검색도 오랫동안 하게 되었다. 오픈 사전인 위키피디아에서 찾은 정보들과 구글 이미지에서 찾은 이미지들이 정교화에 많은 도움이 되었다. 오류가 줄어 각 종목들의 점수가 크게 올랐다. 무조건 반복된 연습을 한다고 되는 것이 아니었다. 우린 서번트가 아니기에 나무 공예 명

장이 나무를 섬세하게 깎고 또 깎듯이, 선명한 기억을 위해 정교화 과정이 포함된 반복 연습을 꼭 해야만 한다. **기억력의 대가들은 '정교화'라는 과정을 필히 거친다.** 다시 한 번 말하지만 이 세상에 기억력 천재는 없다. 다만 본인 스스로가 훗날에 이 정도로 정보를 입력하면 기억이 날 것인지, 안 날 것인지를 스스로 예측할 수 있는 사람과 그렇지 않은 사람이 있을 뿐이다. 이는 기억력 훈련을 통해 경험적으로 증진시킬 수 있는 부분이라 생각한다.

'1만 시간의 법칙'이라는 말을 들어보았을 것이다. 어떤 분야든 그 분야에서 최고 수준의 전문가에 도달하려면 1만 시간의 노력이 필요하다는 법칙이다. 사람들은 보통 '1만 시간'이라는 숫자에만 주목하는데 사실 1만 시간의 연습 시간을 채우는 것만으로는 전문가가 될 수는 없다. 앤더스 에릭슨Anders Ericsson은 전문가가 되기 위해서 필요한 것은 '단순 반복의 1만 시간'이 아니라 Deliberate Practice, 즉, 계획적이고 의도적인 주도면밀한 연습, 절차탁마하는 1만 시간이라고 말한다. 그는 연습을 할 때 있어, 1) 잘 정의된 구체적인 목적을 갖고, 2) 집중하고, 3) 피드백을 받으면서, 4) 정체된 상태comfort zone를 벗어나도록 연습하라고 말한다. 일정 수준에 다다르면 단순 반복으로는 더 이상 발전이 없다는 것이다.

기억도 마찬가지다. 물론 여러 번 '반복'하는 것이 기억을 유지시켜주는데 엄청난 도움을 주지만, 반복뿐 아니라 정교화하는 과정을 포함한 반복이 중요하다는 것을 기억하자. 영어 단어를 외울 때도, 학교 공부를 할 때도 마음속으로 '하나 더!', '하나 더!'를 외치며 추가적인 논리, 정보, 이미지, 활용 예시, 역사적 배경 등을 찾아보고 연습해보는 습관을 들여야 한다. 기억법은 어떤 것에 대해 여러 가지로 이해하는 것이다. 누구보다 잘 이해하고 있는 것에 대해 기억이 안 나는 경우가 있을 수 있겠는가? 이해와 기억은 별개의 것이 아니다.

SRS Spaced Repetition System 를 활용하라

앞선 글이 '어떻게' 반복할 것인가에 대해 이야기했다면, 이제는 '언제' 반복해야 하는지에 대해 생각해보도록 하자. 사실 많은 사람들이 '기억술', '기억술사'라면 뭐든지 한방에 기억할 수 있는 능력을 보여줘야 하는 것 아니냐고 생각할 수 있다. 물론 다양한 기억의 기법들은 우리가 '처음' 어떤 정보를 접했을 때 큰 역할을 한다. 그러나 이는 정교화 작업이 이루어지지 않은 상태이기에 강한 기억으로 자리 잡지 못할 확률이 높다.

또 제아무리 여러 기법을 통해 더욱 수월하고 강하게 넣은 기억이라 하더라도 시간이 지나면 자연스럽게 잊혀지도록 되어 있다. 살아오면서 정말 오랜 시간 봤던 아버지, 어머니 얼굴도 1년 이상 떨어져 있으면 자세히 떠오르지 않는다. 정말이다! 내가 불효자라서가 아니다. 기억력 훈련을 하는 데 있어 트럼프 카드 중 어머니 이미지가 있었다. 실루엣과 행동, 특징 등은 잘 떠오르는데 얼굴이 생각보다 선명하게 떠오르지 않아 당황했던 기억이 있다. 그 이후론 매일 아침에 이미지 정리를 하며 사진으로 어머니를 보아서 개선이 되었지만, 나에겐 상당히 생경한 경험이었다.

　아무리 장기기억에 올라타든, 이미지로 익히든 복습하지 않으면 언젠가는 잊어버린다. 장기기억으로 남기 위해선 반복이 필요하다. 언제 복습할 것인지에 대해 이야기할 때 '에빙하우스의 망각곡선'을 많이 들어보았을 것이다. 이 곡선이 뜻하는 바는 간단히 말해서 복습을 여러 번 할수록 기억을 유지하기 위한 반복 주기는 길어진다는 내용이다. 예를 들어, 외운 내용을 처음에는 하루 뒤에 바로 복습했다면, 그다음에는 3일 뒤, 그다음은 일주일 뒤, 한 달 뒤 이런 식으로 반복을 해주면 기억을 가장 효율적으로 유지할 수 있다는 것이다.

　수많은 책에서 이 곡선에 대해 말하지만 실질적으로 어떻게 활용해야 하는지는 말해주지 않는다. 하루 뒤, 3일 뒤, 1주 뒤에 복습하라는 말뿐이다. 그도 그럴 것이 각 기억에 대해 시간을 다 체크하고 있으려면 말 그대로 돌아버릴 것이다. 예를 들어, 영어단어를 외운다면 매일같이 새로운 단어를 배우곤 하는데 그 와중에 언제 예전 단어들의 주기를 체크하고 있겠는가. 또한 그 사이 복습할 것들이 눈덩이처럼 불어난다. '에빙하우스의 망각 곡선'을 알고 나서 앞으로 이같은 방식으로 학습해야겠다고 생각한 사람은 많았으나 실제 하는 사람은 거의 없는 까닭이다.

> **간격을 둔 반복**Spaced repetition은 이전에 배운 것들의 계속되는 복습 간의 시간 간격을 늘림으로써 심리학적 간격 효과를 활용하는 학습 방법이다.
>
> (출처: 위키피디아)

　누군가는 이런 불편함 때문에 처음부터 학습한 곳까지 전체를 계속 반복하는 식의 가장 단순한 반복을 시행한다. 혹은 최근에 했던 것만 다시 복습하는 방식을 쓰기도 한다. 하지만 망각에는 주기가 있고 적절한 복습 타이밍이 있다. 또 이는 학습자마다 다르고, 복습의 대상과 내용마다 다르다는 점도 고려해야 한다. 어떤 단어는 3번을 복습해도 하루 만에 잊어버릴 수 있고, 어떤 단어는 한두 번 보았는데 마치 오래전부터 알았던 것처럼 너무 빠른 속도로 기억이 날 수도 있다. 결국 각 대상마다 다른 주기와 간격을 조절해가며 복습이 이루어져야 한다는 것이다. 이 개념이 바로 '간격을 둔 반복'을 뜻하는 Spaced Repetition이다. 단순 반복을 한 경우보다 Spaced Repetition System으로 복습한 경우가 훨씬 효율적이라는 것은 이미 밝혀진 사실이다. SRS는 망각을 효율적으로 방어할 수 있는 알고리즘이라 할 수 있다.

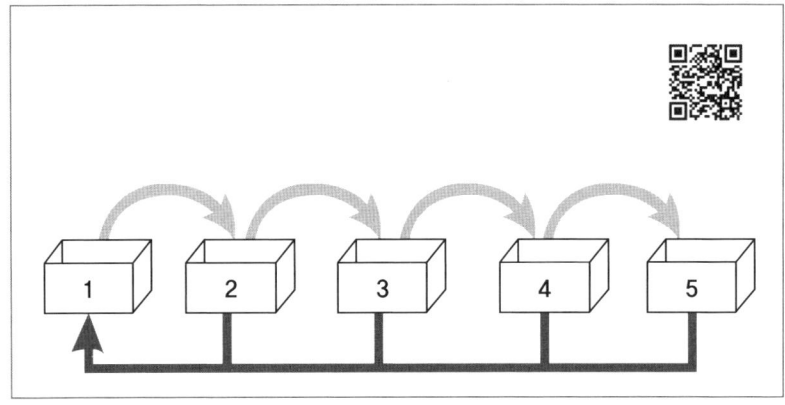

라이트너 시스템(Leitner System).
1970년대에 독일의 과학 저널리스트 라이트너(Sebastian Leitner)가 제안한 방법이다.
기억의 정도에 따라 박스에 플래시카드를 이동시킴으로써
Spaced Repetition의 원리를 구현한 간단한 방법이다.

SRS를 적용한 소프트웨어는 현재 많이 나와 있다. 이 서비스들은, 이전 복습에서 쉽게 떠올려 맞추었다면 그것에 대해선 다음 복습 시기를 더 멀리 조절하고, 떠올리는 것이 어려웠다면 다음 복습 시기를 앞으로 당기는 방식을 제공하고 있다. 다음 복습 주기가 몇 달 뒤가 된다면 거의 장기기억 수준에 이르렀다고 할 수 있다. 이처럼 처음부터 몰아서 복습하는 단편적인 방법이 아니라 **우선 모르는 것부터, 아는 건 나중에** 제시하여 효율을 극대화하는 것이다.

여러 가지 유, 무료 제품들이 나와 있으며 보통 플래시카드$^{flash-card}$ 형태(카드의 앞, 뒤에 문제와 정답이 각각 있는 형식)로 구현되어 있다. 각 카드의 정답률에 따라 또는 사용자 자신이 선택하는 주관적 점수에 따라 복습 주기가 결정된다. 예를 들어, 복습 시 각 카드마다 기억이 얼마나 잘 났는지 자신이 0점부터 5점 사이에서 고르는 방식이다. 정답을 선택하는 데 걸리는 반응속도까지 리콜 점수에 반영하는 서비스도 있다. SRS는 개념적으로는 나온 지는 상당히 오래되었으나 (1930년대부터) 당시에는 개인용 컴퓨터, 스마트폰 등 개인이 언제 어디서나 데이터를 남길 수 있는 기기가 없어 활용도가 떨어졌다. 그러나 스마트폰이나 태블릿이 발달한 요즘에는 이동 중, 지하철에서, 화장실에서도 적절한 타이밍에 복습할 수 있는 것이 가능해졌다. 기억력 스포츠 선수들도 이를 잘 활용한다. 10개 국어 이상을 구사하는 스웨덴의 얀자도 SRS가 적용된 소프트웨어를 애용하는 것으로 알고 있다.

안키 소프트웨어 홈페이지. *큐알코드를 찍으면 해당 홈페이지로 연결됩니다.

영단어 같은 외국어 학습에만 한정하는 것이 아니라, 어떤 개념에 대해 이해하고 정교화할 때도 이 프로그램들을 유용하게 활용할 수 있다. 반복 주기가 올 때마다 단순 반복하는 것이 아니라, 이해의 깊이를 더해가는 활동을 하나씩 더 하는 것이다. 나 또한 SRS를 활용해 대회 준비 과정에 효율을 극대화시켰다. 오픈소스로 운영되고 있는 안키Anki라는 소프트웨어가 가장 대표적이니 참고하기 바란다.

기억은
연애와
같다

젊은 남녀가 소개팅을 했다. 첫 만남에 서로가 맘에 들어 요즘 말로 '썸'을 타면서 이후 3번을 더 만났다. 3번째 만남에 남자는 여자에게 고백을 했다. (보통 세 번째가 타이밍이라고 한다.) 둘은 사귀게 되었고 연인으로서 데이트를 하며 앞으로 서로에 대해 더 알아가는 시간을 갖게 된다.

첫인상이 많은 것을 결정한다고 하지만 몇 번의 만남만으로 서로에 대해 모든 것을 다 안다고 할 수는 없다. (심지어 사귀고 있는 사이라 할지라도.) 3~4번의 만남으로 어찌 그 사람의 모든 매력을 다 느낄 수 있겠는가. 이는 여러 가지 다양한 활동들을 함께 해볼 때 가능하다. 일반적인 데이트 코스는 차 마시고 밥 먹고 영화 보는 것으로 이루어진다. 처음 몇 번이야 그러려니 하지만 계속 만날 때마다 같은 패턴의 데이트 코스를 밟는 것은 금방 서로에게 지루함을 줄 수 있는 요소가 된다. 함께 여행도 떠나보고 요리도 같이 해보고 밤도 지새보고 운동도 같이 해볼 때 서로가 알지 못했던 새로운 측면을 볼 수 있는 기회들이 생긴다. 서로의 다양한

면을 깊이 있게 알게 되었다는 생각이 들 때 비로소 우리는 '진정 내 사람이 되었다'라는 표현을 한다. 내 사람이 되고 뒤돌아보니, 첫 만남 때 받았던 인상과는 전혀 다른 사람이 되어있는 경우가 많이 있다. 상대방의 미묘한 표정 변화, 성격, 살아온 배경까지 알게 되면, 그는 나에게 '존재 자체'로 누구와도 비슷하다고 할 수 없는 세상에 유일한 '특별한' 사람이 된다.

기억이 단기기억에서 반복을 통해 장기기억으로까지 전환되는 과정을 이 연애과정에 비유하여 정리할 수 있을 것 같다. 기억은 이유를 만들어 가는 과정이라고 했다. 첫 만남에서, 즉 처음 어떤 정보를 받아들여야 할 때, 우리는 미리 알고 있었던 지식과 연결지어 생각함으로써 나름의 기억할 수 있는 이유를 만든다. 소개팅 자리에 나갔을 때, 당장 이름부터 외우기가 힘들어, 그 또는 그녀가 자리를 비웠을 때 속으로 중얼거리며 기존에 알고 있던 사람들 중 비슷한 이름과 연결지어 급하게 기억하려 하는 것과 같다. 식사를 하며 대화를 통해 상대방을 파악하기 위한 정보들을 모은다. 그 사람의 외모(형태), 제스처(감각), 대화의 수준(논리) 등 언어적, 비언어적 단서들을 종합해 '이 사람은 대충 이런 부류의 사람이군.'이라는 기초적인 설명이 가능해진다. 얕은 수준이기에 그를 다 안다고 할 수는 없다. 그러나 상대방을 처음 파악하려 했다는 점에서 의미가 있다. 이처럼 기억도 기존에 알던 지식들을 동원하고 관찰하여 머릿속에 집어넣었다고 해서 완전히 장기기억으로 전환된 상태라 할 수는 없다.

첫 만남에 좋은 인상을 주었다고 해서 바로 상대방을 내 사람으로 만들 수는 없다. 몇 번 더 만나야 한다. 그러나 마음에 든다고 덜컥 계속 연락을 해서는 안 된다. 없어 보인다. 적절한 타이밍이 중요하다. 지속적인 만남이 필요한 것처럼 기억도 적절한 시점의 반복이 필요하다. 그리고 그 시점은 Spaced Repetition System에 기반한 것이 가장 좋다.

만나는 것 자체가 중요한 것은 아니다. 데이트를 하더라도 매번 조금씩이라도 기존과 다른 코스를 생각해두는 것이 중요하다. 그래야만 새로운 활동을 통해 서로에 대해 더 이해할 수 있다. 기억도 마찬가지다. 반복을 할 때도 단순 반복이 아니라, 정교화 과정이 수반된 반복을 거쳐야 한다.

이처럼 '언제', '어떻게' 반복할지에 대한 개념을 알았다면, 마지막으로 '언제까지'의 문제를 정리하고 넘어가야 한다. 남녀가 서로를 떠올릴 때, 'OO이가 소개시켜준 누구' 혹은 '직업이 OO인 사람'이 아니라, 결과적으로는 그 사람 자체로 느껴지는 단계에 이르러야 하는 것처럼, 기억도 그 단계에까지 이르러야 장기기억, 즉 지식의 단계로 자리 잡았다고 할 수 있다. 꼭 남녀관계가 아니더라도, 친구가 친구를 소개해준 경우 서로 둘도 없는 친구가 되면 처음 누가 소개시켜줬었는지는 기억도 잘 나지 않게 된다.

'기억은 이유를 만들어가는 여정이라고 했지만, 그 여정의 끝에는 이유가 사라져야 한다.'
그 사람 자체로, 그 기억 자체로 너무나도 당연한 것. 이 단계에서야 우리는 일명 자동화 단계에 이르렀다고 할 수 있다. apple을 어떤 이유로 외웠든 나중에 남는 것은 apple이 '사과'라는 이미지를 갖고 있는 것과 같다. 그렇다면 기억법은 결국엔 쓸모없는 것일까? 사실 기존의 기억법은 첫 입력에만 강조점을 두고 있었지만, **나는 장기기억으로까지 가는 여정 전체를 기억법의 범주로 다뤄야 한다**고 생각한다. 물론 사람의 첫인상이 중요하듯 정보를 기억하기 위해 처음에 어떻게 처리할 것인지는 상당히 중요한 문제다. 기억법의 기본 원리인 관찰과 결합의 과정에서 우리는 누구보다 빠르게 기억을 찾아가는 길을 닦아 놓은 것과 같다. 기억력 대회 챔피언이라고 해도 한 번에 모든 기억을 장기기억화 시킬 수는 없다. 여러 단서들을 연결시켜 접근을 쉽게 만들었을 뿐이다. 잘 닦아놓은 길이라도 오랜 시간 찾아가지 않는다면 풀이 자라나고 갈라져 그 길은 흔적도 없이 사라질 수 있다는 점을 명심하자.

아이들의 경우 언어를 습득할 때 어떤 단어에 다양한 방식으로 100회 이상 노출되어, 기억하고 잊어버리기를 반복해야 확실히 자기 것이 된다고 한다. 여기서 자기 것이라는 말은 단순히 뜻을 말할 수 있는 것이 아니라 의미를 완전히 이해하여 문장을 만들고 활용할 수 있는 수준을 의미한다. 성인의 경우 새로운 외국어 어휘를 익힐 때 배경지식이 많기 때문에 아이들보다는 덜하지만, 그래도 50회 정도 다양한 방식으로 반복하여 접해야 한다. 단순히 뜻만 확실히 말할 수 있는 수준도, 잊어버리고 다시 외우고를 17회 정도 반복해야 한다고 한다. 물론 이는 아무런 전략적 기억법을 쓰지 않았을 때의 이야기다.

이제는 학습 현장에서도 무작정 집어넣는 것이 아닌 정교화elaboration 과정, 주도면밀한 연습deliberate practice에 대한 강조가 이루어져야 한다. 학창시절 word-list(단어와 뜻의 단순 나열) 방식으로 단어를 반복 학습하는 경험을 했을 것이다. 단어장 챕터 전체를 하루 만에 테스트하고 통과하지 못하면 남아서 또 외워야 했다. 중고등학생 때 정말 열심히 그렇게 단어를 외웠었다. 그러나 그렇게 해서 지금까지 기억에 남은 단어는 몇 개 없다. 학교나 학원에서 시험을 치기 위해 잠깐 외워두었다가 끝나면 잊어버리곤 했다.

한국 교육의 가장 큰 문제점이다. 엄청난 시간과 노력을 돈까지 주며 버리고 있으니 말이다. 생각해보면 우리들은 사실 작업 기억(워킹메모리)을 활용하여 짧은 시간 효과적으로 외울 수 있는 테스트를 강요받은 것이다. 하루에 초인적인 힘으로 100개 단어를 다 외운 경험들은 누구나 있다. 그러나 이 단어들이 장기기억으로 넘어가지 못한다면 그토록 열심히 외웠던 시간은 두뇌 회전을 위한 지적 유희였을 뿐(사실 재미도 없다) 대체 무슨 의미가 있었던가 말인가. 몸에 기억이 흡수되어 장기적으로는 자동화 단계(원래 알았던 것처럼 당연한 것이 되는 것)에 이르는 것이 중요한데, 우리 교육의 초점은 매번 단기적 성과에 초점이 맞추어져 있다. 천하제일 단기기억 대회만 매일 매일 치르고 있는 것이다. 그 이후의 과정은 학생 혼자 해야 하는 몫으로 남겨둔 채 말이다. 그러니 활용 능력은 전혀 배양되지 못하고 피상적인 단어 뜻만 익히게 된다.

연애로 비유하여 설명하면 아는 여자는 정말 많은데, 말 그대로 알기만 하고, 정작 알고 있는 수많은 '여자 사람 친구'들 중 '여자 친구'로 발전할 가능성이 있는 사람은 한 명도 없는 것과 같다. 실속이 없는 것이다. 단 한 사람이라도 '내 사람'이 있는 것이 중요한 것처럼 기억을 장기 기억까지 데리고 가는 과정을 한 번만이라도 해보자. 작은 성공이 지속되면 어느새 자신감도 붙고 기억력 스포츠에서도 마스터 수준에 이를 수 있을 것이다.

정계원의 · 기억법 레슨 11

각국의 변환 방법

▓ 기억력 스포츠 대회에 나가면 경험할 수 있는 신기하고 재미난 하나 일이 있다. 리콜타임이 끝난 후, 시험으로 치면 답을 맞춰보는 과정에서, 긴가민가했던 숫자에 대해 확인할 때가 그렇다. 사실 이미 제출하여 되돌릴 수 없는 마당에 답을 맞춰보는 것은 어리석은 일이지만, 궁금한 건 참을 수 없는 것이 사람 아니겠는가. 특히 스포큰 넘버(1초에 한 자리씩 불러주는 숫자를 기억해야 하는 종목)의 경우 중간에 틀리는 부분이 생기면 그 이후는 모두 수포로 돌아가기 때문에 정말 궁금하다. 또 리콜 타임을 끝까지 다 썼는데도 도저히 기억이 나지 않았던 이미지는 찝찝한 마음을 없애기 위해 확인하는 편이 더 나은 것 같기도 하다.

▓ 세계 각국에서 모여든 선수들은 서로 삼삼오오 모여 서로 정답을 확인한다. 각자 숫자 시스템이 다르기에 변환된 이미지도 다를 것이다. 서로 다른 장소와 이미지를 떠올리면서도 세 사람 또는 네 사람 모여 "Five(5), Two(2), One(1), Three(3), Six(6)…"라며 기본적으로 100자리가 넘는 숫자들을 너무 당연하게 맞추고 있는 모습들을 보면 참 신기하고 재미난 광경이지 싶다. 자신이 애매하게 생각했던 숫자가 맞으면 환호를 하며 안도의 한숨을 돌린다. 반면 생각이 나지 않았던 이미지를 확인한 순간에는 허무함과 함께 '왜 내가 이걸 기억하지 못했지'라는 생각에 아쉬움이 몰려온다.

▓ 가장 원초적인 종목 중 하나인 무작위 단어$^{\text{Random Words}}$ 종목의 경우, 같은 단어

리스트가 각국에 맞게 번역되어 나오는데 이 또한 종목 간 쉬는 시간에 서로 정답을 확인하는 사람들로 북새통이다. 망했다는 것을 이미 알고 있거나, 다음을 위해 마음을 다스리고 있는 사람들은 굳이 이야기하지 않고 홀로 집중하는 시간을 갖기도 한다. 서로 방금 기억했던 단어를 체크하는데 서로 언어가 다르기 때문에, 한글을 영어로 번역해서 설명하거나 번역이 잘 안 되면 몸짓 손짓 발짓으로 표현하기도 한다. 물론 답안지에 적은 맞춤법까지는 같은 국가 참가자와 이야기해야 하지만, 외국인과 서로 기억을 공유한다는 것이 참 흥미로운 경험이다. 서로가 서로의 기억이 맞았다는 걸 확인했을 때 가질 수 있는 묘미는 경험해본 사람이 아니면 모른다. 또 같은 것이라도 어떻게 변환하고 결합하여 기억했는지를 공유할 때, 살아온 문화의 차이도 느끼고 그 사람의 지식과 성향의 차이도 느낄 수 있다.

▣ 대회장에 앉아 각국에서 참가한 선수들을 가만히 둘러보고 있으면 참 나름대로 전략을 짜오느라 고생했겠구나 하는 생각이 든다. 결과는 몇 자리의 숫자, 카드의 개수, 점수로만 보여지지만, 과정에는 우리가 알 수는 없는 각 국가 언어 체계의 차이, 개인의 상상력, 경험들이 엮어진 산출물이라는 것을 알아야 한다. 하루는 타케루에게 일본인의 숫자 변환 방법은 어떤 방식을 쓰는지 물었다.

일본인들은 보통 숫자를 휴대폰 자판의 숫자에 해당하는 히라가나 혹은 가타카타로 변환한 후 연상되는 이미지를 떠올린다고 한다.

▪ 기억력 스포츠 국가 중 종교나 문화에 따라 트럼프 카드가 금지되어 있는 국가도 있다. 아랍권 국가인 이집트 기억력 대회 같은 경우는 트럼프 카드를 다음과 같이 대체해서 쓴다.

이집트 사람들이 기억력 훈련에 쓰는 카드 형태

▪ 아랍어는 오른쪽에서 왼쪽으로 쓰고 읽는데 이게 사고방식에 어떤 영향을 주고 있을지 궁금하기도 하다. 어떻게든 그들 나름대로의 환경에 가장 적합한 기억 전략을 만들어 사용하고 있지 않을까.

홍콩과 대만에서 치른 복귀전

기억력 스포츠 1년 만의 복귀전은 홍콩에서 열린 아시아 메모리 챔피언십이었다. 100명이 넘는 참가자가 등록했을 정도로 규모가 큰 대회였다. 주로 아시아권의 선수들이 많이 참여하지만 유럽과 미국의 랭커들도 참여하기 때문에 12월 세계대회를 바라보고 있는 선수들에겐 자신의 실력을 중간 점검할 수 있는 좋은 환경이나. 시기도 보통 8월에서 9월 사이에 열리며 홍콩이라는 좋은 위치 때문에 이 대회는 예전부터 아시아 메모리 챔피언십이라고 불리었다. 홍콩 대회는 국제 대회 기준 International Standard 을 적용하여 대회를 진행하기 때문에 종목당 시간이 긴 편이다. 그래서 매우 힘들다. 이틀간 진행되며 아침부터 시작하여 저녁 늦게 끝이 난다. 개인적으로는 홍콩의 덥고 습한 날씨와 경기장이었던 체육관 내부의 강한 에어컨 때문에 이중고를 겪었다.

홍콩 대회 전경

　대회에 참가하기 위해 홍콩 국제공항에 도착하자 고맙게도 작년 대회에서 인연이 되어 페이스북으로 가끔 연락을 주고받았던 홍콩 대표 팀의 진야우 마(JinYau Ma)가 마중을 나와 있었다. 그는 고등학교 3학년으로 대학진학을 위해 열심히 공부하고 있는 학생이었다. 줄곧 홍콩 주니어부에서 챔피언을 유지하고 있는 이 친구는 이번 대회의 참가자 중 한 명이기도 했는데, 대회를 위해 연습을 따로 많이 하지 못했다며 아쉬워했다. 어린 나이임에도 2014년 세계 대회에서 국제 기억력 마스터 자격을 획득했고 국제 협회 ID 번호(공식대회에 첫 참가 시 고유번호가 부여된다)도 나보다 훨씬 빠르니 기억력 스포츠에선 엄연히 나의 선배라고 할 수 있다. 입시 공부 때문에 기억력 훈련은 많이 못 하지만 대신 실제 공부에 적용하며 아쉬움을 달래고 있다는 그의 말에 우리나라의 고등학생이 기억력 대회에 참가한다면 어떤 모습일지 잠시 상상해보았다.

나이대별 분류	만 나이
Kids (초등부)	12세 이하
Juniors (청소년부, 중고등부)	13세 ~ 17세
Adults (성인부)	18세 ~ 59세
Seniors (노인부)	60세 이상

기억력 스포츠에선 나이대별로 그룹을 나누어 수상을 한다.

아시아 메모리 챔피언십에서 나의 목표는 국제 기억력 마스터 기준 중 하나인 2분(120초) 내 카드 한 벌 기억하기 조건 달성과 그간 연습한 PAO 시스템을 실전에서 적용해보며 수정 보완하는 것이었다. 트럼프 카드는 PAO 시스템에 어느 정도 익숙해져 있었지만, 숫자에서는 아직 100개의 (00부터 99까지) 두 자리 숫자에 PAO 시스템을 적용하여 플레이하는 것이 익숙하지 않은 상태였다. 이전에는 PAO처럼 정해진 결합 패턴을 사용하지 않고, [두 자리 숫자에서 떠오르는 이미지]와 다음 [두 자리 숫자에서 떠오르는 이미지]를 가지고 자유롭게 엮어 순간적이고 즉흥적인 이야기나 이미지를 만드는 방식을 사용했었다. 자유도에서 좋은 이점이 있었지만 그 날 컨디션의 영향을 많이 받는다는 점, 리콜 시 순서가 뒤바뀔 수 있다는 점, 두 이미지를 조합하기 어려운 경우를 만났을 때 처리가 어렵다는 단점들이 있었다. 그러나 아시아인 최초의 월드 메모리 챔피언이라는 타이틀을 가지고 있는 중국의 왕평은 내가 이전에 썼던 '[2자리 숫자 이미지] * [2자리 숫자 이미지] 자유 연상법'을 쓴다고 하니 각자에게 맞는 방법은 다 다른듯하다. 왕평은 5분 만에 500자리의 무작위 숫자를 기억한 기록을 갖고 있다.

결론부터 말하자면, 나는 홍콩대회에서 절반의 성공을 거뒀다. 감기에 걸려 집중하기 힘든 상태에서 임했지만 자판기에서 음료를 뽑듯, PAO 시스템에 의존하여 이야기를 가볍게 만들어나갈 수 있었다. 스피드 카드에서 84.24초를 기록하여 IMM국제기억력마스터 기준 중 하나를 계획대로 달성했다. 또한 30분 카드에서 6.5덱을 기억하여 12월 세계 대회에서 1시간에 10덱을 기억할 수 있을 거라는 희망을 가질 수 있었다. 문제는 숫자 종목들이었는데 PAO 시스템이 준비가 덜 된 상태에서 경기를 치르다 실수를 반복하여 30분간 202자리의 숫자밖에 기억하지 못하였다. 일반인들이 보기엔 이 또한 어마어마한 일이라고 할 수 있지만, 30분 숫자 종목에서 참가자 중 최하위권에 속하는 기록이었다. 스피드 넘버(5분간 숫자 기억하기)에서도 잦은 실수로 40자리의 숫자밖에 기억하지 못하였다. 100일 뒤의 세계 대회에서는 1시간 동안 1,000자리 이상을 기억해내야 IMM 타이틀을 얻을 수 있어, 진지하게 올해는 힘들 수 있을 것이라는 생각이 들었다. 총점도 2,300점 언저리에 불과했다.

IMM(International Master of Memory), 국제 기억력 마스터 자격조건

- One Hour Numbers (한 시간 동안 숫자 기억하기) 종목에서 1,000자리 이상의 숫자를 기억한 기록을 보유하고 있어야 한다.
- One Hour Cards (한 시간 동안 트럼프 카드 기억하기) 종목에서 10덱 (520장) 이상의 카드를 기억한 기록을 보유하고 있어야 한다.
- Speed Card (카드 한 덱 빨리 기억하기) 종목에서 카드 한 벌(52장)을 2분 (120초) 내에 기억한 기록을 보유하고 있어야 한다. (v)
- 해당 대회에서 총점 3000점 이상을 달성해야 한다.
* 홍콩대회에서 조건 중 체크된 조건 하나를 충족시켰다.

카드 종목은 이미 감이 오고 있는 상황이었기에 실력을 유지하는 수준에서 12월까지 숫자 종목에만 시간을 집중 투자한다면 기적적으로 IMM을 달성할 수 있지 않을까 하는 생각이 들었다. 그러나 문제는 숫자 종목뿐 아니라 이진수, 역사 연도, 추상적 이미지, 얼굴 이름 등에서도 비슷한 수준의 점수들이 나와야 한다는 사실이었고, 기본적으로 실전에선 실력의 80% 정도만 발휘되는 것이 일반적이라는 것을 감안해야 했다.

대회에서 만난 세계 주니어 챔피언인 몽골의 엥크무흐는 실력의 비결이 무엇이냐고 묻는 나의 질문에 숫자와 카드를 이미지로 '읽어내는' 연습에 시간을 투자하는 것이 기록 향상에 가장 중요한 점이라고 조언 해 주었다.

"형, 연습할 때 장소에 저장하는 것은 하지 말고, 그냥 이미지만 빨리 볼 수 있는 훈련만 계속하는 것이 좋아요. 저는 카드를 보는 훈련만 1년 반을 했어요."

백만 불짜리 원 포인트 레슨을 해준 뒤 유유히 떠난 그는 스피드 카드에서 27.87초에 카드 한 벌을 기억하는 괴력을 보여주었다. 나는 한국에 돌아와 모니터 옆에 취약한 숫자를 포스트잇으로 붙여놓고, 일하는 중 틈틈이 숫자 연습을 하였다. 자기 전 침대에 누워 무작위 숫자를 생성하는 스마트폰 앱을 실행시키고 그의 조언대로 숫자와 카드를 이미지로 '읽는' 습관을 계속했다. 지하철에서도 사람들 사이에 끼어 숫자만 빽빽하게 적힌 화면을 보며 이미지로 보는 훈련을 계속했다. 주말에는 Spaced Repetition Software와 함께 정교화 연습을 병행하고 홀로 모의시험을 치며 화창한 가을을 그렇게 보냈다.

10월 말 대만 대회는 국내 대회 기준(National Standard)으로 진행되었다. 카드 종목에서 감을 잡은 나는 연습을 별로 하지 않고도 스피드카드 종목에서 70초를 기록하였다. 이미 카드는 어느 정도 궤도에 올랐기에 중요한 관심사는 숫자 종목이었다. 이번에는 15분 숫자 종목에서 320자리를 기록하여 홍콩 대회보다는 희망적인 기록을 달성하였다. 하지만 단순히 15분에 4를 곱한 만큼 1시간 숫자 기록(320 × 4 = 1280자리)이 나오지는 않는다. 5분에 왕펑이 500자리 숫자를 기억하였지만 1시간에 6,000자리를 기억할 수 없는 것과 같이 말이다. 그는 한 시간에 2,660 자리를 기억하였다.

그동안의 훈련 성과가 보이는 것 같아 신기하면서도, 촉박한 시간에 마음이 줄곧 불편했다. 세계 대회까지 한 달이 채 남지 않았으니 사실상 실력을 급상승시킬 수 있는 방안은 없었다. 대만 대회에서의 최종점수는 2500점. 숫자 종목에서도 나름 선방했음에도 홍콩 대회보다 200점밖에 더 오르지 못한 것이다. 그만큼 10가지 종목에서 전반적으로 큰 실수가 없어야만 3,000점을 달성할 수 있다. 대회마다 7,000에서 8,000점의 점수를 매번 달성하는 세계 랭커들은 도대체 얼마나 훈련을 많이 한 것일까.

정계원의 기억법 레슨 12

기억력 대회의 점수는
어떻게 계산하는 것일까?

■ 기억력 대회에는 챔피언십 포인트Championship Points라는 점수가 있다. 이는 대회가 진행되는 세 가지 기준(National, International, World)에 따라 종목의 시간이 다르지만, 같은 시간이라면 어떤 점수였을지에 대한 계산이 포함되어 있는 '환산 점수'라 할 수 있다. 마치 토익과 토플 등 각 영어시험 점수 수준을 서로 비교할 수 있게 계산하는 것과 같다.

■ 각 종목은 밀레니엄 스탠다드Millennium Standards, 이하 MS 점수를 가진다. 이는 각 종목 당 세계 기록보다 높게 설정되어 있는, 조만간 달성되기 힘들 것이라 생각되는 점수다. 만약 3명 이상의 선수가 MS 점수 이상을 달성했다면 3명의 점수 평균에 10%를 덧붙여 새로운 MS 점수를 정한다. 각 종목의 MS는 매년 1월 1일에 검토되어 수정된다.

■ 기본적으로 각 종목의 챔피언십 포인트는 (종목 점수/해당 종목 MS) × 1,000으로 결정된다. 즉 각 종목 당 상위권 선수들의 점수 수준이 올라갈수록, MS 점수가 높아져 같은 기록을 세워도 챔피언십 포인트는 낮아지게 된다. 가장 이상적인 점수는 10종목에서 모두 MS에 해당하는 점수를 받아 1,000점을 받고 총점 10,000점을 받는 것이라 할 수 있다. 만약 해당 종목의 MS를 넘는 대기록을 세운다면 한 종목에서만 1,000점 이상의 챔피언십 포인트를 얻을 수도 있다. 스포큰 넘버와 스피드 카드는 예외적으로 계산 방식이 조금 다르다. 자세한 계산 방식

은 세계 기억력 스포츠 협회의 통계관련 웹사이트(http://www.world-memory-statistics.com)를 참고하기 바란다. 사이트에서 자신의 점수를 계산해볼 수 있다.

▓ 세계 랭킹은 자신이 가장 높은 챔피언십 포인트를 기록했던 대회의 점수로 정리되고 있다. 따라서 월드컵 1위 국가와 FIFA 랭킹이 다르듯 그 해 세계 챔피언이 세계 랭킹 1위를 차지하는 것은 아니다. 현재 1위는 2013 스웨덴 오픈에서 10,059점의 점수를 획득한 독일의 요하네스 말로우$^{Johannes\ Mallow}$가 갖고 있다. 역사상 대회에서 총점으로 10,000점을 넘긴 사람은 요하네스가 유일하다. 현재는 종목들의 세계 기록 수준이 더 향상되어 10,059점이었던 점수는 8,792점으로 계산되고 있다.

몸이 기억하게 하라

서술 기억 declarative memory

서술 기억은 신경과학에서 다루는 기억 중 하나이다. 선언적 기억이라고도 한다. 선언적 기억은 의식이 있는 상태에서 회상할 수 있는 기억으로, 의미 기억과 일화적 기억으로 나뉜다. 지식과 알고 있는 사실들이 서술 기억에 포함되는 대상이다. 서술기억은 설차기억과 상반된다. 절차기억은 의식이 없는 상태에서도, 생각하지 않아도 자동적으로 기억할 수 있는 내용이다. 예를 들어서 자전거를 타는 것은 절차기억에 포함되지만, 계산을 하는 것은 서술기억에 포함된다.

(출처: 위키피디아)

절차 기억 procedural memory

절차 기억이란 행위나 기술, 조작에 관한 기억으로서 수행할 수 있으면서도 쉽게 표현할 수 없는 지식을 표상한다.

(출처: 실험심리학용어사전, 곽호완 외, 2008., 시그마프레스㈜)

2차 세계 대전이 터졌을 때 미국 국방부는 타국의 정보 수집을 위해 군인들에게 외국어를 가르치는 언어교육소를 운영했다. 여기서 교육을 받은 군인들은 외국 원어민과 흡사할 정도로 언어를 잘 구사하게 됐다. 단 6개월의 교육으로 말이다. 어떻게 이것이 가능했을까? 교육은 기계적인 암기와 반복으로 이루어졌다. 군인들은 하루 20시간 이상 두 명의 외국어 선생님이 물어보는 질문에 계속 대답해야 했는데, 이 훈련을 계속하다보니 단 6개월 만에 외국어로 의사소통하는 데 문제가 없게 되었다고 한다.

우리들은 보통 기억에 대해 이야기할 때 사실 대부분 '서술 기억'에 대해 이야기하고 있다. 영어 문법이나 수학 공식, 내일의 일정 등을 외우고 기억하는 것은 '서술 기억'에 해당한다. 서술 기억의 특징은 매우 빨리 배울 수 있는 기억이라는 것이다. 그 전에 알지 못했던 것도, 한 번 제대로 듣게 되면 곧바로 그 지식에 대해 아는 상태가 된다. 예를 들어, 어떤 사람이 수영은 자유형과 배영, 평영, 접영으로 이루어진다는 사실을 듣게 되면, 곧바로 그는 수영의 영법에는 무엇이 있는지 아는 상태가 된다. 그러나 그 사람이 이 영법들을 실제 익히는 데는 상당히 오랜 시간이 걸린다. 이렇게 실제 몸이 기억해야 하는 것을 비서술적 기억, '절차 기억'이라고 한다. 절차기억은 두뇌에 저장시키는 데 오래 걸리지만, 의식이 없는 상태에서도 가능하기 때문에 어떤 일을 수행하는데 처리 속도가 훨씬 빠르다는 장점이 있다.

미국 국방부 육군 언어교육소의 군인들은 지속적인 반복 훈련을 통해, 외국어 말하기, 듣기, 쓰기를 몸이 기억하도록, 즉 '절차 기억'에 머물도록 강도 높은 연습을 했던 것이다. 실제로 어떤 사람이 외국어를 배우고 말할 때, 외국어 문법은 '서술 기억'에 머물러 있지만, 자신의 모국어 문법은 '절차 기억'에 있다고 한다. 한국인이 한국어를 말할 때, 의식적으로 문법을 생각하며 말하지 않는 것과 같다. 예를 들어, 한국어를 배우기 시작한 외국인이 명사 뒤에 붙이는 '은, 는, 이, 가'를 의식적으로 생각하고 말한다면 서술적 지식의 수준이라 할 수 있지만, 우리는 지체 없이 바로 말할 수 있다. 이는 우리 모국어인 한국어의 문법이 절차 기억에 저장되어 있기 때문이다. 아무리 비싼 돈 주고 영어 학원 다녀도 배운 내용을 절차 기억으로 넘기는 수준의 연습이 동반되지 않으면, 물에 한 번도 들어가지 않고 수영을 배우려는 사람과 같다고 할 수 있다.

서술적 지식을 절차적 지식으로 바꾸는 방법은 '동기가 포함된 지속적인 연습' 밖에 없다. 2000년 노벨 생리 의학상을 받은 캔들Eric R. Kandel에 따르면 기억이 오랫동안 지속되게 하려면 뉴런의 핵을 자극하는 것이 필요하다고 한다. 핵을 자극하는 방법은 두 가지가 있다. 첫 번째는 지속적인 반복을 하는 것이고, 두 번째는 감정을 건드리는 강한 자극을 주는 방법이다. 두 번째가 가능하려면 무엇보다 스스로 어떤 것을 기억하고자 하는 강한 동기가 있어야 한다.

기억술도 결국 몸이 기억하는 수준으로 가야 의미가 있다. 수많은 기억법 관련 책들을 찾아 읽어도 자신의 기억이 좋아지지 않는 것은 사실 당연한 것이다. 기억력을 높이는 방법으로 '자신이 그 환경에 놓인 것처럼 상상해보세요.', '머릿속에서 이미지로 생각하세요.', '연결고리를 찾아 기억의 단서를 만들어보세요.' 등 많은 방법들이 소개되지만, 이를 읽는 것만으로 기억 능력을 높이길 원하는 것은 수영을 책으로 배우려는 것과 같다. 수영 선수가 경기 중 팔의 각도를 교본에 나온 대로 유지하기 위해 의식적으로 생각하지 않는 것과 같이, 기억술의 대가들은 분류하고 상상하고 조합하고 변환하는 과정을 의식하지 않고 행한다. 기억술의 문법을 익혔다면 이를 지속적으로 연습할 시간이 필요하다. 나에게는 그것이 기억력 스포츠였다.

세계 대회를 한 달 앞둔 시점부터 자동적으로 숫자와 카드 이미지가 생각나도록 만들기 위해 구구단처럼 노래를 만들어 부르기도 했다. 심지어 그것을 녹음해서 틈나는 대로 듣곤 했다. 샤워하면서 스포큰 넘버 종목의 음성 파일을 틀어놓고 들리는 숫자들을 곧바로 이미지로 떠올려보곤 했다. 휴대폰 연락처에 숫자 이미지에 해당하는 친구들이 있으면, 이름 대신에 숫자를 적어놓기도 했다. 이렇게 갖은 노력과 연습을 통해 '서술 기억'이던 숫자와 카드 이미지들을 '절차 기억' 수준으로 끌어올릴 수 있었다.

이미지로 변환하는 여러 방법들, 변환된 이미지들끼리 결합하는 기법들, 장소에 이미지들을 결합시키는 기법들 등 기억에 유용한 기술들도 연습을 통해 자유자재로 구사할 수 있게 되었다. 마치 축구선수가 처음 축구를 배울 때는 패스의 여러 종류를 나누어 배우지만, 지속적인 연습을 통해, 훗날 실전에서 각 상황에 맞는 패스를 자유자재로 구사할 수 있게 되는 것처럼 말이다.

정계원의 기억법 레슨 13

결합의 기법,
몸이 기억해야 하는 기억술의 문법들

1. 논리를 만들어라

어떤 원인으로 인해 어떤 결과가 일어나게 되었다는 식의 구성을 만드는 것이다. 예를 들어, '모니터가 검은색인 것은 화재사건 때 그을려졌기 때문이다', '토끼가 유리 식탁 위에 앉아있는 것은 하루 종일 뛰어다니느라 뜨거워진 몸을 식히기 위한 것이다' 등의 이야기 구성을 만들 수 있다.

2. 독특한 상상을 하라

말도 안 될 만큼 크게 만들어 과장된 상상을 하거나 역으로 매우 작게 만들어 상상할 수 있다. 나는 기억력 대회에서 마땅히 사용할 기법이 생각나지 않을 때 과장법을 주로 썼다. 커지게 하는 상상만으로도 기억에 남을 가능성이 높아진다. 사람이 아닌 것을 사람처럼 의인화하여 생각하거나 일상적인 고정관념을 뒤집어 생각하는 방법을 쓸 수도 있다. 예를 들어, 남자가 치마를 입고 립스틱을 바르고 있다는 상상 혹은 쥐가 고양이를 물고 있는 상상을 할 수 있다. 이미지 간의 융합을 통해 새로운 이미지를 만드는 것도 좋은 방법이다. 양파와 나무를 합성해서 양파의 싹에서 나무가 자라나는 이미지 혹은 피자와 시계를 융합하여 손목시계에 피자가 놓여있는 것 등의 예를 들 수 있다.

3. 자신과 연결시켜라

자신이 무언가를 하고 있다고 생각하면 몰입의 정도나 느껴지는 감각의 차원

05
기억의
궁전
재개발 계획

이 달라진다. 나의 가족이나 관련된 사람들 혹은 일상의 이야기와 연결시키는 방법을 사용하면 된다. 혹은 내가 어떤 사물이 되었다고 상상하면서 그 사물의 관점에서 바라보는 시선을 생각해보는 것도 도움이 된다. 어떤 대상과 대화를 한다고 생각해보는 것도 좋은 방법이다. 사람은 자신만큼 중요하게 생각하는 것이 없어서 그런지, 별다른 상상을 하지 않아도 내가 관련되어 있는 것만큼은 정말 잘 기억해낸다. 이를 적극 이용하는 방법이다. 야한 상상과 궁합이 잘 맞는다.

4. 오감을 활용하라

시각, 촉각, 청각, 후각, 미각을 적극 활용해야 한다. 여러 감각이 섞인 공감각을 활용하는 것은 더욱 좋다. 기억력 스포츠 경기 중 어떤 카드 이미지를 '추신수가 양파를 배트로 친다'라고 상상했다면 리콜타임에서 기억이 잘날까? 초심자의 경우에는 이 또한 상당히 자극적인 이미지라고 여겨 생각이 잘 날 수도 있지만, 고수의 경우 처리해야 할 이미지가 이뿐만 아니라 너무 많아 생각이 잘 나지 않을 것이다. 야구선수가 공처럼 생긴 물체를 배트로 친다는 것은 너무나 당연하고 자연스러운 이미지라서 나중에 기억이 잘 나지 않을 확률이 높다. (이해가 잘 가지 않는다면 한 시간에 카드 10덱 기억하기를 경험해보기 바란다.) 추신수 선수가 양파를 배트로 쳤을 때, 양파의 물이 터지며 양파의 매운 성분이 눈으로 들어와 고통스러워하는 모습 등을 상상한다면 훨씬 더 나중에 기억해내기 쉽다. 감각을 활용하는 것이다.

5. 감정을 넣어라

감각뿐만 아니라 감정(슬픔, 미움, 기쁨, 환희 등)을 넣는다면 이 또한 강력한 기억 회생의 단서가 된다. 너무나 기뻐 주체할 수 없는 감정, 웅장함에 압도되는 감정, 비참한 감정, 잔인함에 소스라치게 놀랄 때의 감정 등을 첨가하면 된다. 예를 들어, 연예인에게 사인을 받는 사람을 그냥 생각하는 것이 아니라 팬의 설레는 감정을 함께 상상하는 것처럼, 상상하는 대상이나 사물에 선, 악, 기쁨, 슬픔 등 감정적으로 느낄 수 있는 것들을 함께 집어넣는 것이다.

6. 몸을 움직여라

표현의 가장 좋은 방법은 실제 몸짓 발짓을 해보는 것이다. 기억력 대회를 가 보면 선수들의 별의별 자세와 행동을 볼 수 있다. 특히 숫자를 들려주는 스포큰 넘버 종목의 경우 세계적 랭커들이 눈을 감고 마치 지휘자가 된 것 같이 손을 움직이며 이미지를 처리하는 것을 볼 수 있다. 꼭 손, 발이 아니더라도 얼굴 표정을 통해 적극적으로 내용을 표현해보거나 입을 통해 중얼거려보는 것도 좋은 방법이다.

위와 같은 다양한 기법들을 활용하여 기억하는 습관을 들이면, 사고력과 창의력 그리고 상상력까지 높일 수 있고 결과적으로 오래 기억할 수 있는 힘이 생길 것이다. 다만 처음부터 자유자재로 다양한 방법들을 넘나들며 활용할 능력은 되지 않으니, 수영의 영법을 배우듯, 처음에는 하나씩 의도적으로 적용하며 연습을 해보기 바란다.

06

한국인 최초의 기억력 마스터

기억술의 가치는 연결이며

이는 정답이 없는 생각놀이를 하는 것으로 실현된다.

대륙의 땅을 밟다

2015년 12월의 세계 대회는 중국 쓰촨 성에 있는 청두成都라는 시에서 열렸다. 한국인들에게는 약간 생소한 도시인데다 곧바로 가는 항공편도 많지 않아, 상하이에서 비행기를 갈아탄 후 대회 주최 측에서 준비해준 버스를 타고 대회장으로 쓰이는 호텔에 가기로 했다. 호텔은 공항과는 차로 1시간 거리에 있는 외진 곳이었다. 선수들 대부분은 해당 호텔에서 묵으며 3일간의 대회를 치러야 했다. 실제 종목들을 진행하는 날은 3일이지만, 전날 선수 등록 및 오프닝 행사가 예정되어 있어, 컨디션 조절도 할 겸 대회 이틀 전 호텔에 체크인하는 일정을 택했다. 다행히도 중국이기에 시차적응의 문제는 없다.

대회가 모두 끝난 다음날 새벽, 한국으로 곧바로 돌아가는 비행기 편을 구해 5박 6일간의 연말 세계 대회용 주간이 마련되었다. 월요일에 떠나 토요일에 돌아오는 일정이었다. 기억력 대회만을 위해 1주일을 써야 한다니 세계 대회는 세계 대회구나 싶었다. 직장인들은 비교적 긴 휴가를

세계 기억력 대회를 떠나기 전 찍은 사진.
기억력 국가대표의 준비물. 카드 뭉치들과 귀마개, 타이머, 당분 보충을 위한
초콜릿, 과자, 대회 준비 자료 등이 가득하다.

얻지 못한다면 세계 대회에 참가할 기회를 마련하는 것이 힘들 수 있다.

중국은 최근 기억력 스포츠의 헤게모니를 쥐고 있다고 해도 과언이 아니다. 우선 세계에서 플레이어 수가 인구수만큼이나 가장 많다. 이런 이유에서 기억력 스포츠에선 가장 큰 시장이 형성되어 있고, 특히나 아시아인 최초의 기억력 챔피언인 왕펑이 나온 이후 중국 어린 학생들이 많은 자극을 받게 되었다.

대회 이틀 전 새벽 일찍 인천공항으로 향하는 버스를 탔다. 언제나 한국을 잠시 떠나는 것은 설레는 일이다. 여행을 간다는 느낌에 잠시 설렜지만, 곧바로 정신을 차리고 창밖에 지나가는 차들의 번호판을 보며 숫자들을 이미지로 바꿔보았다. 바로바로 떠오르지 않는 숫자들이 하나둘 있을 때면 금세 자신감이 하락했다. 운칠기심運七技三이라는 한자성어를 떠올

리며 '어떻게든 되겠지'하는 생각으로 잠시 눈을 붙였다.

인천공항에서 한국 국가대표 참가자인 애니메이터 조주상 님과 만나 같은 중국행 비행기에 몸을 실었다. 조주상 님도 IMM을 목표로 함께 훈련을 해왔는데, 서로 현실적으로 힘들 것이라는 이야기가 계속되었다. IMM 기준에 있어 1시간에 카드 10덱을 외우는 것은 대회 전 연습에서 비교적 안정적으로 달성할 수 있었는데, 문제는 1시간에 숫자 1000자리를 기억하는 것이었다. 한 달 전의 대만 대회 이후 주말마다 숫자만을 위해 2시간 이상 할애하여 연습을 해보았지만, 1000자리를 넘은 경우는 단 한 번에 불과했다. 리콜 중간에 실수가 많아 500자리 전후를 기록한 경우가 많았고, 잘 되는 날에도 800자리 정도를 기억해내는 것이 한계인 경우가 많았다. 사실 중간중간에 틀리는 것을 감안한다면, 1200자리에서 1400자리는 입력해놓아야 1000자리 달성이 가능한데, 최대한 속도를 내려고 하여도 1200자리를 입력하는 것이 나에겐 한계였다.

캐리어를 맡기고 연습용 카드 한 덱은 주머니에 따로 넣어 이동하는 비행기 안에서 넘겨보았다. 눈을 감고 상소들을 쭉 돌아보았다. 1000개에 육박하는 장소들을 점검하며 시간을 보냈다. 청두 공항에서 대회 측 자원봉사자의 안내를 받아 버스에 탔다. 호텔에 가는 버스의 창밖으로 중국의 발전된 건물들을 볼 수 있었다. 공사 중인 건물들, 그사이 큰 간판에 적힌 숫자들을 보며 또 이미지로 바꿔보았다. 그렇게 내 머릿속엔 온통 숫자와 이미지들뿐이었다.

호텔에 도착하니 다른 대회에서 보았던 외국 선수들이 하나둘 보이기 시작했다. 아시아 지역 대회에서는 잘 볼 수 없는 유럽이나 미국의 랭커들이 돌아다니는 것을 보니 마치 연예인을 보는 것처럼 신기했다. 한국 축구 선수들이 호날두를 만난 기분이랄까. 세계 기록을 갖고 있는 유럽 선수들은 시차적응을 위해 미리 도착하여 준비를 하고 있었다. 호텔은 웅장한 규모를 갖추고 있었다. 대리석 홀의 크리스마스트리는 연말의 분위기를 한껏 뿜어내고 있었다. 연말의 마무리가 아쉬움으로 남을지, 성취로 남을지 많은 참가자들이 기로에 서 있었다.

대회 하루 전 장시간 비행과 이동 시간의 피곤함을 떨치기 위해 한국에서 가져온 장어즙을 마시며 기력을 회복했다. 마치 마실 나온 듯 호텔 로비로 내려가 등록을 마친 뒤 대회장으로 향했다. 여태 가본 국제대회와는 비교가 안 될 정도로 큰 대회장의 크기와 많은 사람들, 중국 매체들 그리고 수많은 대회 스폰서 라인업들을 보며 감탄을 금할 수 없었다. 토니 부잔과 주요 관계자들이 등장하여 개회식 연설을 진행했다. 중국 전통 공연이 이어지며 축제의 서막을 알렸다. 올림픽 대회처럼 각국의 국기들이 경기장을 두르고 있었고, 각 나라의 기수들이 대회장을 돌며 세계 대회의 분위기를 끌어올렸다. 일본에서 온 타케루, 싱가폴에서 온 웰론, 타이완에서 만난 빈센트 등 이번 대회에서 국제 기억력 마스터 타이틀에 도전하는 친구들과 동질감을 느끼며 각자 서로의 행운을 빌었다. 세계 기억력 대회의 일정은 다음과 같았는데, IMM의 기준인 한 시간 숫자 종목이 첫째 날에 있어, 농담 삼아 첫날 한국으로 바로 돌아갈지 아닐지가 결정 난다고 이야기하곤 했다.

세계 기억력 대회의 일정

12월 15일 (화요일), 대회 전날	
	Registration and Opening Ceremony 선수 등록 및 개막식

12월 16일 (수요일), 대회 첫 번째 날	
8:30–9:30	Names & Faces 이름과 얼굴 종목
10:00–12:00	Binary Number 이진수 종목
14:30–17:30	One Hour Numbers 한 시간 숫자 종목

12월 17일 (목요일), 대회 두 번째 날	
8:00–9:00	Abstract Images 추상적 이미지 종목
9:30–10:00	Speed Numbers 1 스피드 넘버 1차 시기
10:30–11:00	Speed Numbers 2 스피드 넘버 2차 시기
11:30–12:00	Historic/Future Dates 역사 연도 종목
14:30–17:30	One Hour Cards 한 시간 카드 종목

12월 18일 (금요일), 대회 마지막	
8:00–9:00	Random Words 무작위 단어 종목
9:30–9:45	Spoken Numbers 1 스포큰 넘버 1차 시기
10:15–10:45	Spoken Numbers 2 스포큰 넘버 2차 시기
11:15–12:00	Spoken Numbers 3 스포큰 넘버 3차 시기
13:30–14:00	Speed Cards 1 스피드 카드 1차 시기
14:30–15:00	Speed Cards 2 스피드 카드 2차 시기

Closing Ceremony 폐막식

1000자리 숫자 기억에 도전하다

이곳에서는 평소 어떤 삶을 살아왔건, 기억력 스포츠에서 뛰어난 재능과 실력을 보이면 정말 멋진 사람으로 보인다. 보통 세계 랭킹 순서대로 앞줄부터 자리가 배치되는데 맨 앞줄에 앉은 사람들은 목에 힘이 많이 들어가 있다. 아니 나만 그렇게 보는 것 같다. 참 못된 심보다. 내 자리는 앞에서 일곱 번째 줄에 배정됐으니 그래도 생각보다는 꽤 앞쪽에 앉았다.

대략 300명에 달하는 선수들이 참여했으니 앞뒤로 수많은 참가자들이 위치해 있었다. 첫날 얼굴-이름 종목과 이진수 종목을 정신없이 치렀다. 연습한 시나리오대로 무난히 진행시킨 것 같아 우선은 안심이었다. 문제는 점심시간 이후 진행될 1시간 숫자 종목이었다.

한국에서 모의 연습을 하며 정해놓았던 시나리오를 다시 떠올리며 '이미지 트레이닝'을 했다. 우선 목표는 1,200자리를 장소에 이미지로 그려

세계 대회의 전경. 중국이 빨간색을 좋아해서 그런지 대회측에서 빨간 옷을 나눠주었다.

'입력'한 후 그 과정을 한 시간 안에 3번 반복하는 것이었다. 그림을 덧칠하듯 다시 반복시킬 때마다 좀 더 세세하게 그려나가는 작업이라 할 수 있다. 점심 식사 후 방에 돌아와 혼자 주문을 외듯 중얼거렸다.

'긴장하지 말고, 영화를 보듯 시나리오대로 입력하고 다시 여러 번 보는 거야.'

꾸준히 행하는 자신만의 반복적인 행동을 '리추얼ritual, 의식'이라고 한다. 비슷한 말로 '루틴routine'이 있는데 일종의 습관을 칭한다. 야구 선수들이 타격 폼을 잡기 전 방망이를 몇 번 휘두르거나 헛스윙 같은 방식으로 준비하는 것을 예로 들 수 있다. 자기 관리의 대명사라 할 수 있는 일본인 메이저리거 스즈키 이치로는 심지어 동작뿐 아니라 식습관도 매번 같은 것으로 유지한다. 그는 메이저리그 진출 이후 줄곧 홈경기 때는 아내가 만든 카레라이스를, 원정경기 때는 페퍼로니 피자를 먹는다고 하니 세세한 것 하나 놓치지 않으려는 집념이 느껴진다. 이처럼 선수들은 자신만의 어떠한 의식을 반복적으로 행함으로써 평소와 다름없는 심리적 상태를 만드는데, 실전에서는 긴장이 되고 머릿속이 하얘지는 경우가 많기 때문에 반자동적으로 정해놓은 시나리오대로 몸이 움직이도록 준비하는 것이다. 나 같은 경우는 당일 장소와 이미지를 한 번도 점검하지 않고 경기에 임하면 찝찝함과 불안함을 떨칠 수가 없다. 그래서 항상 대회가 있는 당일 아침에는 평소보다 일찍 일어나 그날 사용할 장소와 이미지들을 1시간 정도 훑어보는 시간을 갖는다. 또한 경기 시작 전 평소에 즐겨듣는 전자음의 음악을 들으며 긴장감을 끌어올린다.

앞서 3장의 종목들 소개에서 보았듯이, 숫자 종목은 한 줄에 40자리의 무작위 숫자가 인쇄되어 나온다. 한 장에 25줄이 있으니 한 장당 1,000자리의 숫자가 인쇄되어 있는 것이다. 나의 전략은 1,200자리를 입력하는 것이었으니, 총 30줄의 숫자를 입력하고 5줄 이하의 오차는 허락할 수 있다는 계산이 나온다. 보통 실수는 자기도 모르게 발생하기에, 본인은 다 맞았다고 생각해도 아닌 경우들이 매번 나오게 되어있다. 예를 들어, 35를 53으로 쓰는 어이없는 필기 실수를 하는 경우도 있다.

당시 나의 '한 시간, 1,000자리 숫자 기억하기' 전략은 다음과 같았다.

1. 600자리를 입력 후 다시 처음부터 600자리를 반복한다.
2. 새로운 300자리를 입력 후 해당 300자리를 반복한다.
3. 새로운 300자리를 입력 후 해당 300자리를 반복한다.
4. 처음부터 끝까지 두 번 반복한다.
5. 반복할 때는 '낯설게 보기'를 실천하여 매번 새로운 감각과 이야기를 추가한다.

그리고 드디어 6월부터 조금씩 시간을 내며 연습했던 결과를 보여줄 시간이 왔다. 심호흡을 크게 한 뒤, 항공용 귀마개를 끼고 기억의 궁전에 들어갈 준비를 했다. 1시간 뒤에나 현실 세계로 나올 수 있을 것이다. 1분간의 정신 집중 시간이 주어지고 드디어 시작을 알리는 사회자의 멘트가 들렸다.

"Neurons On The Ready… Go!"

차르르륵! 일제히 300명의 선수들이 덮여있던 종이를 뒤집는 소리가 경기장을 가득 채웠다. 차근차근 숫자들을 손으로 짚어가며 이미지로 읽어나갔다. 조금씩 지체되는 구간이 나올 때마다, '자! 다음. 다음.'을 속으로 외치며 계속 치고 나갔다. 중간중간에 당이 떨어지는 느낌이 들 때마다 미리 까놓은 초콜릿을 입안으로 마구 쑤셔 넣었다. 생각보다 계획했던 분량을 전부 보는데 시간이 많이 걸렸다.

"30 minutes Remaining" (30분 남았습니다)

공릉동 집, 목포 할머니 댁, 게임 속 장소들을 순서대로 다시 돌아다니며 반복을 했다. 여느 때처럼 1,200자리를 보고 나서 처음 숫자를 보면 처음 본 것처럼 생소하다. 희미해진 영상의 화질을 높이듯 다시 색을 입혀나갔다. 30분의 반환점을 돌고 나면 그 이후론 정말 미친 듯이 시간이 빨리 흘러간다. 만화 〈드래곤볼〉에서 정신과 시간의 방은 하루가 365일이 되는 반면, 기억의 궁전에서는 1시간이 마치 10분이 되는 것처럼 정신없이 시간이 흘러간다. 점차 남은 시간이 15분, 10분이 될수록 급한 마음에 다리가 덜덜 떨렸다. 페이스 소설을 위해 심호흡을 하며 차근차근 빈복을 해나갔다.

"Stop the memorization!" (외우는 것을 멈추세요!)

시간이 끝났다. 다행히 후반 반복에서 속도를 내 시나리오대로 경기를 치렀다. 아비터들이 시험지를 빛의 속도로 걷어갈 때, 나는 다른 선수들처럼 눈을 질끈 감고 손으로 얼굴을 감쌌다. 아직 현실 세계로 나오면 안 된다. 곧바로 처음 장소로 돌아가 이미지들을 훑기 시작했다.

'엘리베이터에서 박원순이 사자를 안고 있고, 경비실에서 데이비드 베컴이 훌라후프를 깨물고 있네…'

마치 1시간짜리 영화를 다시 재생시키듯 이야기를 다시 보는 것이다. 역시나 중간중간 애매하게 기억이 나지 않는 부분들이 있었지만, 나중에 다시 생각날 여지도 있으니 우선 건너뛰었다. 그렇게 문제지를 걷어간 이후로 계속해서 귀마개를 착용한 채로 눈을 감고 있었다. 모든 장소를 훑고 나서 눈을 떴을 때 책상에는 정답을 표기하는 리콜 시트$^{Recall\ sheet}$가 놓여있었고, 리콜 시간은 이미 시작된 지 한참이 지나있었다. 한 시간 숫자 종목은 리콜 시간이 2시간이나 주어진다.

한참 눈을 감고 떠올릴 수 있었던 이야기들은, 역시나 답지에 옮겨 적을 때도 잘 떠올랐다. 머릿속에서 기억이 증발할까 두려워 리콜 시트에 빠른 속도로 숫자로 변환하여 옮겨 적어나갔다. 다 옮겨 적고 나니 군데 군데 기억이 안 나서 중간에 끊겨있는 줄^{row}이 7개나 있었다. 나의 숫자 시스템은 숫자 2자리를 하나의 이미지로 바꾸는 것이기 때문에 PAO 중 한 부분이라도 떠오르지 않으면 그대로 한 줄이 날아갈 운명이었다. (숫자 종목은 한 줄에 2개 이상 오답이 있으면 그 줄 전체가 0점이 된다.) 1,200자리를 입력했던 나는, 5줄 (5×40 = 200자리) 이하로 틀려야 1,000자리를 넘길 수 있는데 7줄이나 빈 곳이 있었으니, 우선은 실패했다고 볼 수 있었다.

'놀이터에서 기린을 칫솔로 문지른 사람이 누구였지…'

우선 남은 시간은 많으니 차분히 메꿔보자는 생각으로 00부터 99까지의 이미지를 다시 훑기 시작했다. 경험상 이렇게 다시 훑어보면 갑자기 떠오르는 경우가 최소 1~3개는 있다. '아 맞다! 스파이더맨! 휴…' 도대체 왜 생각이 나지 않았던 것일까. 그렇게 몇 군데를 채워나갔다. 아예 생각이 날 가망이 보이지 않는 곳이 두세 군데 정도가 있었다. 이곳들은 끝날 때 찍기로 결심하고, 애매하게 기억이 날 듯 말 듯한 부분을 집중 공략하기로 했다.

　2시간 중 남은 시간 1시간 동안 줄곧 기억의 장소 중 하나인 집 앞의 뼈다귀 해장국 음식점의 신발장에 있었던 사람을 떠올리기 위해 이렇게도 생각해보고, 저렇게도 생각해보았다. 숫자 이미지를 모두 훑어보며 적용시켜보아도 그 어떤 사람의 이미지도 내게 확신을 주지 않았다. 리콜타임이 얼마 남지 않자 선수들은 거의 다 경기장에서 빠져나갔다. 몇 명의 끈기 있는 사람들 혹은 아직 떠올리지 못한 기억이 있는 사람들이 남아, 머리를 싸맨 채 입술을 여기저기로 움직이며 뚱한 표정을 짓고 앉아있었다.

　2시간 동안의 리콜타임이 10분 남았을 때, 포기하려는 찰나 갑자기 이미지가 스쳐 지나갔다. 신발장에서 사자를 돋보기로 유심히 보고 있었던 사람은 연예인 슈퍼주니어의 김희철이었다. 다른 이미지들은 바로 떠오르는데 왜 이 이미지는 2시간이 지나서야 떠올랐을까. 김희철의 숫자였던 '83'을 자신 있게 표기했다. 중간에 포기하지 않고 계속 눌러 앉아있길 잘했다는 생각이 들었다. 리콜타임이 끝나고 아비터들이 다가와 종이를 거둬갔다. 나보다 몇 줄 앞에 앉아 있었던 타케루가 뒤돌아보더니 나와 눈이 마주쳤다. 그도 끝까지 버티고 앉아있었던 모양이다. 날 보며 씩 웃더니 한국말로 외쳤다.

　"야, 이 자식아! 나 어떡해. 망했어!"

　1일 차 경기를 마치고 녹초가 된 우리들은 곧장 숙소로 돌아갔다. 타케루는 이미 국제 기억력 마스터는 물 건너갔다며 일본으로 돌아가고 싶다고 했다. 시험이 끝난 후 답을 맞춰보는 것은 정말 의미 없는 행동임에도 내가 1,000자리를 넘긴 것인지 못 넘긴 것인지 너무 궁금해서 참을 수가 없었다. 결국 저녁 식사 후, 내일 있을 종목을 준비하지 않고 한국 대표 팀의 조주상 씨가 있는 방에 찾아갔다. 우리는 처음부터 1,200자리 이상의 숫자를 일일이 주고받으며 답을 맞춰나갔다. 경기가 끝난 지 몇 시간이 흘렀음에도 다시 떠올리는 건 그리 어려운 일이 아니었다. 1주일이 지나도 기억나는데 몇 시간쯤이야.

서로 숫자를 주고받으며, 얼마나 떨렸는지 모른다. 맞혔을 땐 환호를, 틀렸을 땐 급 우울해졌다. 답을 맞춰보았을 때 나는 확실히 3.5줄을 틀린다는 결론이 나왔다. 26.5줄, 즉 1060자리로 인정될 것이라는 말이다. 채점 결과가 나올 때까지 다음 종목들도 의욕적으로 임할 수 있는 여건이 마련되었다. 기적적인 결과였다.

기억의 주변부를 쑤셔라

인출引出, retrieval

장기기억에서 정보를 찾는 탐색과정이며, 부호화와 밀접하게 관련되어 있어서 부호화에 커다란 영향을 받는다. 따라서 효과적으로 부호화되지 않으면 효과적으로 인출될 수 없다. 인출의 성공과 실패는 이용가능성availability과 접근성accessibility으로 설명된다. 즉, 저장된 정보는 장기기억의 어딘가에는 분명 존재하고 있지만 그 정보를 인출할 수 있느냐 하는 것은 정보에 어느 정도 접근할 수 있는가에 달려 있다. 설단현상tip-of-the-tongue은 장기기억에 존재하는 특정한 정보에 대해 정확하게 접근할 수 없기 때문에 발생하게 된다.

(출처: 교육심리학용어사전, 한국교육심리학회, 2000. 1. 10., 학지사)

보통 우리는 왜 주관식 문제를 객관식 문제보다 어렵게 느낄까? 두 문제 방식에 따라 우리의 인출 방식에 차이가 있기 때문이다. 우선 이를 이해하기 위해선 인출방식에서 회상recall과 재인recognition에 대해 구별할 줄 알아야 한다. 회상은 기억에 도움을 줄 수 있는 단서를 직접적으로 제시해주지 않는 상황에서 무언가를 떠올려야 하는 경우를 말한다. 재인은 이와 반대로 기억해야 할 것을 눈앞에 보고 있는 상태에서 그것이 기억하려고 했던 것이 맞는지 아닌지를 떠올리는 경우라고 할 수 있다. 예를 들어, 백지를 주고 바나나 그림을 그려보라고 하는 것과 여러 과일을 보여주고 그중 바나나를 골라보라고 하는 것은 매우 다르다. 전자가 회상, 후자가 재인이라고 할 수 있겠다.

회상recall에도 단서를 약간 줄 수 있는데, 이는 시험으로 치면 단답형 문제라고 할 수 있다. 예를 들어, '한국 정치에 대해 아는 대로 설명하시오'가 아니라 '한국 정치에서 '유신헌법'을 선포한 대통령은 누구인가?'라는 문제를 받으면 우리는 일반적으로 앞선 문제보다는 뒤의 문제를 더 쉽다고 느낄 수 있다. 만약 대통령의 이름 다섯 개를 보여주고, 그 중 선택하는 문제였다면 더욱 쉬웠을 것이다. 이는 단서가 많을수록 해당 정보에 접근할 수 있는 성공률이 올라간다는 것을 보여준다.

기억력 스포츠의 한 시간 숫자 종목에서 겪은 나의 이야기를 바탕으로 하면, 우선 기본적으로 숫자 종목의 문제 형태는 가장 어려운 자유회상free recall 형식의 문제였다고 할 수 있다. 백지를 받아들고 방금 보았던 숫자를 써야 하기 때문이다. 그 자체로는 아무런 단서도 없다. 그러나 '장소'를 바탕으로 숫자들을 연결시켜 놓았기 때문에, 나에게는 장소가 하나의 특정한 '단서'로서 역할을 해주었다. 이는 마치 '100번째 숫자부터 140번째 숫자까지 써보시오'라는 문제를 '당신의 기억의 궁전의 '학교 운동장'에서 일어난 일은 무엇인가요?'로 게임의 룰을 바꾼 것이라 할 수 있다. 즉,

자유회상free recall의 상황을 단서재생cued recall의 상황으로 바꾸었고, 서술형 시험을 단답형 시험처럼 바꾼 것이다. 당연히 기억이 더 수월해질 수밖에 없다.

또 나는 두 시간의 리콜타임에서 숫자를 전부 다 기억나는 대로 옮겨 적은 후, 기억이 나지 않는 것에 대해선 00부터 99까지의 100가지 숫자 이미지를 훑어보며 점검을 해보았다고 했다. 어차피 100가지 이미지 안에서 활용하였기 때문에 100가지를 훑으며 객관식 시험처럼 재인recognition을 했다고 할 수 있다. 따라서 2개에서 3개까지 더 맞출 수 있었던 것이다. 기억력 대회의 추상적 이미지 종목은 몇 안 되는 객관식 종목이다. 따라서 다른 종목과 달리 선수들이 리콜 시간에 금방 답을 쓰고 자리에서 나가버리곤 한다. 이는 회상보다 재인이 인출에서 훨씬 쉽다는 것을 반증해준다.

사람에 따라 공부 스타일은 다르지만, 일반적으로 공부하는 과목을 짧은 시간 내에 자주 바꾸는 것은 좋지 않다. 관련된 부분이 활성화되는 데 시간이 걸리기 때문이다. 이는 반대로 어떤 것을 공부하기 선 미리 시난 부분들을 훑어보는 것이 관련 부분을 자극하여 정보를 더 쉽게 받아들일 수 있게 준비시키는 역할을 할 수 있다는 말과 같다.

어떤 정보가 기억이 나지 않는다면 그와 연결될 것이라고 추측되는 것들이라도 계속 떠올려보는 편이 좋다. 어느 것이 강한 단서로 작용하여 갑자기 기억을 떠오르게 할지 모른다. 예를 들어, 어떤 사람의 이름이 잘 떠오르지 않는다면 그 사람과 관련된 장소, 만났던 곳, 주변 사람 등을 떠올리다 보면 갑자기 떠오르는 경우가 있다. 내가 한 시간 동안 한 이미지를 떠올리기 위해 노력해보았으니 확실히 말할 수 있다. 포기하지 않고 끝까지 기억의 주변부를 쑤시다 보면(?) 허무하게도 툭 하고 튀어나오는 경우가 많다. 기억법의 원리들도 결국은 인출의 단서를 쉽게 추가하도록 도와주는 것이다. 내가 '기억은 이유를 만들어가는 여정'이라고 한 것과 같은 의미이다.

* 참고: Alan Baddeley, Michael W. Eysenck & Michael C. Anderson(2009), Memory, Psychology Press, 270 Madison Avenue: New York.

한국인 최초의 기억력 마스터가 되다

세계 대회 둘째 날 아침, 식당에서 토스트와 커피를 마시며 일찍이 그날 치러질 대회를 준비했다. 아침 일찍부터 대회가 진행되는 탓에 서둘러야 했는데, 전날 오랜 시간 집중하느라 몸은 힘들었지만 연습한 성과가 나오는 것 같아 마음만은 충만했다. 타국의 기억력 선수들과 오랜만에 만나 그간 어떤 일을 하고 지냈는지, 선날 성적은 만족스러웠는지 등을 물으며 서로 몽롱한 정신을 깨웠다. 방으로 돌아와 그날 사용할 장소와 숫자, 카드, 추상적 이미지 종목의 전략들을 빠르게 정리했다. 둘째 날은 비교적 자신 있는 종목들만 있었기에 한국에서 연습하던 대로만 하자는 생각을 했다.

대회장에 가자 전날 종목들의 채점 결과가 하나둘 나오고 있었다. 나로서는 크게 나쁘지 않은 결과들이었다. 특히나 30분 이진수 종목에서 1500자리를 달성했다는 것이 뿌듯했다. 종전의 실력과 비교하면 엄청난

채점 결과를 확인하고 있는 사람들. 각 종목 당 성적이 인쇄되어 붙어있다.

성장이었다. 전일 마지막 종목이었던 1시간 숫자의 성적은 채점 중인지 아직 붙어있지 않았다.

이날 나의 목표는 추상적 이미지와 스피드 넘버를 연달아 치르며 최대한 안전하게 점수 확보를 하는 것이었다. 스피드 넘버의 첫 번째 시기에서 안전하게 점수를 확보하고, 두 번째 시기에서는 욕심을 내보았다. 다행히 전략이 먹혀들어 개인 기록을 경신하는 행운이 따랐다. 역사연도 종목을 마지막으로 오전 종목들이 마무리되었다. 아침부터 세 종목을 연속해서 치르느라 체력적으로 힘들었다. 1시간 숫자 종목의 결과를 확인하러 나왔을 때, 채점 결과가 붙어있는 것을 보았다. 나는 두 손을 벌벌 떨며 결과를 확인했다.

'Gyewon Jeong 1020digits S,Korea'

기적적으로 1,000자리를 넘는 데 성공했다. 전날 세 줄 반을 틀릴 것이라는 예상과 다르게, 어디에선가 실수가 있었는지, 네 줄 반을 틀려 1020

1시간 카드 종목 시작 전 카드들을 꺼내고 있다.

자리로 1000자리를 넘긴 것이다. 만약 어제 마지막 종료 10분 전 갑자기 이미지가 떠오르지 않았다면, 980자리로 1000자리를 넘기는데 실패했을 것이란 생각에 소름이 다 돋았다. 하늘이 돕는구나 하는 생각에 피곤한 몸과 마음이 어느덧 다 치유돼 있었다. 다른 한국인 참가자들은 국제 기억력 마스터가 되는 것 아니냐며 벌써부터 축하 인사를 건넸다.

늘는 마음을 가라앉히고 점심 식사 후 1시간 카드 종목을 준비했다. 1시간 숫자와는 달리 1시간 카드 종목은 연습할 때 10덱 이상을 수월하게 기억할 수 있었기에 크게 걱정하지 않았다. 다만 문제는 계속된 경기에 심신이 지쳐가고 있어 집중하기가 쉽지 않다는 점이었다.

1시간 동안 경기를 진행하다 보면 중간중간 다른 생각이 들이닥치기도 한다. 따라서 긴장을 유지하며 집중하는 것이 정말 중요하다. 경기에 들어가기 전 흡연자들은 담배를 태우거나, 에너지 드링크를 마시며 그 긴장감을 유지하려 한다. 혹은 팔굽혀펴기 등 몸을 움직이며 정신을 집중하려 애쓰는 부류도 있다.

　여기서 재밌는 이야기를 하나 하자면, 니코틴이 뇌의 활동량을 증가시켜 단기적인 기억력과 학습력 및 주의력을 촉진한다는 연구결과가 있다. 미국 밴더빌트 의과대학 연구팀이 55세 이상 성인 67명을 대상으로 진행했던 실험에 의하면 특히 노인의 경우, 담배를 끊기 위해서 붙이는 니코틴 패치가 기억력 저하를 억제하는 역할을 했다고 한다. 실험에 참가했던 사람들은 치매로 이어질 수 있는 가벼운 인지장애를 겪고 있었는데 34명의 노인은 6개월간 하루 15mg의 니코틴 패치를 붙이게 하였고, 33명은 가짜 니코틴 패치를 붙이게 하였다. 그랬더니 6개월 후, 니코틴 패치를 붙인 실험군의 기억력은 46% 회복된 반면 가짜 패치를 붙인 실험군은 오히려 기억력이 26% 정도 떨어졌다고 한다. 영국 드라마 〈셜록〉에서 셜록이 니코틴 패치를 붙이고 다니는 것이, 물론 담배를 끊기 위한 행동이겠지만, 놀라운 기억력의 원천이 되지 않았을까 하는 상상을 해본다. 한 때 니코틴 패치를 붙이고 셀프 실험을 해볼까 하다가 좀 '오바'한다는 생각에 포기했는데, 혹시나 이 글을 읽는 독자 중에서 관심이 있다면 셀프 실험 후 결과를 피드백해주기 바란다. 단, 미성년자들은 제외하고서 말이다.

　카드 종목은 숫자보다 부담이 덜 한 요소가 하나 있다. 이는 각 카드 한 벌이 52장의 서로 '다른' 카드들로 이루어져 있다는 점이다. 예를 들어, 숫자는 0부터 9의 숫자가 계속해서 무작위로 나오지만(매번 독립시행), 한 벌의 카드 안에서 A♥는 한 번 밖에 나오지 않는다. 따라서 리콜 시 90% 정도만 기억했다고 하더라도, 남은 카드들을 보며 맞춰갈 수 있다. 1시간 숫자처럼 카드도 중간에 반복을 해주고 전체를 반복하는 식의 경기 운영을 해나갔다. 몇 군데 찜찜한 구석이 있었지만 리콜타임에 12덱에 해당하는 문양과 숫자를 순서대로 모두 채우고 경기장 밖으로 나왔다.

12덱을 다 맞는다고 가정하였을 때, IMM을 위해 이제 남은 것은 총점 3,000점을 달성하는 것뿐이었다. 호텔 방에 돌아와 인터넷을 연결하고 종목별 점수를 계산해보았다. 세 번째 날 엄청난 실수를 하지만 않으면 무난히 3,000점을 넘길 수 있을 것이란 계산이 나왔다. 그리고 다음 날 나는 624개의 카드, 즉 12덱을 모두 맞았다는 결과를 확인했다. 상황이 이렇게 되니 갑자기 욕심이 생기기 시작했다. 마지막 날에도 지금처럼 잘한다면 생각지도 못하게 높은 점수를 얻을 수 있을 것 같았다.

마지막 날의 종목은 무작위 단어와 스포큰 넘버, 그리고 스피드 카드였다. 승리를 탐하면 이길 수 없다는 바둑의 격언처럼, 스피드 카드에서 무리하게 욕심을 내다가 1차 시기와 2차 시기 둘 다 실패하는 초유의 사태가 벌어졌다. 다행히도 지난 홍콩대회와 대만대회에서 스피드 카드를 2분 내에 달성했던 기록이 있었고, 무작위 단어와 스포큰 넘버를 끝낸 후 이미 3,000점을 넘겼던 터라 국제 기억력 마스터의 기준을 모두 충족할 수 있었다.

**IMM (International Master of Memory, 국제 기억력 마스터)
자격 조건**

- One Hour Numbers (한 시간 동안 숫자 기억하기) 종목에서 1,000자리 이상의 숫자를 기억한 기록을 보유하고 있어야 한다. (v)

- One Hour Cards (한 시간 동안 트럼프 카드 기억하기) 종목에서 10덱 (520장) 이상의 카드를 기억한 기록을 보유하고 있어야 한다. (v)

- Speed Card (카드 한 덱 빨리 기억하기) 종목에서 카드 한 벌(52장)을 2분 (120초) 내에 기억한 기록을 보유하고 있어야 한다. (v)

- 해당 대회에서 총점 3000점 이상을 달성해야 한다. (v)

IMM을 달성한 것이 확실한지 묻는 나의 질문에 명단에 있는 이름을 보여주며 앤디 펑은 나에게 엄지를 치켜세웠다. 숫자 종목 혹은 스피드 카드에서 실패하여 목표했던 국제 기억력 마스터 타이틀을 달성하지 못한 친구들이 많았다. 나는 정말 운이 좋게도 단기간 훈련으로 한국인 최초의 국제 기억력 마스터라는 멋진 타이틀을 얻을 수 있었다. 기분을 내기 위해 IMM 달성자에게 주어지는 상금으로 맥주를 사 한국팀과 나누며 마지막 밤을 보냈다. 그간 기억력 대회를 위해 스스로에게 내렸던 금주령이 해제되는 순간이었다. 세상에서 가장 맛있는 맥주는 기억력 대회를 마치고 마시는 맥주라는 것을 아는 사람이 한국에 몇이나 있을까.

밤을 새고 난 뒤 비행기를 타기 위해 일본인 시니어(만 60세 이상) 선수 히로시 아베와 함께 청두 공항으로 가는 택시를 탔다. 아베는 대회의 시니어 종합 부문에서 2위를 차지하여 적지 않은 상금과 함께 많은 메달과 사은품을 받았다. 한국어 공부를 한 적이 있는지 그는 항상 내게 자신

대회가 끝나고 난 뒤. 한국팀과 일본팀의 사진

이 아는 한국어 단어를 말해보려 애쓰며 노력하는 모습을 보여주었다. 대회를 치르느라 피곤하셨을 텐데 중국어, 한국어를 불문하고 떠오르지 않는 표현이 있으면 곧바로 전자사전을 꺼내 검색하는 모습을 보며, 순간 나는 인생에서 아주 작은 성취를 하나 이뤘을 뿐이라는 생각이 들었다. 무엇인가 이루고자 하는 사람에게 배움과 도전은 일상의 영역이다. 대회 한 번으로, 시험 한 번으로 시작되고 끝나는 것이 아니다.

기억력으로
돈
벌기

대회 폐막식에서 미국의 알렉스 뮬런Alex Mullen이 중형차 한 대 값의 1위 상금을 타가는 것을 보고 정말 부러웠다. 기억력으로 돈을 벌 수 있다니. 옆에 앉아 있던 중국인으로부터 중국의 기억력 스포츠 관련 시장에 대해 들을 수 있었다. 중국은 기억력 스포츠와 관련하여 학원 산업이 많이 발달해 있다. 대회에선 정말 많은 중국인 아이들을 볼 수 있었는데 대부분이 기억력 스포츠 학원 출신이라고 한다. 유명 강사의 한 달 수입이 보통 직장인 연봉 수준이라는 사실을 듣고 대륙의 스케일은 엄청나다는 것을 다시금 느낄 수 있었다.

나라를 불문하고, 선수 경력을 쌓은 후엔 자신만의 노하우로 성인 대상 세미나를 진행하거나, 학생들을 가르치거나, 관련 콘텐츠를 만들거나, 교육관련 일을 진행하는 것이 일반적이다. 다만 서양보다 동양의 경우, 좀 더 체계적인 시스템을 갖추고 어린 학생들을 가르치는 모습을 보인다. 인도네시아, 필리핀, 몽골, 중국 등에선 학원과 같은 교육 센터를 통해 선수가 배출되는 것을 많이 볼 수 있다. 아시아의 특징이 잘 묻어나는 모습이다. 몽골 팀은 대회장에서 함께 모여 구호를 크게 외치기도 한다. 많은 사람들이 함께 할 수 있다는 것은 정말 부러운 일이다. 반면 서양의 경우, 개인적인 콘텐츠 생산과 이를 통한 공유에 더욱 초점을 맞추고 있다. 훈련 사이트를 만들거나 기억력 증진 관련 서비스를 개발하여 운영하거나 기억법 관련 팁을 영상으로 제작하여 공유한다. 대회에서도 서양 선수들은 유니폼을 입는 경우가 거의 없어 어느 나라에서 왔는지 알기도 어렵다. 이처럼 아시아에 비해 그들의 정체성은 국가보다 개인에 좀 더 맞추어져 있다는 느낌을 받을 수 있다.

기억력으로 돈을 번 사람 중 가장 특이한 이력을 가지고 있는 자는 도미니크 오브라이언Dominic O'Brien이 아닌가 싶다. 초창기 기억력 대회의 챔피언을 여러 차례 차지했던 도미니크 오브라이언은 카지노에서 기억술을 이용하여 돈을 따다가 출입 정지를 당한 것으로 유명하다. 카드 카운팅 Card counting(순서대로 진행된 카드의 기록을 외는 것을 말한다)을 잘 한다면 특정 조건에서 승률을 높일 수 있기 때문이다. 메스컴에 노출되어 유명세를 얻거나, 이를 통해 부가 수입을 올릴 수도 있다. 대회에 가면 각자 자신의 나라에선 나름 방송 좀 타본 사람들이 상당수 즐비해 있다. 우리나라 남자 배우 김수현 씨가 게스트로 나간 적 있는 중국의 〈최강대뇌〉라는 프로그램은 중국 시장에서 기억력 스포츠에 대한 관심을 높이는 데 큰 역할을 했다. 이 프로그램은 기억력, 큐브, 암산 등의 각종 두뇌 관련 능력자들이 나와 국가별 대항으로 시합을 진행하는데, 이와 같은 중국 방송에 나갈 수 있는 기회가 주어진다면 사양하지 않고 나가는 편이 좋다. 높은 출연료를 줄 뿐만 아니라 인지도 측면에서 많은 도움이 될 수 있다.

방송 출연 외에도 지금 저자처럼 기억력 혹은 기억력 스포츠 관련 책을 쓰는 것도 참 좋은 방법이다.

  무릇 건강한 시장이란, 생산자는 좋은 상품, 서비스를 생산해내고, 소비자는 이를 정당한 대가를 지불하고 얻어가는 곳이라 할 수 있다. 이런 맥락에서 기억력 관련 산업들을 보면 몇 가지 우려되는 점들이 있다. 어떤 이들은 '기억력'이라는 단어로 사람들은 현혹해 말도 안 되는 금액을 요구하기도 한다. 이를 통해 명문대에 갈 수 있다거나 고시합격을 할 수 있다는 둥, 지나치게 과장하기도 한다. 물론 공부에 일정 부분 도움이 될 수도 있지만, 기억법을 통해 모든 것이 이루어질 수 있다고 생각하는 것은 상식적으로 생각해봐도 말이 안 되는 것이다. 이들은 기억법의 효용으로 '학교 성적 급속 향상!', '몇백 단어 단숨에 암기!' 등을 먼저 내세운다. 지나치게 시장논리를 의식하여 무리수를 두었다고 할 수 있다. 혹은 입시, 결과 위주의 교육 소비 행태를 반영한 결과라고도 할 수 있다. 이유야 어떻든, 기억법의 가치를 스스로 부정하는 우를 범한 것이다. 당연히 이런 사업자들은 오래가지 못해 시장의 외면을 받아 쇠락의 길을 걸었다.

  생각하는 힘은 단기간에 이루어지지 않는다. 자전거 타기와 같은 절차적 지식을 익히듯 시간을 두고 꾸준히 연습해야 한다. **기억술의 가치는 '연결'이며 이는 정답이 없는 생각 놀이를 하는 것으로 실현된다.** '벽', '카트', '열차'라는 소재를 연결하여, 승강장의 벽에 카트를 밀고 들어가 마법학교로 가는 열차를 탄다는 해리포터 이야기를 상상할 수 있었던, 영국의 조앤 K. 롤링처럼 말이다.

정계원의 기억법 레슨 14

기억력 스포츠를 통해 얻을 수 있는 긍정적인 효과

1. 집중력 향상
1시간 동안 다른 생각을 하지 않고, 자신의 의지대로 일정한 방향으로 사고하려면, 엄청난 집중력이 필요하다. 짧은 시간의 종목들은 더더욱 그렇다. 강도 높은 집중을 오랜 시간 유지해야 하기에 집중력 향상에 큰 도움이 될 수 있다.

2. 관찰력 향상
일상의 모든 것들이 연결될 수 있음을 알게 된다. 같은 것으로 보이는 것도 구분할 수 있는 특징을 잡아내는 훈련을 계속하게 되므로, 아주 작은 부분도 확대해석하여 의미를 부여하고 그 의미로부터 연결되는 부분을 찾아낼 수 있는 능력이 향상된다.

3. 연상능력 극대화
인간에게 주어진 축복은 연상능력이 뛰어나다는 것이다. 관찰력과 연결되는 부분으로 연상능력을 발휘해 작은 부분에서 시작하여 끝까지 엮어 물고 늘어지다 보면, 시작과 전혀 관계없는 것에 다다르기도 한다. 기억력 스포츠를 한다는 것은 이 능력이 얼마나 발달되어 있는지 서로 겨루는 것과 같다고 해도 과언이 아니다.

4. 창의력 향상
창의는 창조와 다르다. 창조는 전에 없던 것을 처음으로 만들 때, 즉 신이 우

주 만물을 처음으로 만들 때에나 쓰는 말이다. 인간은 창조할 수 없다. 단, 창의력을 발휘하여 자신이 보고 듣고 경험한 기존의 것들로부터 새로운 것을 생각해낼 뿐이다. 짧은 시간에 관련 없어 보이는 것들을 엮어 이야기를 만들어내려면 보통 수준의 창의력과 상상력이 아니고선 힘들다. 이를 해내야 하는 것이 기억력 스포츠이기에 해당 능력의 향상에 큰 도움이 된다.

5. 도전의식 고취
기억력 스포츠는 스스로 두뇌 능력의 한계를 넘어서기 위한 스포츠로 도전의식을 고취시킨다. 또한 스포츠에는 라이벌이 존재하기 마련이다. 서로가 선의의 경쟁을 통해 동기부여를 하게 되며, 이를 통해 긍정적인 도전 정신을 기를 수 있다.

6. 자신감 향상
자신도 겉보기에 천재와 같은 사람이 될 수 있다는 점에서 자신감을 가질 수 있다. 주변에서 '모르긴 몰라도 머리가 좋은가보다'라는 소리를 듣게 되면 아무래도 그렇다. 뿐만 아니라 다른 사람 힘을 빌리지 않고 자신의 두뇌로 어떤 과제를 해낸다는 것은 사람에게 엄청난 성취감을 준다.

7. 자기관리
기억력 스포츠를 잘하기 위해선 기본적으로 성실해야 한다. 천재적인 재능을 타고난 선수들도 있지만, 상위랭커들은 꾸준히 자신의 기록을 갱신하기 위해 지속적으로 노력한다. 또한 기억력은 몸 상태와 수면에 상당한 영향을 받음으로, 운동, 먹는 것, 수면의 질도 신경 쓰게 되는 좋은 효과가 있다. 무엇보다 기본적으로 개인 기록 스포츠라는 점에서, 자신에 대해 잘 이해하고 이를 관리할 수 있어야 좋은 기록이 나오기 때문에 자기관리가 필수적이다.

07

잊혀지지 않는 하나의 의미

우리가 기억하고 있는 것들이 우리 자신을 구성하고 있으며,
그렇게 모인 우리들이 사회를 어떠한 방향으로 이끌어 나가고 있다면
기억에도 품격이 있다는 것을 기억해야 할 것이다.

가장
인간다운
인간이란

《사피엔스》라는 책의 저자로 유명한 이스라엘 태생의 역사학자 유발 하라리Yuval Noah Harari는 한 TED 강연에서 인간이란 종이 다른 수많은 동물들을 제치고 지구상에서 성공할 수 있었던 이유에 대해 재미있는 관점을 제시했다.

 그는 다른 동물들과 달리 인간은 상당히 많은 수가 유기적으로 협력이 가능하다는 점이 바로 그 이유이며, 이를 가능하게 하는 것은 허구적 이야기를 믿을 수 있는 인간만의 특성 때문이라고 밝혔다. 다른 동물들은 그들만의 의사소통 체계를 단지 현실을 설명하는 데만 사용한다. 반면 인간은 현실을 묘사하는 것에서 그치는 것이 아니라, 새로운 현실과 가상의 현실을 창조하는 데 언어를 사용한다. 그는 주로 침팬지를 예로 들어 설명하는데, 침팬지에게 손에 들고 있는 바나나를 주면서 천국에 갈 수 있을 것이라고 말했을 때, 믿을 침팬지는 하나도 없을 것이라는 것이다. 하지만 인간은 이를 믿을 수 있다. 죽으면 하늘나라로 간다든지, 신이 우릴

지켜보고 있다든지, 객관적인 실체가 아니며 보고 듣고 만질 수 없는 것을 마치 실제적인 것처럼 여기며 살아갈 수 있는 것이 인간이다. 신의 유무에 대해선 사람마다 차이가 있을 수 있지만, '돈'에 대한 이야기는 대부분의 사람이 공감할 수 있다. 사실 종이 쪼가리에 불과해 먹을 수도, 마실 수도, 입을 수도 없는 돈에 우리는 가치를 부여하기로 약속했다. 인간은 돈으로 바나나 10개와 바꿔 먹을 수 있는 체계를 만들 수 있지만, 침팬지는 스스로 그런 환경을 만들 수 없다. 그는 국가, 정치, 기업, 종교, 경제 등과 같이 수천 년에 걸쳐 인간이 만들어온 허구적인 이야기들, 합법적인 소설들이 인간 사회를 지탱해 올 수 있었던 가장 큰 역할을 했다고 설명한다. 이렇듯 수세기에 걸쳐 객관적인 현실 위에 만든 허구적 현실은 이윽고 실제적인 현실 위에 군림하게 되었다. 예를 들어, 국가가 정한 정책에 따라 할 수 있는 것과 없는 것이 나뉘고, 종교에 따라 먹을 수 없는 음식이 결정되기도 한다. 심지어 어떤 동물을 멸종시킬지 아닐지 결정하기도 한다.

다른 동물에겐 없는 상상력과 이야기를 만들어낼 수 있는 능력, 그리고 이를 믿고 공유할 수 있었던 특성이 다수의 협력을 가능하게 만들어, 신체적 불리함을 극복하고 다른 동물들을 제압할 수 있었다는 설명이다. 규범과 규칙이라는 눈에 보이지 않는 것들을 서로 공유할 수 있기에, 1,000명 이상이 모여 있어도 인간은 통제가 가능하다. 반면 1,000마리의 침팬지가 운동장에 있다고 생각하면 상상만 해도 끔찍하다.

최근 사회적으로 미래 인간의 존재에 대한 불안이 많이 대두되고 있다. 인공지능이 빠르게 발달하면서 과연 인간만이 할 수 있는 일은 무엇이 있을지, 혹여 기계가 인간이 할 수 있는 모든 일을 대체하게 되는 것은 아닐지, 사람들의 우려가 그 어느 때보다 심하다. 페이스북은 자사의 인공지능 프로그램에 미국 드라마 〈프렌즈〉 대본 500개를 입력해 학습시킨 후 그 데이터를 기반으로 새로운 대본을 쓰도록 만들었다. 이렇듯 그림을 그리거나, 소설을 쓰거나, 음악을 작곡하는 인간의 창조적 영역에도 인공지능이 쓰일 수 있다는 실제 사례들의 등장이 이를 더 부추기고 있다.

텍스트뿐만 아니라 시각적인 정보를 인식하고 학습할 수 있는 수준도 계속해서 발달하고 있다. 기계에게 사진만 보여줘도 사람처럼 사진 속에 누가 있는지, 무엇을 하는지, 어디에 있는지 등을 인식할 수 있다는 것이다. 최근에는 상상력을 가질 수 있는 기계를 구현하는 연구도 진행되고 있다. 서울대 컴퓨터공학부 장병탁 교수 연구팀은 최근 기계가 상상력까지 가질 수 있는 '딥 하이퍼 네트워크(상상력 기계)'라는 이름의 인공 신경망을 제시했다. 인간이 새로운 것을 상상하는 과정은 뇌에 저장된 많은 기억들의 상호 연상 작용이라는 사실에 주목하여 이를 기계도 할 수 있게끔 개발하는 것이다. 사람이 어떤 물체를 보면 연상되는 이미지, 단어 등을 떠올릴 수 있는 것처럼 말이다.

예를 들어, 빵을 떠올리면 우유를, 우유를 떠올리면 젖소를 떠올릴 수 있는 것처럼, 기계도 입력된 최초의 정보와 비슷하면서도 새로운 개념을 출력할 수 있게 된다. 연구팀은 뽀로로 만화 183편을 기계에게 반복 학습시켰는데, 이를 통해 기계가 만화 속에 나오는 주인공, 장소, 사물, 단어 등을 혼자 연결시키고 떠올릴 수 있도록 만들었다. 어떤 캐릭터가 스키장에 자주 간다면, 그 캐릭터가 제시되었을 때 연상되는 장소, 그 장소에 연상되는 또 다른 개념을 떠올리는 것이다. 이로서 궁극적으로는 스스로 새로운 이야기를 만들고 그에 따른 장면까지 제시할 수 있게 된다. 언어적인 정보뿐만 아니라 시각적인 정보도 처리하여 개념들을 스스로 연결한다고 하니 마치 기억력 스포츠 챔피언의 사고방식을 기계가 갖게 된 것 아닌가 싶다. 관련된 이미지와 개념들이 활성화되고 연결되어 생각지도 못한 창의적 결과를 생산해낼 수 있다니.

인류가 지구를 정복할 수 있었던 것이 상상력과 창의성 덕분이었다면, 인간은 전례 없던 새로운 도전을 맞이하고 있다. 아이러니하게도 인간의 상상력이 그 도전을 만들어내고 있다는 점이 흥미롭다. 로봇이 스스로 상상하여 가상세계를 새로 창조하고 룰을 만들고 다수의 다른 로봇들이 이를 믿고 따르게 할 수 있는 것도 과연 가능할까? 이는 인류에게 위협이 될 것인가, 도움이 될 것인가? 인공지능 기술의 발전과 함께 윤리성, 안전성의 문제에 대한 합의가 반드시 잘 이루어져야 한다. 인간에게 가장 인간다운 활동은 상상하고 연결하는 것이다. 개인적으로, 이는 인간의 영역으로만 남았으면 좋겠다. **되돌아보면, 기억력 스포츠 선수들은 여태 그 무엇보다 가장 인간다운 활동을 하고 있었던 것이 아니었던가.** 나도 인간인지라 이와 연상되는 만화의 장면이 문뜩 떠오른다. 만화 〈데스노트〉의 사신, 류크가 남긴 한마디.

"역시 인간은 재미있어."

기억의
품격

인간에게 망각은 삶에 필수적인 요소이다. 모든 것을 기억하고 있다면, 마치 온몸이 민감성 피부인 것처럼 매 순간이 고통스러울 것이다. 그럼에도 우리가 마음에 새기고 잊지 말아야 할 것들이 있다. 1장에서 **기억이 곧 존재며, 존재가 곧 기억**이라는 이야기를 한 적이 있다. 우리에게 소중한 존재임에도 기억되지 않아 잊혀진 것들이 많다.

한 예능 프로그램에서 일본의 우토로 마을과 하시마 섬에 대해 다룬 적이 있었다. 하시마 섬은 나가사키현 나가사키시에 있는 섬인데 1960년대까지는 많은 주민들이 살았던 도시다. 당시로선 최신식 아파트와 오락시설이 있었던 작지만 화려했던 곳이었다. 문제는 이곳에 일제 강점기 당시 강제 동원된 조선의 열다섯, 열여섯 되는 나이의 젊은이들이 영문도 모른 채 끌려가 탄광에서 노예처럼 살아야 했다는 것이다. 허리를 펼 수도 없는 좁은 갱도에서 옆으로 누워 12시간씩 석탄을 캐야 했다. 약속한 월급은 50~70엔이었지만 실제로 받은 월급은 50엔. 그리고 그 월급에서

식비, 숙소비, 속옷 구입비, 세금, 건강보험료, 작업도구 대여비 등을 빼고 겨우 8엔이 남았다고 한다. 게다가 남은 8엔마저도 일본 정부의 채권을 사도록 유도해 그들이 실제로 받은 월급은 실질적으로 한 푼도 없었다. 갱도는 평균 45도가 넘는 고온이었으며 지하에서 들이치는 바닷물에 피부가 짓물려 썩거나 메탄가스 폭발로 천장이 붕괴되어 다치고 죽는 사람이 많았다. 탈출하려 시도하다가 걸리면 고무로 만든 와이어로 살점이 떨어져 나가도록 맞았다고 한다. 1925년부터 1945년까지 공식 집계상 하시마 섬에서 사망한 이들은 134명이지만, 기록과 증언을 토대로 하면 하시마 섬의 강제동원 피해자는 약 800명으로 알려지고 있다. 은폐된 사망자 수는 이보다 훨씬 많을 것으로 추정된다. 하지만 하시마 섬의 소유자인 미쓰비시 중공업은 이에 대한 피해보상을 외면하고 있다. 그리고 2015년 일본은 하시마 섬을 일본 근대화의 상징으로 유네스코 세계유산에 등재시키는데 성공했다. 강제 노역에 대해 명시하는 조건을 받아들여 간신히 등재되었으나, 등재 직후 태도를 바꿔 이 사실을 언급하지 않고 있는 상황이다.

우토로 마을은 1941년 2차 세계 대전 중 비행장 건설을 위해 일본에 의해 동원된 조선 노동자들이 형성한 마을로, 광복 직후 집에 돌아갈 능력이 없는 조선 사람들이 잔류하면서 현재의 마을이 형성되었다. 그동안 오랜 세월 동안 사람들에게 잊혀져 조국에도, 일본에도 버려진 채 살다 1989년 퇴거 명령이 내려지며 위기에 처한 사실이 언론을 통해 알려지며 겨우 세상의 관심을 받게 되었다. 다행히도 2008년 노무현 대통령 임기 말에 한국 정부에서 우토로 마을에 대한 예산을 집행하고 일정부분 토지를 매입하면서 주민들의 거주권을 겨우 확보할 수 있었다.

방송에서 다뤄진 직후 사람들의 관심은 정말 뜨거웠다. 누구든 한국인이라면 잊고 살아온 세월에 대해 죄송한 마음뿐이었다. 게다가 이름도 없이, 흔적도 없이, 기억되지 못하는 사람들이 얼마나 많을까를 생각하며 가슴이 답답해졌다. 일본 다카시마의 한인 강제 징용자를 기리는 공양탑은 무성한 수풀에 방치되어 있었고 위패조차 불에 타 사라져 피해자를 확인할 수도 없는 상태였다. 나가사키 시는 방송 이후 안내판을 설치해달라는 사람들의 요구에 한반도 출신 강제징용자 유골 안장이 확인되지 않는다며 공양탑으로 가는 길 입구를 폐쇄했다. 또 그렇게 안타까운 생명들이 기억에서 지워져 가고 있다.

불매 운동도 마찬가지다. 소비자들을 우롱하며 심지어 목숨까지 빼앗아간 기업에게 엄벌을 내리겠다며 시작했던 수많은 불매 운동들은 우리나라에서 성공했던 기억이 별로 없다. 그 당시 잠깐 동안만 해당 기업의 매출이 줄어들 뿐, 이후에는 오히려 기업이 성장하는 모양새도 자주 보였다. 이 글을 쓰며 부끄럽다는 생각이 든다. 진정 기억력 마스터라면, 국가대표라는 이름을 쓰려면, 그에 걸맞게 우리들이 잊지 말아야 할 것들을 기억해야 할 책임도 있는 것 같다. 기억에도 품격이 있다. **어떻게 기억할 것인가도 중요하지만, 무엇을 기억할 것인가도 대단히 중요하다.**

20가지 이상의 언어를 구사하여 화제가 되었던 미국인 팀 도너 Tim Doner는 언어 공부를 하는 이유의 하나로 그 언어가 담고 있는 다양한 문화를 이해하기 위함이라고 한 강연에서 밝혔다. 지금도 2주마다 하나의 언어가 지구상에서 사라지고 있는데, 이는 곧 세상을 이해하는 방식의 다양성이 사라지고 있다는 것을 의미한다. 언어는 문화를 담고 있으며, 각 문화마다 세상을 바라보는 시선이 다르기 때문이다. 그 언어를 사용하는 사람들의 문화를 모르면, 직역으로 해석했을 때 어색한 경우가 많은 것이 이런 이유에서 그렇다. 단어는 쉽게 번역할 수 있지만, 의미는 잘 번역할 수 없다는 그의 말에서 요즘말로 '클래스가 다르다'는 생각이 들었다. 이런 큰 그림을 가지고 있기에 10대의 나이임에도 품격의 차이가 느껴진다.

우리가 기억하고 있는 것들이 우리 자신을 구성하고 있으며, 그렇게 모인 우리들이 사회를 어떠한 방향으로 이끌어 나가고 있다면, **기억에도 품격이 있다는 것을** 기억해야 할 것이다.

잠들어 있는
당신의
능력을 깨워라

 누구나 살면서 운동을 열심히 해본 시기가 있을 것이다. 또 그 이후에 한동안 여러 가지 이유로 운동을 전혀 하지 않은 경험도 있을 것이다. 좋은 몸을 만들었다가도 한동안 운동을 하지 않으면 금세 다시 운동을 시작하기가 귀찮아진다.

 최근 러트거스 대학교의 체육학 교수인 숀 아렌트Shawn Arent와 미국의 한 언론 매체인 Business Insider와의 인터뷰가 화제가 된 적이 있다. 그는 운동으로 가꿔진 훌륭한 몸매가 무너지는 데 얼마나 걸리느냐는 질문에 단 일주일 정도만 운동을 하지 않아도 몸매가 허물어지기 시작한다고 답하였다. 가끔 조금 느슨하게 운동할 필요는 있지만, 아예 하지 않으면 근육의 부피가 줄어들며, 더 이상 몸은 그런 사이즈의 근육을 유지할 필요를 느끼지 못하게 된다고 한다. 결국 운동으로 가꾼 몸매를 유지하려면 운동이 라이프 스타일이 되어야 하며 그냥 계속해야 하는 활동이 되어야 한다는 말이다. 그는 한두 달 운동을 하지 않으면 그동안 쌓아왔던 모든 것을 잃을 수 있다고 경고했다.

　사실 독자 중 누군가는 그동안 겪어왔던 실망감을 이 책을 통해 또 느꼈을지도 모르겠다. 하지만 그래도 좋다. 이제는 **기억이 어떤 기술을 익히기만 하면 바로 이루어지는 것이 아니라, 운동과 같이 꾸준한 연습이 필요하다는 사실**을 알게 됐다면 그것으로 족하다. 저자는 기억력 천재가 아니라는 사실 또한 알게 되었을 것이고, 타고난 기억력 천재는 없다는 것도 알게 되었을 것이다. 나 또한 처음 기억력 스포츠를 시작하였을 때는 한 시간에 1,000자리의 숫자를 기억해낼 수 있다는 것은 상상도 할 수 없는 일이었다. 당연히 천재들만이 즐길 수 있는 스포츠, 일반인의 범주를 넘어선 사람들만이 가능한 활동이라고 생각하였다. 하지만 실제 기억력 스포츠에 일정 시간 몰입 경험을 하고 나서는, 두 가지의 소중한 교훈을 얻게 되었다.

　첫 번째는, 이제 어떤 분야를 대함에 있어, '나는 그들처럼 될 수 없을 거야'라는 식의 사고는 완전히 버리기로 했다. 천재에 대한 환상이 많이 부서졌다. 물론 재능이 정말 많이 부족해서, 아직 방법을 잘 몰라서, 노력해도 안 되는 것들이 존재한다는 것도 알고 있다. 그러나 웬만해선 생각보다 세상엔 그리 대단한 것들이 없다는 것을 조금이나마 알 수 있게 되었다. 누구나 처음부터 전성기의 실력을 갖고 있던 것이 아니다. 세상 사람들은 안 해본 것들에 지레 겁부터 먹는다.
　나와 함께 대회에 나갔던 권순문 님은 나이 50이 넘으셨음에도 숫자 1,000자리 이상, 카드 한 팩을 60초 이내에 쉽게 기억하실 수 있다. 그리고 더 놀라운 것은 그가 나와 함께 도쿄대회에 나갔을 때, 첫 출전이었던 나에 비해 점수가 더 낮았다는 점이다. 즉, 적지 않은 나이에 꾸준한 훈련을 통해 1~2년 사이 기량을 엄청나게 끌어올리셨다는 말이다. 기억력 스포츠는 다른 분야들(악기다루기, 속독, 언어습득)과 비교했을 때, 배우고 익히는 데 나이에 큰 영향을 받지 않는다는 점에서 장점이 있다. 2015년 기억력 대회 챔피언 알렉스 뮬런도 2013년 대학교 1학년 때 기억력 스포츠에 입문하였다. 인간의 한계는 스스로가 규정한다. 뛰어난 사람들을 보며 그들의 노력에 박수와 칭찬을 아끼지 않으면 되는 것이지, 해보지도 않고 자신은 그런 사람이 아니라고 생각할 필요는 없는 것이다. 그것이 어떤 분야가 되었든 말이다. 개인적인 생각으로는, 명문대생들이 가지고 있는 장점 중 하나가 다른 공부에 있어서도 '내가 하지 않아서 못하는 것뿐이지, 하면 잘할 것이다'라는 생각을 대부분 갖고 있다는 것이다. 이전의 성취 경험들이 중요한 까닭이다.

두 번째는, 생각보다 사람은 오래 유지되지 않는다는 것이다. 반대로 말하면 꾸준히 유지를 위한 최소한의 활동을 해주지 않으면 금세 원상태로 돌아간다는 말이다. 일주일간 운동을 하지 않으면 몸이 무너지기 시작하는 것처럼, 기억력 스포츠의 기량도 일정 기간(한 달 정도) 훈련을 쉬면 현저히 떨어시게 된다. 물론 다시 회복시키는 데 시간은 그리 오래 걸리지 않지만 한번 기량을 올려놓으면 평생 유지될 것이라는 기대는 없어야 한다. 기억법은 영어 학습으로 치면 문법이라 할 수 있다. 문법을 알게 되었다고 해서 말을 곧바로 잘하게 되는 것은 아니다. 실력을 기르기 위한 연습 시간들도 필요하다. 그리고 그것만큼이나 그 실력을 유지할 수 있는 시간도 중요하다. 1주일, 한 달, 일 년을 영어로 말하지 않으면 그동안 쌓아온 실력을 모두 잃을 수 있다. 기억법은 한번 배우고 끝낼 수 있는 감기약이 아니라, 비타민처럼 꾸준히 접해야 하며, 운동에 관한 충고처럼 그 자체가 라이프 스타일로 자리 잡도록 해야 한다.

아이들에게는 창의력과 관찰력, 상상력, 어휘력, 집중력의 향상과 더불어 자신감을 기르는 데 좋은 역할을 할 수도 있는 것이 기억력 스포츠다. 보통 지적 능력에 자신감이 없는 학생들이 많은데, 기억력 스포츠를 통한 작은 성취와 목표달성이 이를 끌어올려줄 수 있다. 성인들에게는 고정관념에서 잠시 탈피하여 자유로운 상상의 나래를 펼 수 있게 해주며 두뇌를 자극해줄 수 있는 시간이 될 수 있으니, 이보다 더 좋을 수 없다. 무슨 상상을 하느냐에 따라 다르긴 하지만, 기본적으로 참 건전한 스포츠라는 장점도 있다. 비용 또한 다른 스포츠에 비하면 거의 없는 편이다. 노년층에게도 두뇌 활성화를 위해 더할 나위 없이 좋은 스포츠이다. 100세 시대에는 신체적인 운동뿐 아니라 두뇌 운동 또한 필수적이다. 암만큼이나 무서운 것이 치매가 아니던가.

누구든 머릿속에 수만 가지의 기억을 저장할 수 있는 내장형 디바이스를 갖고 있다. 이 전원을 켜서 쓸 수 있는 기회를 많은 사람들이 누릴 수 있길 바란다.

이야기를
가진 자는
이길 수 없다

한 공중파 TV 프로그램에 섭외가 되어 녹화를 했던 적이 있다. 비행기 능력자로 엄청난 비행기 지식을 갖고 있는 한 고등학생과 대결하는 역할로 섭외가 들어왔는데, 화투패 짝맞추기 게임처럼 같은 기종의 다른 비행기 사진들을 펼쳐놓고 그것을 기억하여 맞추는 대결이었다.

미션에 대해 미리 듣고 내제 어떻게 비행기를 구분할 수 있을지 고민에 빠졌다. 대강 봐도 비행기는 전부 똑같이 생겼다. 무슨 차이가 있을 것이라 생각하고 혼자 전략을 짜느라 고심했다. 나는 각 비행기가 가진 차이를 직관적으로 느낄 수도 없었으며, 기능이나 숨겨진 이야기에 대한 배경지식이 전혀 없었기에, 당장 빠르게 적용할 수 있는 기억 전략을 짜는 것이 중요했다. 우선 비행기는 날개의 끝부분 모양이 올라간 경우도 있고 펴진 경우도 있었다. 창문의 개수도 다르고, 바퀴의 개수와 모양도 조금씩 차이가 있었다. 인터넷에서 찾아보니 이런 식으로 얼핏 보면 같은데 조금씩 다른 비행기의 수가 너무나 많았다. (어떤 것들은 아직까지도 개인적으로 왜 다른 모델명인지 풀지 못한 비행기들이 있다.) 기억은 분류이니, 분류할 수 있는 특징들을 대강 정리해보았다. 창문 개수, 바퀴 개수와 모양, 날개 모양, 출구 위치 등으로 분류하고 각 정보를 나타낼 수 있는 이미지와 이야기를 만들었다. 예를 들어, 날개의 끝부분이 위쪽으로 올라가면 위로 발차기하는 사람을 떠올릴 것이라는 등의 전략을 미리 마련했다. 전략은 나쁘지 않았지만, 실제 녹화 현장에서 주어진 시간이 너무 짧았고, 같은 비행기를 찾는 것이 아니라 같은 기종의 다른 각도에서 찍은 비행기 사진을 찾는 것이라 관찰하고 입력하는 데 시간이 너무 오래 걸렸다.

비행기를 너무 사랑했던 상대방은 (기본적인 기억력이 좋은 것은 아니었기에) 주어진 비행기 사진을 보며 종이에 모든 비행기의 이름을 써둘 수 있는 혜택이 주어졌는데 1분 만에 약 50대의 모든 비행기 이름을 적어낼 수 있었다. 그렇게 일방적인 게임이 되어버렸고, 녹화가 망해 통 편집이 되었다. 그러나 그 고등학생을 보며 느낀 점이 있었다. 역시 정교한 이야기를 갖고 있는 사람은 못 이긴다는 것이다. 우리들에겐 모두 똑같은 비행기로 보일 그 그림에서 학생은 다른 점을 항상 이야기했다. 단순히 외형이 다른 것뿐만 아니라 그 외형을 갖게 된 유래와 기능의 차이, 역사적 배경 등까지 모두 알고 있었다. 비행기 사진을 찍으러 공항에 갈 정도이니 얼마나 각 비행기에 담긴 자신만의 의미가 크겠는가.

흑인 남성 50명이 있다면 일반적인 한국사람 눈에는 죄다 똑같아 보일 것이다. 그러나 그들끼리는 그렇지 않을 것이다. 반대로 동양인 남성 50명을 세워놓으면 흑인의 눈에는 다 똑같이 보일 것이다. 하지만 각각의 집단에 속한 사람들은 서로를 구분할 수 있다. 살아오면서 약간 눈썹

이 올라간 사람과 싸웠던 기억, 눈가에 주름이 많은 사람에 대해 갖고 있는 인상 등이 자국 사람들이 가진 얼굴을 구분할 수 있는 미묘한 패턴을 형성했을 것이다. 의미 없는 것들은 구분할 수 없으며, 구분하지 못하면 기억하기 정말 힘들다. 학생의 경우, 수학을 배우는데 어느 순간부터 여러 기호들이 구분이 가지 않고, 이게 영어인지 수학인지 모르겠다는 생각이 들면, 당신의 공부가 무엇인가 잘못되어가고 있다는 생각을 가져도 충분하다. 의미 없는 것을 억지로 의미 있게 만드는 방법은, 의미 없는 것을 내게 의미 있는 것과 연관 짓는 것이다. 일상에 해당 개념을 어떻게 활용할 수 있을지 고민해보는 것만으로, 혹은 내 인생에 대체 이 개념이 무슨 도움을 줄 수 있을지 질문을 던져보는 것만으로도 충분하다. 기억의 고수들은 사소한 것이라도 뭐든지 인위적으로 대단히 의미 있다고 생각할 수 있는 사람들이다.

꽃
피우다

보통 학창시절에 수업으로 배운 문학 작품들은 제대로 느끼기가 쉽지 않다. 시 한 구절의 의미, 소설 속 주인공의 심정 등을 느낄 겨를도 없이, 선생님께서 주인공의 성격, 행동에 담긴 의도, 주제 등을 요약해서 알려주신다. 심지어 복선이 될 수 있는 부분까지 밑줄을 그으라며 친히 알려주시기도 한다. 이같은 주입식 국어교육을 통해 접했음에도 아직까지 내 가슴속에 강렬하게 남아있는 시가 있다. 바로 김춘수의 〈꽃〉이다. 세상 모든 것은 의미부여하기에 달렸다는 교훈을 얻게 된 작품이다. 그것이 시간이든 공간이든 사람이든 사물이든 기쁨이든 슬픔이든 말이다. 겉으로 보기엔 가치 없는 것들이 누군가에겐 엄청난 의미가 있는 존재일 수 있다. 이를 잘 보여주는 〈캐스트 어웨이〉라는 영화가 있다. 영화에서 주인공은 무인도에 혼자 표류하게 되는데, 외로움에 사무쳤던 그는 배구공에 얼굴을 그리고 '윌슨'이라는 이름을 붙여 마치 친구처럼 여긴다. 어느 날 파도에 휩쓸려 멀어져가는 배구공을 발견한 주인공은 안타까운 마음에 울부

짖으며 윌슨의 이름을 불러댄다. 생각해보면 누구에게나 자신의 '윌슨'이 있다. 그것은 사람일 수도 있고, 사물일 수도 있고, 심지어 눈에 보이지 않는 무엇일 수도 있다.

언젠가부터 뒤돌아봤을 때 아무것도 한 게 없는 것 같다는 생각이 드는 때가 많았다. 분명 무언가를 부단히 해왔음에도, 내 마음 속에, 기억 속에 남은 것이 없었다. 게다가 요즘 세상은 정말 너무하다 싶을 정도로 불확실성이 높다. 대체 무엇을 하고 있어야, 스스로가 의미 있는 시간을 보내고 있다고 확신할 수 있을지를 생각하며 불안한 마음만 쌓여 갔다. 세상엔 너무나 잘난 사람들이 많고, 배워야 할 것도 많으며, 알아야 할 것도 너무나 많음을 알게 될수록 내 자신이 하찮은 존재처럼 느껴졌다.

이를 극복하기 위해서는 **자존감을 지키는 것**이 가장 중요하다고 생각했다. 그리고 자존감은 남과 내가 다르다고 느낄 때 유지될 수 있었다. 남과 달라야 한다고 해서 무조건적으로 다름을 추구할 필요는 없다. 같은 것을 한다고 해도 **스스로의 의미를 갖고** 행한다면 이를 실현할 수 있다. 나비가 날아와 꽃이라는 이름을 불러주었을 때 비로소 잊혀 지지 않는, 오랫동안 기억될 하나의 의미가 되었듯이, 내가 지내온 시간, 지금 보내고 있는 시간, 앞으로 보낼 시간에 이름을 붙이고 의미를 부여해야 했음을 비로소 깨닫게 되었다. **무엇인가를 하고 있음에도 무엇을 하고 있는지 모른다면, 이름 없는 시간을 보내고 있는 것인지도 모른다.**

삶의 질은 얼마나 의미 있는 시간들을 많이, 다양하게 수집하고 있느냐, 즉 **스스로 기억할만한** 일들을 얼마만큼 많이 행하여 왔느냐에 달려있다고 생각하며 살고 있다. 그리고 우리가 놓치지 말아야 할 점이 하나있다. 재미있는 이야기들은 공통적으로 전혀 연관성이 없을 것 같은 요소들이 기가 막히게 연결되어 이야기의 흐름을 이어간다는 점이다. 그렇기에 지금 기억에 남을만한 일을 하고 있는지 아닌지 확신이 없다고 해도 평생 의미 없는 시간으로 묻힐 것이란 생각은 하지 않기로 했다. 순간순간 확신이 없고 힘든 시기라 하더라도 스스로 그 시간에 의미부여하는 습관을 들여야 한다.

나는 앞서 이야기했다시피, 어렸을 때 약 10년 간 원인 모를 탈모와 싸워야했다. 그 당시에는 정말 힘들고 스트레스를 많이 받았지만, 그 와중에도 어린 내가 책상에 엎드려 마음속으로 매일 되새기던 문장은 '역경을 이겨내고 피어난 꽃이 아름답다'라는 구절이었다. 당시의 고통은 앞으로 이어질 이야기의 앞단으로의 의미를 갖고 있다고 생각하였기에 잘 견뎌낼 수 있었다. 그리고 이젠 오히려 자랑스러운 이야기가 되었다. 영화감독이자 배우 하정우 씨도 남모를 힘든 시기가 있었다. 대학생 때 어학연수를 위해 뉴욕에 갔을 때 가족이 IMF로 모든 재산을 압류 당해 경제적으로 어마어마한 빚더미를 갖게 됐고, 이로 인한 문제 등으로 부모님도 이혼을 하게 되었던 것이다. 그런데 어느 인터뷰에서 그는 힘든 시기에 연기 연습만 죽어라하면서 오히려 속으로는 '무언가 맞아떨어져 가고 있다'는 생각을 했다고 밝혔다. 앞으로 자신의 스토리가 잘 풀리게 될 것이라는 확신을 하고 있었던 것이다.

의미를 어떻게 부여하느냐, 이름을 어떻게 붙이느냐에 따라 같은 것도 다른 방식으로 받아들일 수 있다. **모든 기억법의 원리는 간단히 말해 '의미부여하는 법'이라고 정리할 수 있다.** 기억의 원리를 삶에도 확장시켜 자신의 삶에 올바른 의미를 부여하는 동시에, 아름다운 꽃을 피울 수 있는 시간들을 확보해나간다면, 오래도록 기억할 거리가 많은 재밌는 삶을 살 수 있지 않을까.

| 나오며 |

집필의 방향에 대해 구상하며 참 고민이 많았다. 전반적인 기억술에 초점을 맞추어서 쓸 것인지, 내가 보고 들은 경험 위주로 쓸 것인지, 기억력 스포츠에 대한 소개 및 연습법 중심으로 쓸 것인지가 주요 고민 거리였다. 누군가는 학업에, 누군가는 일상생활에 가볍게 도움이 될 만한 정보를 원해서, 또 누군가는 기억력 스포츠와 대회에 대한 호기심을 해소하고 싶은 마음에 이 책을 집어 들었을 것이다. 그리고 평소에 기억력이라는 주제에 관심이 많아 새로운 내용과 깊은 통찰을 얻고 싶어서 이 책과 만나게 된 사람도 있을 것이다.

우선 마니아들만을 위한 책이 돼선 안 된다고 생각했다. 기억술과 기억력 스포츠에 대해 전혀 몰라도, 기억력과 두뇌 개발이라는 큰 범주에 관심이 있는 사람들이 모두 가볍게 읽어볼 만한 책이 되었으면 좋겠다는 바람이 컸다. 그러나 동시에 여타 기억법 관련 책들을 읽으며 내 자신이 느꼈었던, '어디서 본 듯한 책', '저자의 경험이 들어가지 않은 책'이라는 느낌을 독자들이 내 책에서만큼은 최대한 느끼지 않았으면 좋겠다는 바람이 있었다. 이는 상충되는 부분이기도 했는데, 대중적인 책을 쓰고자 하면서 동시에 특별한 내용만 싣는다는 것은 매우 어려운 일이기 때문이다. 결국 전반적으로 쉽고 가벼운 내용으로 풀어가되, 개인적 경험이나 생각을 많이 기술하자는 쪽으로 생각을 굳혔다. 소수의 사람들을 위한 책보다, 다수의 사람들의 궁금증을 해결해주고 도움이 되는 쪽으로 집필하는 것이 현재 우리나라의 많은 독자들의 요구와 기억력 스포츠 환경을 고려해보았을 때, 그리고 현재 나의 역량을 생각해보았을 때도 맞는 방향이라는 결론을 내렸다. 조금 아쉬운 것은 독자들이 연습할 수 있는 재료가 충분치 않다는 것인데, 기억법 훈련서는 아니므로 이 부분에 대해서는 독자들과 다른 책이나 형태로 만나볼 수 있으면 좋겠다.

책을 쓰면서 기억술과 기억력에 대해 더 깊게 이해하게 되었다. 그중 하나는 기억법이라고 하는 것이, 이름은 기억법이지만 사실 그것은 결과에 따른 이름에 불과하다는 것이다. 중요한 것은 과정이며, 이 과정이 현대 사회에서 우리에게 주는 의미는 매우 크다고 할 수 있다. 해리포터의 작가 조앤 K 롤링은 카트, 벽, 열차라는 단어를 통해 카트를 벽에 밀고 들어가 마법학교로 가는 열차를 탄다는 말도 안 되는 상상을 했다. 이를 통해 그녀는 카트, 벽, 열차라는 무작위 단어 나열을 순서대로 기억해 낼 수 있을 것이다. 하지만 이는 결과일 뿐, 중요한 것은 그녀가 남들이 하지 못하는 재미나고 발칙한 상상을 해냈다는 것이다. 과거는 '발명'의 시대였다면, 요즘은 '발견'의 시대라고 한다. '융합'의 시대라고도 한다. 이제는 이미 만들어져 있는 것들에서 어떤 요소들을 발견하여 변환하고 연결하여 생각지도 못한 가치들을 만들어낼 수 있느냐가 매우 중요한 능력인 것 같다. 조금 다행이라 생각되는 점은 학부모들을 만날 볼수록, 예전보다는 이제 IQ와 같은 수치에 크게 연연해 하지 않는다는 점이다. (물론 모두가 그렇진 않다.) 학생이든, 학부모든, 성인이든, 노인이든, 스스로 오랜 시간 고민하고, 편집하고, 만들어보는 활동에 대해 관심을 가져야 한다. 이제는 피할 수 없기 때문이다. 이런 흐름에서 창의적 지적 유희의 한 분야인 기억력 스포츠를 우리 사회에 처음 책을 통해 소개할 수 있는 사람이 되었다는 점을 큰 영광으로 생각한다.

앞으로도 기억술과 기억력 스포츠가 줄 수 있는 올바른 가치와 방향, 그리고 재미를 전달하는 사람이 되고자 한다. 과거와는 다르게 저자와 독자가 소통할 수 있는 채널이 참 많다. 이 책을 계기로 온, 오프라인을 통해 자주 교류하며, 나아가 한국 기억력 스포츠의 생태계를 함께 만들어가는 분들이 많이 생겨나길 바라본다. 홀몸이 아닌 상태로 고생하며 작업을 도와준 주 편집장님과 생소한 분야임에도 긍정적으로 검토해주신 베프북스 추미경 대표님께 감사하다는 말씀을 드린다. 마지막으로 '당장 써먹지 못할 일'을 벌였던 나를 응원하며 지원해줬던 부모님께도 정말 감사하다는 말씀을 올리며 이 글을 마무리한다.